INNERE FÜHRUNG AUF DEM PRÜFSTAND

Lehren aus dem Afghanistan-Einsatz der Bundeswehr

Marcel Bohnert

INNERE FÜHRUNG AUF DEM PRÜFSTAND

Lehren aus dem Afghanistan-Einsatz der Bundeswehr

Marcel Bohnert

mit einem Geleitwort
von Gerhard Brugmann

2017

DeutscherVeteranenVerlag

(GermanVeteransPublishing/Maison d'édition des anciens combattants)

Bibliografische Information der Deutschen Nationalbibliothek
Die Deutsche Nationalbibliothek verzeichnet diese Publikation in der Deutschen Nationalbibliografie; detaillierte bibliografische Daten sind im Internet über www.dnb.de abrufbar.

Titel
Innere Führung auf dem Prüfstand.
Lehren aus dem Afghanistan-Einsatz der Bundeswehr.

Cover
Front: Ein Einsatzsoldat überreicht während einer Fußpatrouille im nördlichen Teil des Distriktes Chahar Darreh Süßigkeiten an Einheimische (Provinz Kunduz, Afghanistan, 22. August 2011).
Rückdeckel: Ein Kampfmittelbeseitiger nach dem Fund einer versteckten Sprengfalle auf einer Straße im nördlichen Teil des Distriktes Chahar Darreh (5. August 2011).
Fotos: Marcel Bohnert; Design: www.Michael-Loitz.de

Alle Bilder
Einsatzsoldatinnen und -soldaten der 2. Infanteriekompanie Task Force Kunduz III oder gemäß Quellenhinweis.

© 2017 DeutscherVeteranenVerlag: Hamburg
 GermanVeteransPublishing/Maison d'édition des anciens combattants

www.VeteranenVerlag.de

1. Auflage, September 2017 Scientific Edition

Herstellung und Verlag: BOD – Books on Demand, Norderstedt

Printed in Germany

ISBN 978-3-744899-02-4

GermanVeteransPublishing

Inhalt

Vorwort

„Soldat mit Herz!" Das war die spontane Reaktion einer Bekannten, als ich ihr das auf dem Titel dieses Buches abgebildete Foto meines Afghanistan-Einsatzes präsentierte. Es zeigt einen Stabsfeldwebel meiner Kompanie, der während einer Patrouille im August 2011 Süßigkeiten an junge Afghanen verteilt. Wir befanden uns zu dieser Zeit im nördlichen Teil des gefährlichen Distriktes Chahar Darreh in der Kunduz-Provinz. Deshalb ist er – wie alle anderen Patrouillierenden auch – voll ausgerüstet; er trägt einen Helm, eine Schutzweste, ein Funkgerät.

Trotz sengender Hitze sind seine Ärmel heruntergekrempelt und seine Handschuhe angezogen. Der Kragen ist zum Schutz vor der glühenden Sonne aufgestellt. Eigentlich ist aus der Perspektive des Beobachters nichts Menschliches mehr an ihm zu erkennen. Und doch macht das Bild offenbar einen freundlichen, einen friedlichen Eindruck – eben den Eindruck eines »Soldaten mit Herz«.

Die Widersprüchlichkeit dieses Fotos steht sinnbildlich für die Debatte um die *Innere Führung* im Afghanistan-Einsatz. Einer ihrer Grundgedanken ist die

Bewahrung der Menschlichkeit, des zivilen Denkens auch im Krieg.

Jahrelang gab sich die deutsche Bevölkerung der Illusion hin, dass der Bundeswehr nie das blühen könnte, was anderen westlichen Armeen in ihren Einsätzen schon seit mehreren Jahren widerfuhr: Kampf, Verwundung, Tod. Lieber sah man Bundeswehrangehörige als bewaffnete Wiederaufbauhelfer, die vor allem Brunnen bohrten und Schulen errichteten.

Die intensive Phase des ISAF-Einsatzes hat diese Illusion zerstört. Zwar spät, für den Geschmack vieler Soldatinnen und Soldaten zu spät, aber für einen kurzen Moment war im kollektiven Bewusstsein der Deutschen angekommen, wofür sie ihre Streitkräfte tatsächlich einsetzten.

Als ich während einer Erkundung im Jahre 2010 in einem afghanischen Außenposten das erste Mal auf kampferprobte Fallschirmjäger stieß, war es zunächst nur ein Instinkt, der mir signalisierte, dass diese Soldatinnen und Soldaten außerhalb dessen operierten, was mir seit knapp dreizehn Dienstjahren von offizieller Seite als soldatisches Leitbild an die Hand gegeben wurde. Mental befanden sie sich eindeutig im Krieg. Sie lebten im Dreck und kämpften tapfer in den Gräben und Feldern von Kunduz. Politische Begründungen für ihren Auftrag erschienen verblasst und merkwürdig surreal. Die Skepsis und die Unwissenheit der Heimat schmerzten zwar, der Stolz auf die eigene Bewährung und der enge Zusammenhalt halfen aber beim Ertragen von Widrigkeiten und Strapazen.

Nach den Erfahrungen meiner eigenen Einsatzzeit in Afghanistan tauchte ich tief in die militär-wissenschaftliche Forschung und die Rückkehrerliteratur der »Generation Einsatz« ein, um die verschiedenen Positionen in der Debatte um das berufliche Selbstverständnis in den Streitkräften zu ergründen und einzuordnen. Dadurch fand ich eine Reihe von Erklärungen für meine Beobachtungen; es eröffneten sich allerdings auch viele neue Problemfelder. Kernthema dieses Buches ist die Frage, inwieweit eine friedliche geistige Grundorientierung von Soldatinnen und Soldaten dazu geeignet ist, in einem Kampfeinsatz zu tragen.

Einige Tage vor der offiziellen Drucklegung dieses Bandes erhielt ich eine Nachricht aus einer westlich von Hamburg gelegenen Klinik. Einer der in meiner Einheit in Afghanistan dienenden Offiziere war dort aufgenommen worden, nachdem er sich vor eine S-Bahn stürzen wollte. Er war den letzten Schritt nicht gegangen und sah die Wagons wenige Zentimeter vor seinem Gesicht an sich vorbeirauschen. Vieles danach lag für ihn im Nebel: Bruchstückhafte Erinnerungen an den erschrockenen Blick des Fahrers, die Notbremsung, die aufgebrachte Rangelei mit dem Sicherheitsdienst, seine Fixierung mit Kabelbindern. Eine halbwegs nachvollziehbare Gedankenklarheit setzte erst in der geschlossenen psychiatrischen Abteilung des zivilen Krankenhauses wieder ein.

Unser gemeinsamer Einsatz am Hindukusch lag zu dieser Zeit bereits über fünf Jahre zurück. Er hatte die Bundeswehr einige Monate nach unserer Rückkehr auf eigenen Wunsch verlassen und zügig eine einträgliche Position in einem angesehenen Unternehmen gefunden. Seine Afghanistan-Erfahrungen hatten ihn dennoch nicht losgelassen. Im Gegenteil: Sie hielten ihn fest umklammert.

Auch wenn die Nachricht in Bezug auf seine Selbstmordabsichten sehr tragisch war, hat sie mich letztendlich nicht vollkommen überrascht. Dass es vielen meiner Einsatzsoldatinnen und -soldaten nicht gut ging, zeigten mir die vielen Stellungnahmen zu sogenannten Wehrdienstbeschädigungsverfahren, die ich seit unserer Einsatzrückkehr kontinuierlich für Angehörige meiner damaligen Kompanie geschrieben habe. Auch die vielen Gespräche in Kameraden- und Veteranenkreisen waren ein starkes Indiz dafür, dass viele mit der Rückkehr aus dem Ausland verbundene Probleme noch immer unter der Oberfläche gärten und weiterer Aufarbeitung bedurften. Nicht zuletzt diese Erkenntnis hat mich in dem Entschluss bestärkt, die von mir formulierten Gedanken zur *Inneren Führung* in Afghanistan mit diesem Buch auch einer breiteren Öffentlichkeit zugänglich zu machen.

Der Band ist dabei als Streitschrift konzipiert. Er enthält einige zugespitzte Formulierungen, Kontrastverschärfungen und womöglich auch kleinere Provokationen. Dabei wird aber explizit nicht der Anspruch erhoben, absolute Wahrheiten zu verkünden. Das wäre angesichts der Komplexität des Themenfeldes auch ziemlich vermessen. Stattdessen soll ein Debattenbeitrag geliefert und zu weiterführenden Diskussion aufgefordert werden.

Auszüge des Manuskriptes kursierten bereits seit einigen Monaten in militärischen und wissenschaftlichen Kreisen. Die zahlreichen Rückmeldungen und das Feedback in themenbezogenen Diskussionen und Vorträgen habe ich in meine Betrachtungen einfließen lassen. Mein großer Respekt gebührt dabei denjenigen, die sich trotz abweichender Meinung einem persönlichen Austausch und konstruktiven Streits nicht verweigert haben. Sie hier einzeln aufzuführen, würde den Rahmen dieses Vorwortes sprengen; sie fühlen sich aber sicher angesprochen und finden ihre Namen mit hoher Wahrscheinlichkeit auch im angehängten Literaturverzeichnis.

Dass ich den umfangreichen Fußnotenapparat und die zahlreichen Quellenbezüge im Buch belassen habe, obwohl sie optisch wenig ansprechend und dem Lesefluss nicht zuträglich sind, hat mehrere Gründe. Vor allem ist dies der erwartbaren Gegenrede zu meinen Ausführungen geschuldet.

Eine kritische Befassung mit der *Inneren Führung* erzielt meist zweierlei Effekte: Zum einen bemächtigen sich diejenigen, die einer Totalrevision das Wort reden und das Konzept radikal abschaffen wollen, der dargelegten Gedanken und instrumentalisieren die passenden Argumentationsketten für ihre eigenen Zwecke. Aus den Reihen der glühenden Verteidiger der Konzeption erfolgen simultan die Verdammungen ins streng konservative, wenn nicht sogar ins rechtslastige oder antidemokratische Lager. Was sie dabei gern ausblenden, ist die der *Inneren Führung* innewohnende Forderung nach offenen Diskussionen und ihr dynamischer Charakter.

Um mich den Anfeindungen nicht ganz schutzlos auszusetzen, erachte ich den Verweis auf die Quellenbelege daher als hilfreich. Wie mir in den Debatten der vergangenen Monate wieder einmal bewusst geworden ist, kann von einer allgemeinen Kenntnis der Fachdiskussion zur *Inneren Führung* auch bei denjenigen, die sich lautstark in die Debatte einbringen, nicht immer ausgegangen werden.

Die Literaturhinweise zeigen weniger gut informierten Diskutanten zumindest auf, dass meine Gedankengänge nicht im luftleeren Raum entstanden sind, sondern neben meinen Praxiserfahrungen auch einer intensiven theoretischen Befassung mit der Thematik entstammen. Sie bilden zudem einen Wissensspeicher und bieten ernsthaft Interessierten die Möglichkeit zur weiterführenden Beschäftigung mit der Thematik.

Um den Lesefluss auch in den weniger spannenden Passagen nicht abreißen zu lassen, finden sich in einigen Abschnitten Kurzzusammenfassungen, Schaukästen und themenbezogene Bilder. Der Band ist gegenüber der Originalschrift zudem von einer Menge akademischem Ballast befreit worden. Das führt an einigen Stellen zu Verkürzungen, die das Buch womöglich phasenweise fragmentarisch erscheinen lassen und ein gewisses Maß an Grundlagenwissen voraussetzen. Jedoch bietet die Quellenlage auch hier zahlreiche Anknüpfungspunkte zur ergänzenden Recherche.

Mir ist bewusst, dass die Publikation eines solchen Buches kurz vor Ende einer Legislaturperiode das Risiko birgt, dass einige seiner Inhalte zügig von der Realität überholt werden. Die Kernfragen zur Führungskonzeption bleiben allerdings auch unabhängig von etwaigen Personalentscheidungen bestehen.

Dass die *Innere Führung* 2017 auch medial relativ umfassend diskutiert wurde und eine vergleichsweise hohe öffentliche Aufmerksamkeit erfuhr, ist eine besondere Fügung. Ich war bereits in den Jahren zuvor mit der Thematik beschäftigt und hatte kaum das Gefühl, dass größeres Interesse an einer Debatte um die Konzeption bestand. Insofern ist zu hoffen, dass die aufkommende Diskussion nicht abreißt und die *Innere Führung* damit eine der Aufgaben erfüllt, für die sie ursprünglich auch konzipiert wurde – den engen Austausch zwischen Bundeswehr und Gesellschaft.

Geleitwort

Machiavelli und die Innere Führung
oder: Es muss nicht immer Clausewitz sein
von Gerhard Brugmann

1521 schrieb Niccolò Machiavelli in »The Art of War«:[1] "I maintain that this [the military profession] is a profession by means of which men cannot live honestly at all times [...] For a man can never be judged good who, in his work [...] must be rapacious, fraudulent, violent, and exhibit many qualities which, of necessity, do not make him good."[2]

Über diesen Passus bin ich gestolpert, als ich einmal wieder darüber nachdachte, warum unsere Bundeswehr sich noch nach 60 Jahren so schwer tut mit ihrer Erfindung der *Inneren Führung*. Sie quält sich damit, dem Bundesbürger den Bundeswehrsoldaten als demokratisches Produkt unserer Verfassung in Gestalt des Bürgers in Uniform darzustellen, was durchaus verständlich ist, aber nicht funktioniert. Es bleibt beim »wohlwollenden Desinteresse«. Warum? Weil der Soldat in einer auf Menschenrechte ausgerichteten Demokratie ein Fremdkörper ist. Da hilft auch nicht der Lack des »Bürgers in Uniform«, eine Phrase, die zunächst nicht mehr besagt, als dass der Soldat Bürger der Bundesrepublik Deutschland ist, was jeder weiß, denn er hat ja einen deutschen Pass, und dass er eine Uniform anhat, was jeder sieht.

Warum wird der Soldat als Fremdkörper empfunden? Machiavelli sagt das sehr deutlich, wenn er grundlegende negative Eigenschaften des Soldaten nennt,

---

[1] Natürlich schrieb er auf Italienisch. Mir fiel jedoch diese englische Fassung in die Hände.

[2] Machiavelli, 1995/1521, S. 13f.; Auf Deutsch: „Ich bleibe dabei, dass dies [der soldatische Beruf, das Soldatsein] ein Beruf ist, dessen Eigentümlichkeiten es den Menschen unmöglich macht, immer ehrlich zu sein [...] Denn niemand kann als ehrenwert angesehen werden, dessen Arbeit es verlangt, gewalttätig, räuberisch, betrügerisch zu sein und viele Eigenschaften erfordert, die ihn notwendigerweise nicht zu einem guten Menschen machen."

die im Einsatz gefragt sind. Sicher sind sie es nicht alle – raubgierig war der Landsknecht des 16. Jahrhunderts –, aber »violent«, also gewalttätig ist der Soldat zweifellos auch heute, wenn er tötet.

Unterm Strich heißt das: Der Soldat muss für seinen Einsatz Eigenschaften pflegen, die ihn in Widerspruch bringen zu seiner demokratischen Staatsordnung, die auf Menschenrechte ausgerichtet ist. Denn, wie gesagt, ist der Soldat ein Fremdkörper in seiner Gesellschaft. Das aber will und soll er nicht sein, immerhin ist er »Bürger in Uniform«! Für dieses Dilemma gibt es nur eine Lösung: Die Anerkennung der Tatsache, dass er ein Fremdkörper ist, aber ein unerlässlicher.

Er ist jedoch kein hundertprozentiger Fremdkörper, auch wenn er nach eigenem Gesetz, dem Soldatengesetz, lebt. Ein Fremdkörper ist er in nur wenigen, wenn auch nicht geringen Hinsichten als da sind: das Prinzip von Befehl und Gehorsam, der Einsatz des eigenen Lebens oder das Töten.

Diese Eigenheiten machen den Soldaten aber nicht zum Außenseiter, denn um der Demokratie und der Menschenrechte willen ist der Soldat unerlässlich. Es gibt keine Souveränität ohne Militär, keine Freiheit ohne militärischen Schutz. Seine Unentbehrlichkeit für das demokratische Staatswesen macht den Soldaten zu einem seiner fundamentalen Bausteine.

Stellt sich die Frage: Wie sage ich das dem Kinde? Das Kind ist in diesem Falle der uneinsichtige Bürger, derjenige, der mangels ausreichenden Weitblicks, wegen unausgereifter Geisteskraft oder wegen maßloser Überschätzung seiner persönlichen Wirkungsmöglichkeiten nicht weiß, dass das Böse in der Welt ein unausrottbares Element der weltweiten menschlichen Gesellschaft ist. Um diese Einsicht zu vermitteln sind Eltern, Lehrer, Geistliche, Wissenschaftler, Politiker gefragt, von denen mancher erst einmal bei sich anfangen muss. Hohe akademische oder kirchliche Grade sind noch keine Garantie für Einsicht.

Damit kehre ich zurück zu meinem Sorgenkind, *der Inneren Führung*, die sich abarbeitet an dem vergeblichen Versuch, den Soldaten zu einem »lupenreinen Demokraten« zu machen. Das ist er nun einmal nicht, kann es auch nicht sein, sonst fehlte ihm die Fähigkeit, die Demokratie zu schützen.

Wir haben die Wehrpflicht eingemottet. Das ist bedauerlich, war aber unvermeidlich, denn die heutigen Umstände haben dazu geführt, dass die Wehrpflicht für die Gegenwart überflüssig geworden war. Das Entstehen der Berufsarmee hatte zur Folge, dass der Soldat weiter ins Abseits gerutscht ist. Damit ist er als Kämpfer zunehmend suspekt geworden. Soll das Verhältnis Soldat und Gesellschaft erhalten beziehungsweise wieder aufgebaut werden, bietet sich ein passabler Weg: die Ausformung der Bundeswehr in eine Milizarmee. Das hätte Machiavelli auch gesagt.

Einleitung

Dieses Buch widmet sich der Afghanistan-Mission der Bundeswehr und ihren Auswirkungen auf das Selbstverständnis und die Führungskultur in den deutschen Streitkräften. Ziel der Arbeit ist es herauszufinden, in welchem Umfang sich das Konzept der *Inneren Führung* während des Einsatzes der *International Security Assistance Force* (ISAF) in Afghanistan bewähren konnte. In diesem einleitenden Kapitel werden zunächst die Problemstellung beschrieben und die Methodik der Untersuchung vorgestellt.

Problemstellung

Mit Ende des *Kalten Krieges* wurde eine Zeitenwende in der deutschen Sicherheits- und Verteidigungspolitik ausgelöst, die auch die Bedingungen soldatischen Dienens fundamental verändert hat. Die Frage nach dem Sinn und Zweck deutscher Streitkräfte erfordert heute andere Antworten, als noch vor zwei oder drei Jahrzehnten.

Nicht nur die Eingliederung der Nationalen Volksarmee in die Bundeswehr und die Öffnung aller Karrierewege für Frauen, sondern auch Reformen und Umstrukturierungen, Standortschließungen und Truppenreduzierungen, die Aussetzung der Allgemeinen Wehrpflicht und nicht zuletzt die umfassende Beteiligung an internationalen Missionen haben der Bundeswehr inzwischen ein völlig neues Gesicht gegeben.

Die in den 1950er Jahren konzipierte *Innere Führung* und das ihr innewohnende Leitbild des Staatsbürgers in Uniform blieben für Soldatinnen und Soldaten allerdings auch unter den neuen Gegebenheiten verbindlich.

Insbesondere seit den beginnenden Auslandseinsätzen haben sich Stimmen gemehrt, die den Nutzen und die Wirksamkeit der *Inneren Führung* für die Streitkräfte in Zweifel ziehen. Gerade der Kampfeinsatz in Afghanistan, in dem die Bundeswehr erstmals in ihrer Geschichte mit schweren Gefechten und Anschlägen konfrontiert wurde, hat Zweifel am Konzept genährt.

Über ideologisierte und emotional ausgetragene Auseinandersetzungen hinaus gab es in den letzten Jahren allerdings nur wenige stichhaltige Analysen von Erfolgen und Defiziten der *Inneren Führung*. Befürworter und Kritiker der Konzeption tauschten sich vor allem in den Echokammern und Filterblasen Gleichgesinnter aus und bestätigten sich gegenseitig in ihren Auffassungen. Trafen die Fronten von Zeit zu Zeit aufeinander, verliefen die Diskussionen immer äußerst kontrovers.

Der elementare Disput um die Grundgedanken der *Inneren Führung* entflammte bereits vor Gründung der Bundeswehr: Traditionalisten und Reformer stritten im Spannungsfeld von Staatsbürgerlichkeit und Kriegstüchtigkeit um einen tragfähigen geistigen Rahmen für die Wiederbewaffnung Deutschlands. Dabei prallten das zivil-kulturelle Gewaltverständnis und das soldatische Professionsethos mitunter heftig aufeinander.[3] Unter heutigen Gegebenheiten kann die Auseinandersetzung als Richtungsstreit zwischen den geistigen Denkschulen *Athen* und *Sparta* beschrieben werden.

Athen verkörpert dabei ein weltoffenes bürgerliches Gemeinschaftswesen, in dem das Politische im Mittelpunkt der Herleitung alles Militärischen steht. Als *Athener* verstehen Soldatinnen und Soldaten ihre Aufgabe im Eintreten für Grundwerte und Leitbilder wie Menschenwürde, Gerechtigkeit, Gleichheit, Solidarität und Demokratie. Für die Erfüllung der vielschichtigen Aufgaben wird ihnen unter anderem Einfühlungsvermögen, diplomatisches Fingerspitzengefühl, Kommunikations- und Kontaktfreude, Ambiguitäts- und Frustrationstoleranz sowie ganzheitliches Urteilsvermögen abverlangt.[4]

Hingegen liefert *Sparta* das Sinnbild für eine umweltverschlossene, elitäre und selbstbezogene Kriegergesellschaft. Durch die Fokussierung auf das Gefecht erwarten die Vertreter dieser Denkschule von Soldatinnen und Soldaten vor allem eine ausgeprägte Kampfmoral, Charakterfestigkeit und militärhandwerkliche Professionalität. Zeitlose soldatische Werte und tugendhaftes Verhalten werden als Fundamente für die Bewährung im Kampf betrachtet.[5]

Der Idealtyp des *Atheners* deckt sich weitgehend mit dem Konzept der *Inneren Führung*. Viele

---

[3] Vgl. Baudissin, 1969, S. 236; Hamann, 2008, S. 30f.; Maizière, 1974, S. 177f.
[4] Vgl. Wiesendahl, 2010, S. 34ff.
[5] Vgl. Wiesendahl, 2010, S. 43ff.

kampferfahrene Soldatinnen und Soldaten wähnten sich während des Afghanistan-Einsatzes mental allerdings offenkundig im Bereich *Spartas*. Das alte Kämpferideal hat sich so allmählich seinen Weg zurück in den Geist der Bundeswehr gebahnt.

Auch wenn die Einsatzrealität am Hindukusch gute Begründungen für ein solches Selbstverständnis lieferte, erschwert die belastete deutsche Militärgeschichte es den Vertretern *Spartas* doch, ihre Position allzu offen zu vertreten. Sie leitet sich eben nicht aus der politischen und gesellschaftlichen Einbettung, sondern über das Kämpfen als professionell zu erledigendem Auftrag ab.

Anders als es Teilen der Traditionalisten in den Aufbaujahren der Bundeswehr noch nachgesagt wurde, lastet der spartanischen Denkschule zwar weder die Ablehnung des Primates der Politik, noch die Idee einer Umformung der Gesellschaft nach soldatischem Vorbild an.[6] Als primär auf den Kampf bezogene Disposition löst sie in der pazifistisch orientierten Gesellschaft dennoch erhebliches Unbehagen aus. Mit Verweis auf das Grauen der Weltkriege hat sich in Deutschland die Auffassung verbreitet, dass an die hiesigen Streitkräfte eben andere Maßstäbe anzulegen seien, als an andere Institutionen und Armeen dieser Welt.[7]

Über sechs Jahrzehnte nach Gründung der Bundeswehr sind ernsthafte Zweifel an der Loyalität gegenüber der politischen Leitung allerdings nur noch schwer nachvollziehbar. Die Maxime der freiheitlich-demokratischen Grundordnung, das Primat der Politischen und die parlamentarische Kontrolle der Streitkräfte werden von deutschen Soldatinnen und Soldaten nicht angezweifelt.

---

[6] Vgl. Wiesendahl, 2010, S. 48f.; s.a. Böcker, 2014, S. 232ff.; Böcker, 2015.
[7] Vgl. Käppner, 2017b; Wagner, 2017, S. 13; Schulz, 2017.

An der Frage, ob sich Soldatinnen und Soldaten im Ausland primär als bewaffnete Wiederaufbauhelfer oder archaische Kämpfer verstehen sollten, scheiden sich die Geister. Die Denkschulen Athen und Sparta stehen symbolisch für diese schwer versöhnlichen Gegenpositionen. Während des ISAF-Einsatzes wurde aus der theoretischen Debatte eine Frage mit konkretem Bezug zur soldatischen Erlebniswelt in den afghanischen Unruhedistrikten. Statt eines partnerschaftlichen Diskurses stießen die Argumente jedoch so heftig gegeneinander, dass der Streit zunehmend polarisierte und die kameradschaftliche Geschlossenheit der Truppe gefährdete. Das Foto zeigt einen deutschen Schützenpanzer auf Patrouillenfahrt in Kunduz im September 2011. Offenbar ist eine Ziegenherde durch das gepanzerte »Ungetüm« aufgeschreckt worden und wird durch die jungen afghanischen Hirten wieder zusammengetrieben.

In einem neuen Sinne erscheint es deshalb ewig gestrig, in der Diskussion um die geistige Orientierung der Armee noch immer der Argumentation vom drohenden »Staat im Staate« zu folgen.[8] Es bleibt nichtsdestotrotz geboten, Kritiken wie diese aufzunehmen und das Für und Wider einer möglichen Novellierung der *Inneren Führung* behutsam und gründlich zu diskutieren. Eine militärische Führungsphilosophie ist kein seichtes Experimentierfeld. Eine fehlgeleitete mentale Ausrichtung von Waffenträgern kann in der Realität fatale Konsequenzen haben.

Das mag nicht jedem unmittelbar einsichtig erscheinen: Debatten um die *Innere Führung* werfen auch immer wieder grundsätzliche Fragen zum eigentlichen Wert von Führungsphilosophien auf. Gerade im Militär herrscht eine generelle Skepsis gegenüber einer vermeintlich akademisierten Befassung mit realitätsfernen Theoriekonstrukten.

Das Nachdenken über *Innere Führung* ist jedoch alles andere als eine „intellektuelle Spielerei vergeistigter Offiziere".[9] Soldatinnen und Soldaten benötigen zur Erfüllung ihres Auftrages immer auch geistiges Rüstzeug und eine besondere mentale Disposition.[10] Die Führungskultur der Streitkräfte und das soldatische Selbstverständnis haben direkten Einfluss auf die Motivation sowie die Kampfmoral der Truppe und sind deshalb von fundamentaler Bedeutung für ihre Schlagkraft.

Angesichts dringlicher Herausforderungen können militärphilosophische Themen natürlich nicht unentwegt auf der tagespolitischen Agenda stehen. Jedoch müssen umfangreiche strukturelle und auftragsbezogene Veränderungen der Streitkräfte – denen sich die Bundeswehr zuletzt kontinuierlich ausgesetzt sah – auch

---

[8] Vgl. Neitzel, 2017b; Haak, 2015, S. 68; Böcker, 2015.
[9] Böcker, 2015.
[10] Vgl. Evans, 2011, p. 31; Maizière, 1974, S. 17.

immer mit einer Anpassung ihres ideellen Überbaus einhergehen. Wenn Struktur- und Kulturwandel nicht miteinander abgestimmt und synchronisiert verlaufen, werden kollektive Orientierungslosigkeit, Irritationen, Unsicherheiten und eine ungerichtete Identitätssuche die militärische Organisation schwächen und Reformvorhaben auf lange Sicht scheitern lassen.[11]

Es kann historisch belegt werden, dass hervorragend ausgerüstete Armeen nach dem ersten Gefechtsschock in Ermangelung ausreichender Kampfmoral innerhalb kürzester Zeit Auflösungserscheinungen zeigten.[12] Der konkrete Nutzen von Führungsphilosophien in Streitkräften ist daher kaum von der Hand zu weisen. Soldatinnen und Soldaten müssen allerdings von deren Sinn und Notwendigkeit überzeugt sowie bereit sein, sich mit ihnen zu identifizieren.

Die *Innere Führung* war von ihren Schöpfern als dynamisches, den aktuellen Gegebenheiten anzupassendes und damit auf Dauerreflexion angelegtes Konstrukt gedacht. Das ist Grund genug, die Konzeption auf den Prüfstand zu stellen und ihrer Bewährung in den Auslandseinsätzen der Bundeswehr auf den Grund zu gehen.

In den folgenden Ausführungen steht die Afghanistan-Mission als bisher umfangreichster und folgenschwerster Kontingenteinsatz der Bundeswehr im Fokus der Betrachtungen. Es soll ausgelotet werden, ob die amtlich als „höchst bewährte Konzeption"[13] beschworene *Innere Führung* sich wirklich „in Gänze auch unter den Härten der Einsatzrealität bewährt"[14] hat und in

---

[11] Vgl. Wiesendahl, 2005a, S. 18ff.
[12] Vgl. Creveld, 2006, S. 17f.
[13] Sauer, 2011, S. 64.
[14] Zudrop, 2017, S. 4.; s.a. Beck, 2016, S. 36; Bundesministerium der Verteidigung, 2008, S. 4.

ihrer heutigen Form noch „zeitgemäße Antworten"[15] liefert, oder ob sie im Lichte des Afghanistan-Einsatzes eher als Relikt aus den Aufbaujahren der Bundeswehr oder „Leerformel"[16] wahrgenommen wird und „gegenwärtig auf keinem festen Fundament"[17] steht.

Methodik der Untersuchung

Um sich der Frage nach der Bewährung der *Inneren Führung* während der ISAF-Mission zu nähern, werden zunächst die Entstehungshintergründe der Konzeption erläutert und die allgemeinen Herausforderungen aufgezeigt, mit denen es sich in heutigen Konflikten auseinanderzusetzen gilt. Anschließend wird umrissen, wie sich die Teilnahme am Afghanistan-Einsatz für die Bundeswehr dargestellt hat.

Im Hauptteil des Buches wird eine Bilanzierung der Mission vorgenommen und der Frage nachgegangen, in welchem Umfang sich die *Innere Führung* und das ihr innewohnende Leitbild des *Staatsbürgers in Uniform* bewähren konnten und wo sie an ihre Grenzen gestoßen sind. Daraus werden Folgerungen für die Politik und die Militärführung sowie für die »Unternehmensphilosophie« der Bundeswehr abgeleitet. Abschließend wird der Blick auf die aktuelle Debatte und mögliche zukünftige Einsätze sowie damit verbundene Herausforderungen gerichtet.

Die angestellten Überlegungen sind in erster Linie Ergebnis einer umfangreichen Literaturrecherche zur *Inneren Führung* und zum ISAF-Einsatz deutscher Soldatinnen und Soldaten. Durch eine illustrative Befragung von Offizieren an der Führungsakademie der Bundeswehr wurde die Argumentationsführung zusätzlich gestärkt. Die Ausführungen sind zudem von Beobachtungen, Berichten und Erlebnissen während der

---

[15] Zudrop, 2017, S. 4.
[16] Hellmann, 2011, S. 190.
[17] Hartmann, 2017, S. 19.

eigenen Einsatzzeit in der nordafghanischen Provinz Kunduz geprägt. Trotz des Rückgriffs auf wissenschaftliche Quellen sind sie dadurch praktisch orientiert und sollen einen umfassenden Problemaufriss darstellen, dessen theoriegeleitete Untersuchung sich in weiterführenden wissenschaftlichen Arbeiten anbietet. Die relevanten Themenfelder werden hier in entsprechend großer Bandbreite behandelt.

Die Analyse soll dabei weder einseitig im Sinne der Traditionalisten noch der Reformer erfolgen, die sich seit Jahrzehnten einen emotionsgeladenen Schlagabtausch über die Bewährung der *Inneren Führung* liefern. Sie ist nicht ideologisch, revisionistisch oder reaktionär angelegt, sondern sucht vor allem den Bezug der Konzeption zur soldatischen Erlebniswelt des Afghanistan-Einsatzes.

Dabei liegt die Idee zu Grunde, dass eine größtmögliche Kongruenz der konzeptionellen Normen mit der Realität anzustreben ist und Praxiserfahrungen als Korrektiv der Theorie betrachtet werden sollten. Viele Abhandlungen zur *Inneren Führung* kranken offenkundig daran, dass sie auf einer so abstrakten Argumentationsebene verfasst sind, dass sie kaum über das Potenzial verfügen, einen größeren Leserkreis zu erreichen oder einen breiten Diskurs um die Konzeption auszulösen.

Mehr noch: Die mit Fachvokabular durchsetzte Theoriediskussion hat zur Folge, dass Truppenpraktiker den Begriff teilweise nicht mehr hören können und sich mitunter massive affektive Sperren gegen die Konzeption aufgebaut haben. Auch deshalb wird in diesem Buch – ohne Außerachtlassung der politischen, militär-strategischen und operativen Perspektive – häufig der Bezug zu den Belangen der im Felde eingesetzten Soldatinnen und Soldaten gesucht. Eine Prüfung der praktischen Bewährung der *Inneren Führung* kann auch nur so glaubwürdig erfolgen.

Referenzrahmen der Analyse

Um den Grundstein für die nachfolgenden Betrachtungen zu legen, ist es unerlässlich, zunächst die Entstehungshintergründe der *Inneren Führung* nachzuzeichnen und Entwicklungen in der Debatte um die Konzeption aufzuzeigen. Zur Verdeutlichung der Herausforderungen, denen sich westliche Armeen in aktuellen Konfliktszenarien gegenübersehen, erfolgt danach eine Beschreibung der allgemeinen Charakteristika *Neuer Kriege*. Abschließend werden wichtige Rahmenbedingungen des Engagements der Bundeswehr im ISAF-Einsatz umrissen und es wird geschildert, wie sich die Gewalteskalation im Norden Afghanistans für die deutschen Soldatinnen und Soldaten dargestellt hat.

Konzeption der Inneren Führung

Die *Innere Führung* erhebt den Anspruch, das Selbstverständnis und die Führungskultur der Bundeswehr abzubilden und ist als Idee und Theorie für alle Angehörigen der deutschen Streitkräfte bindend.[18]

Ihr zentrales Element ist das Leitbild des *Staatsbürgers in Uniform*, aus dem die Bindung von Soldatinnen und Soldaten an die Werte und Normen des Grundgesetzes erwächst.[19] Eine ausführlichere Definition würde immer unvollständig bleiben, da die Konzeption in ihrer heutigen Form – wie sich im Verlaufe der Analyse noch zeigen wird – ein vielschichtiges Konglomerat mit unscharfen Konturen ist.

Schon in ihrer Entstehung war die *Innere Führung* kein in sich geschlossener Gesamtentwurf. Sie spiegelt vielmehr die Gleichzeitigkeit von Altem und Neuem, die Unentschiedenheit zwischen Reform und Kontinuität sowie die Widersprüchlichkeiten der deutschen Remilitarisierungsdebatte wider.

Sie ist zudem erst in der argumentativen Auseinandersetzung – in actu – gewachsen und lässt sich allenfalls retrospektiv als logisch schlüssiges Konzept interpretieren.

Dennoch gibt es nach wie vor kein Einvernehmen darüber, aus welchen Komponenten sich die *Innere Führung* zusammensetzt und was sie eindeutig beinhaltet. Ihre charakteristische Unbestimmtheit entzieht sich einer

---

[18] Wenn in diesem Buch von Bundeswehrangehörigen, Angehörigen der Streitkräfte oder Kontingentangehörigen gesprochen wird, sind damit Soldatinnen und Soldaten gemeint. Da die derzeit gültige Vorschrift der Inneren Führung – die Zentrale Dienstvorschrift (ZDv) A-2600/1 – ausführt, dass die zivilen Angehörigen der Bundeswehr ihr Handeln in gleicher Weise an den Grundsätzen der Inneren Führung auszurichten haben wie Soldatinnen und Soldaten (Vgl. Bundesministerium der Verteidigung, 2008, S. 18), können einige Inhalte sinngemäß auch auf zivile Angehörige der deutschen Streitkräfte bezogen werden.

[19] Vgl. Bundesministerium der Verteidigung, 2008, S. 3ff.; Die Gestaltungsfelder, Ziele und Anforderungen der Inneren Führung sowie der durch sie definierte soldatische Wertekanon finden sich in Anlage 4 dieses Buches.

klaren begrifflichen Begrenzung und erlaubt variierende Vorstellungen in einer Spannbreite von zeitgemäßer Menschenführung bis hin zur Organisationskultur der Bundeswehr.

Die Konzeption entwickelte sich in den 1950er Jahren unter den Eindrücken der nationalsozialistischen Verbrechen und des sich anbahnenden Ost-West-Konfliktes. Durch einen radikalen Bruch mit der deutschen Militärtradition war sie als Kompromiss im Streit um die Wiederbewaffnung angelegt, der den Aufbau deutscher Streitkräfte in der demokratischen Nachkriegsgesellschaft ermöglichte.[20]

Die einmalige Reform sollte das Militär in Kongruenz mit der Staats- und Gesellschaftsverfassung bringen und freiheitlich-liberalen Prinzipien Geltung verschaffen. Ziel war es, dem Einzelnen die Möglichkeit zur Persönlichkeitsentwicklung zu geben und damit einen Kontrapunkt zur militaristischen Kultur von Erniedrigung, Schikane und Unterdrückung zu setzen.

Das so geschaffene Verhältnis von Staat, Gesellschaft und Streitkräften sollte sich dadurch grundsätzlich von der Rolle der Reichswehr in der Weimarer Republik und der Wehrmacht im Dritten Reich unterscheiden.

Soldaten sollten zudem aus dem Gewissenskonflikt zwischen Verantwortung und Gehorsam befreit werden, dem sich beispielsweise die Widerstandskämpfer des 20. Juli 1944 ausgesetzt sahen. Niemals wieder durften Militärangehörige zu verbrecherischen Zwecken instrumentalisiert und zu kritiklosen Erfüllungsgehilfen einer menschenverachtenden Politik werden. Durch die Formel des *Staatsbürgers in Uniform* ließen sich

---

[20] Vgl. Bundesministerium der Verteidigung, 2008, S. 8ff.; Franke, 2015, S. 115f.; Franke, 2012, S. 53ff.; Freudenberg, 2014, S. 11ff.; Böcker, 2015; Wiesendahl, 2007, S. 156, Wiesendahl, 2002, S. 24ff.; Hamann, 2008, S. 40ff.; Hamann, 1972, S. 44ff.; Portugall, 2011, S. 24.

Wehrbereitschaft bei gleichzeitiger Staatsnähe und gesellschaftliche Bindung in einem Begriff vereinen.[21]

Trotz dieser neuen Prämissen wurde die symbolische Geburtsstunde der Bundeswehr im November 1955 sowohl national als auch international mit gemischten Gefühlen betrachtet. Gerade einmal zehn Jahre zuvor hatte der Alliierte Kontrollrat eine Direktive zur Entwaffnung und Entmilitarisierung Deutschlands erlassen, in der die völlige und endgültige Auflösung deutscher Streitkräfte niedergeschrieben war.[22] Jede von deutschem Boden ausgehende Machtpolitik sollte nach Ende des Zweiten Weltkrieges ein für alle Mal an ihr Ende gekommen sein.

Durch die sowjetischen Expansionsbestrebungen und eine geschickte deutsche Annäherungs- und Integrationspolitik ließen sich die westlichen Siegermächte jedoch schon bald auf eine Wiedereinbindung Westdeutschlands ein. Mit Gründung der Bundesrepublik 1949 und dem Beginn des Korea-Krieges im Folgejahr gewann die Aufstellung von Streitkräften wieder eine realistische Perspektive.

Im Oktober 1950 kamen hochrangige deutsche Ex-Militärs im abgeschiedenen Eifelkloster Himmerod zusammen, um die Weichenstellung für die Wiederbewaffnung der Bundesrepublik vorzunehmen.[23] Es

---

[21] Vgl. Hellmann, 2011, S. 182f.; Schlaffer, 2015, S. 11; Naumann, 2013, S. 143; Naumann, 2010, S. 62; Hartmann, 2007, S. 90f.; Baudissin, 1969, S. 200ff.; Rosen, 2011, S. 16f.; Portugall, 2011, S. 27.

[22] Vgl. Bald, 2005, S. 11ff.; Baudissin et al., 1950, S. 11.

[23] Basis der Überlegungen war ein schon im August 1950 für das Kanzleramt verfasstes Memorandum der ehemaligen Wehrmachtsgenerale Adolf Heusinger, Hans Speidel und Hermann Foertsch. Die 15 Tagungsteilnehmer in Himmerod waren (in alphabetischer Reihenfolge): Major Wolf Graf von Baudissin, General der Infanterie Hermann Foertsch, Admiral Walter Gladisch, Generalleutnant Adolf Heusinger, Oberst i.G. Johann Adolf Graf von Kielmansegg, General der Flieger Robert Knauss, Major i.G. Horst Krüger, General der Flieger Rudolf Meister, Oberst i.G. Eberhard Graf von Nostitz, General der Panzertruppe Hans Röttiger, Vizeadmiral Friedrich Ruge, Kapitän zur See Alfred Schulze-Hinrichs, General der Panzertruppe Fridolin von Senger und Etterlin, Generalleutnant Hans Speidel sowie Generaloberst Heinrich von Vietinghoff-Scheel. Die hier

ging vor allem darum, ein Konzept für die Stärke, Ausrüstung und Ausbildung künftiger deutscher Streitkräfte zu entwickeln.

Wolf Graf von Baudissin, einer der jungen und demokratisch orientierten Teilnehmer der geheimen Konferenz, intervenierte gegen die Planungsrichtung der alten Militärelite. Der schien es neben der militärischen Gleichberechtigung im Rahmen der europäisch-atlantischen Gemeinschaft und der gesellschaftlichen Rehabilitation der deutschen Soldaten offensichtlich vor allem um die programmatische Anknüpfung an die bisherigen Kategorien des Kriegshandwerks und die Bewahrung eines Sonderstatus´ zu gehen.

Baudissins Idee, das deutsche Militär durch eine grundlegende Zivilisierung demokratiefähig und bürgertauglich zu machen, stieß auf allgemeine Ablehnung und fand im Entwurf der »Himmeroder Denkschrift« keinerlei Berücksichtigung. Erst durch seine ultimative Drohung, das Abschlussdokument nicht zu unterzeichnen, wurden Ergänzungen im Text vorgenommen und eine normative Wende eingeleitet.[24]

Zu den zweifellos wichtigsten Passagen der Schrift gehört das Bekenntnis, dass die deutschen Streitkräfte nicht »Staat im Staate« werden dürften und aus innerster Überzeugung die demokratische Lebens- und Staatsform zu bejahen hätten. Zudem wurde sich in Bezug auf das innere Gefüge der deutschen Truppe verpflichtet, etwas grundlegend Neues ohne Anlehnung an die Formen der alten Wehrmacht zu schaffen.[25]

---

genannten militärischen Ränge stellen den jeweils letzten Dienstgrad der Offiziere in der Wehrmacht dar. Baudissin war nach Horst Krüger der jüngste im Kreise der Experten und trug zusammen mit ihm den mit Abstand niedrigsten Dienstgrad. Er gilt heute zusammen mit Ulrich de Maizière und Johann Adolf Graf von Kielmansegg als Vater der Inneren Führung (Kritisch zur herausgehobenen Stellung Baudissins: Vgl. Lange, 2009, S. 106).

[24] Vgl. Bald, 2005, S. 29ff.

[25] Vgl. Baudissin et al., 1950, S. 54ff.; Döge, 2008, S. 22.

Trotz eines offen ausgetragenen Disputs um die Sinnhaftigkeit der *Inneren Führung* begann ihre Kodifizierung ab 1955 mit breitem politischen Rückhalt. Konkrete Neuerungen aus dieser Zeit betrafen unter anderem die parlamentarische Legitimierung des Verteidigungsministers, die Einrichtung des Verteidigungsausschusses, die Etablierung des Wehrbeauftragtenbüros und die Einschränkung der eigenständigen Militärgerichtsbarkeit zu Gunsten ziviler Instanzen.[26]

Diese und weitere Regelungen waren explizit darauf angelegt, den Vorrang des Zivilen in militärischen Fragen zu manifestieren und den Status des Militärs als Berater der Politik zu sichern. Jede Sonderrolle oder Abkapselung der Streitkräfte sollte dadurch verhindert werden. Daran entzündete sich seinerzeit der Widerstand konservativer Kreise, die eine derartig tiefgehende Einmischung in innermilitärische Belange als Provokation empfanden.[27]

Noch Jahrzehnte nach ihrer offiziellen Einführung wurde die *Innere Führung* als »Inneres Gewürge«, »Weiche Welle«, »Feigenblatt«, »Maske« oder »PR-Kampagne« diffamiert. Die Truppe, die den Auftrag hatte, kampfbereite und kriegstaugliche Kräfte auszubilden, sah sich andererseits überzogenen Angriffen selbsternannter Wächter über die Konzeption ausgesetzt, die sich zunehmend verselbständigte und allmählich ein Eigenleben entfaltete. Regelmäßig gab es ideologisch aufgeladene Auseinandersetzungen, vor allem um militärische Härte und Effizienz.[28]

---

[26] Vgl. u.a. Maizière, 1974, S. 177 ; Vogt, 1972, S. 35ff.

[27] Vgl. Bald, 2005, S. 42ff.

[28] Vgl. Hamann, 1972, S. 51f.; Hamann, 2008, S. 31; Maizière, 1974, S. 139ff.; Franke, 2012, S. 436f.; Schlaffer, 2015, S. 13; Weigt, 2014, S. 244; Birkhoff, 2014, S. 107ff.; Portugall, 2011, S. 26; Thiels, 2016; Münch, 2015, S. 61ff.; Naumann, 2017a, S. 20; Käppner, 2017b; Rosen, 2013, S. 84ff.; Pommerin, 2010, S. 4; Bald, 2005, S. 10ff.; Hartmann, 2011, S. 44; Lange, 2009, S. 103ff. ; Hartmann, 2007, S. 104ff.; Kutz, 1994, S. 18ff.

In der Geschichte der Inneren Führung gab es immer wieder medial begleitete Auseinandersetzungen um die Konzeption. Ende 1969 sorgte die sogenannte »Schnez-Studie« für Aufsehen. In ihr wurden Änderungen des Grundgesetzes, des Soldatengesetzes und der Wehrdisziplinarordnung zur Steigerung von militärischer Effizienz und Kampfkraft empfohlen. Nachdem junge Offizierschüler, die als »Leutnante 70« bekannt wurden, die Studie kritisierten und weitere politische Reformen einforderten, formierte sich sogleich eine Gegenbewegung: Die »Hauptleute von Unna/Hauptleute 71« verfassten ein Dokument, in dem sie ein stärkeres Eigengewicht des Militärs forderten (Vgl. o.V., 1970, S. 24; o.V., 1969, S. 65ff.; Lünenborg, 2015, S. 49ff.; Maizière, 1974, S. 172).

Der Spiegel, 15, 5. April 1971

Dennoch hatten die zahlreichen Reformimpulse den deutschen Streitkräften im Laufe der Jahre erkennbar eine neue Gestalt verliehen: Viele der Maßnahmen beförderten den langwierigen Prozess zur sozialen Einordnung der Bundeswehr in die deutsche Gesellschaft. Das Image des deutschen Militärwesens konnte weitgehend erneuert werden und das Konzept wirkte durch das Primat der Landes- und Bündnisverteidigung sowie die Allgemeine Wehrpflicht insgesamt stimmig.[29]

Gerade zu Zeiten des atomaren Abschreckungs-patts zwischen den Staaten der NATO und des Warschauer Paktes war die »Armee für den Frieden« mit dem primären Ziel der Kriegsverhinderung ein glaubwürdiges Konstrukt. Rückblickend schien sich die *Innere Führung* deshalb trotz ihrer Krisen in der bipolaren Welt des *Kalten Krieges* durchaus zu bewähren.

Als im Oktober 1990 die deutsche Wiedervereinigung vollzogen wurde, war das eine sicherheitspolitische Zäsur epochalen Ausmaßes: Die alliierten Schutzmächte gaben ihre Verantwortlichkeiten auf und übertrugen Deutschland die volle Souveränität in allen inneren und äußeren Angelegenheiten. Die bundesdeutschen Streitkräfte richteten sich nicht mehr auf den Feind im Osten aus; die Nationale Volksarmee der Deutschen Demokratischen Republik wurde aus dem Warschauer Vertrag herausgelöst und eingegliedert.

Für die Bundeswehr begann damals eine neue Phase der Umstrukturierung und Internationalisierung. Innerhalb kürzester Zeit wurde die Beschränkung Deutschlands als Zivilmacht aufgegeben und die Grundlagen für eine militärpolitische Kursänderung in Richtung von Kriseneinsätzen im multinationalen Umfeld gelegt.[30] Die komplexe Organisationsstruktur der Streitkräfte mit ihren aufwändigen Abstimmungs- und

---

[29] Vgl. Naumann, 2017a, S. 15; Hellmann, 2011, S. 183f.; Wiesendahl, 2002, S. 20.
[30] Vgl. Bald, 2005, S. 144ff.

Entscheidungsprozessen war den neuen Einsatzanforderungen anfangs kaum gewachsen. Auch die notwendige mentale Ausrichtung auf die neue Realität und die Neujustierung des beruflichen Selbstverständnisses wurde über viele Jahre versäumt.[31]

Durch den Wandel der Bundeswehr zu einer weltweit agierenden Einsatzarmee und ihren intensiven Jahren in Afghanistan ist die *Innere Führung* wieder stärker hinterfragt worden. Insbesondere wird die Wirksamkeit ihrer Grundsätze in Gefechtssituationen angezweifelt.[32]

Diese Entwicklung mag angesichts der Größe der deutschen Streitkräfte und der Singularität der Kampferfahrungen vergleichsweise unbedeutend erscheinen. Durch pauschale Behauptungen wie „Innere Führung hat sich auch im Einsatz bewährt"[33] oder „Innere Führung hat sich in den zurückliegenden Jahrzehnten als belastbares und dynamisches Fundament erwiesen"[34] erfährt sie möglicherweise aber auch eine systematische Marginalisierung durch die politische Leitung und die höhere Militärführung. Auch vor dem Hintergrund aktueller sicherheits- und verteidigungspolitischer Entwicklungen und neuer Konfliktformen muss sie sich derzeit abermals einer Belastungsprobe unterziehen.[35]

---

[31] Vgl. Bald, 2005, S. 175f.; Pahl, 2017, S. 29f.; Döge, 2008, S. 19f.

[32] Vgl. Hartmann, 2017, S. 19f.; Wiesendahl, 2016, S. 40ff.; Amberger, 2015, S. 19; Lünenborg, 2015, S. 242ff.; Wiesendahl, 2007, S. 164f.; Hellmann, 2011, S. 184ff.; Mann, 2014, S. 150ff.; Weigelt, 2013, S. 6ff.; Bohnert, 2016, S. 258ff.; Bohnert, 2013b, S. 343f.; Freudenberg, 2014, S. 33ff.; Schlaffer, 2015, S. 10; Reeb, 2010, S. 7.

[33] Bundesministerium der Verteidigung, 2006, S. 70; s.a. Wiesendahl, 2016, S. 44.

[34] Bundesministerium der Verteidigung, 2016b, S. 114.

[35] Vgl. Franke, 2015, S. 124ff.; Einen guten Überblick über die aktuellen Diskussionen um die Innere Führung liefert das seit 2009 im Miles-Verlag erscheinende »Jahrbuch Innere Führung«.

Charakteristika Neuer Kriege

Die weitverbreiteten Hoffnungen, dass die Änderung der weltpolitischen Verhältnisse nach dem Ende der Blockkonfrontation zwischen Ost und West den Beginn eines friedlichen Zeitalters markieren würden, haben sich als große Illusion erwiesen. An der Schwelle vom 20. zum 21. Jahrhundert haben sich lediglich die Erscheinungsform der Krisen verändert. Die Ära der großen zwischenstaatlichen Kriege scheint vorerst an ihr Ende gelangt zu sein. Für das, was die derzeitigen Konflikte charakterisiert, hat sich die Bezeichnung *Neue Kriege* entwickelt:[36]

Schwache und korrupte Regierungen haben unter dem Einfluss der Globalisierung vielfach ihre schützende Kraft gegenüber ihren Bürgerinnen und Bürgern verloren und sind nicht in der Lage, den Eskalationsdynamiken von Konflikten Einhalt zu gebieten. Vielmehr hat ein diffuses Gemisch parastaatlicher und privater Gewaltakteure den Krieg als einträgliches Betätigungsfeld für sich entdeckt.

Kriegerische Gewalt, organisierte Kriminalität und Erwerbsleben fließen oft ineinander über. Durch ihre wachsende Privatisierung und Kommerzialisierung haben viele Konflikte eine eigene Logik und die Tendenz entwickelt, sich selbst zu ernähren.[37]

Diese Prozesse gehen mit einer fortschreitenden Entprofessionalisierung und Entdisziplinierung der Kämpfer einher, was regellose Gewalt gegen die Zivilbevölkerung, brutale Massaker sowie sexualisierte und archaische Gewaltpraxen begünstigt.

---

[36] Vgl. Münkler, 2015, S. 161; Münkler, 2006, S. 134; Münkler, 2002, S. 7ff.; Farwick, 2016, S. 183f.; Kleinschmidt, 2014, S. 156ff.; Creveld, 1998, S. 40ff.; Im Laufe der Geschichte traten einzelne Merkmale dieser Kriegsform bereits auf; das spezifisch Neue ist ihre Gleichzeitigkeit und ihr Zusammenspiel (Vgl. Münkler, 2006, S. 143f.; Münkler, 2002, S. 17f.; dazu kritisch: Kleinschmidt, 2014, S. 182).
[37] Vgl. Brzoska, 2004, p. 110; Kleinschmidt, 2014, S. 156f.; Münkler, 2002, S. 40ff.

Das Ausleben von Allmachtsfantasien und persönliche Bereicherung waren schon immer Begleiterscheinungen von Konflikten, sie manifestieren sich in *Neuen Kriegen* mit zunehmender Dauer allerdings als eigentlicher Kriegszweck. Die langfristigen Folgen für die soziale Struktur und das Zusammenleben betroffener Gesellschaften sind desaströs.[38]

Westliche Streitkräfte dominieren die Konfliktgebiete nach militärischen Interventionen oft mit einer hohen Anzahl gut ausgebildeter Soldatinnen und Soldaten. Ihre hochtechnisierten Armeen stehen asymmetrisch operierenden Feindkräften gegenüber, die Guerillataktiken anwenden, das Humanitäre Völkerrecht missachten und sich kaum von der Zivilbevölkerung unterscheiden lassen.[39] Durch Hinterhalte und »Hit and Run«-Taktiken versuchen Aufständische, die Versorgungslage der feindlichen Truppen zu verschlechtern sowie ihre Verzettelung und Demoralisierung zu bewirken.

Ausgefeilte mediale Inszenierungen und spektakuläre Anschläge zielen zudem darauf ab, den politischen Rückhalt in den Entsendestaaten und die öffentliche Unterstützung für die Einsätze schwinden zu lassen.

Mit derartigen Maßnahmen gleichen Aufständische und terroristische Gruppierungen ihre waffentechnische und ökonomische Unterlegenheit aus. Sie verstehen es dabei geschickt, die psychisch-moralische Verwundbarkeit postheroischer Gesellschaften auszunutzen. Durch die ausgeprägte »Casualty Shyness« vieler westlicher Staaten – die tiefverwurzelte Angst vor Verlusten – wird deren militärisches Vorgehen tendenziell

---

[38] Vgl. Münkler, 2002, S. 144ff.; Zur Sexualisierung von Gewalt im Zweiten Weltkrieg: Vgl. Neitzel & Welzer, 2011, S. 217ff.

[39] Vgl. Staack, 2011, S. 29f.; Creveld, 2017, S. 17; Creveld, 1998, S. 58; Münkler, 2015, S. 211; Kleinschmidt, 2014, S. 179ff.; zur juristischen Folgenproblematik: Richter, 2012, S. 28ff.

an der Vermeidung oder Minimierung eigener Opfer ausgerichtet. Dadurch erlangen Feindkräfte nicht nur strategische, sondern auch konkrete taktische Vorteile im irregulären Kampf.

Alliierte Soldatinnen und Soldaten sehen sich unter diesen Rahmenbedingungen mit enormen Anforderungen konfrontiert. Sie stehen nicht nur diffusen und schwer operationalisierbaren Risiken gegenüber, sondern werden über die klassischen soldatischen Aufgaben hinaus mit polizeilichen, humanitären und diplomatischen Tätigkeiten betraut. Zur Kenntnis von Kampfmitteln, Großgerät und Taktik mischt sich für sie das Erfordernis des schnellen Wechsels zwischen Operationen mit völlig unterschiedlichen Anforderungsprofilen.

Neue Kriege erfahren zudem auch in räumlicher Hinsicht eine zunehmende Entgrenzung. Diese Transnationalisierung erschwert die Eindämmung oder gar Beendigung von Konflikten noch zusätzlich.

Rein militärisch können sie vermutlich sowieso nicht mehr dauerhaft entschieden werden. Aktuelle Strategien zielen stattdessen eher darauf ab, den gegnerischen Kräften durch entsprechendes Einwirken im politischen und gesellschaftlichen Umfeld die sympathisierende Umgebung zu entziehen.[40]

Durch internationalen Terrorismus, Flüchtlingsströme und die Bedrohung von Handelswegen haben die *Neuen Kriege* globale Auswirkungen und bestimmen maßgeblich die Richtung der weltweiten Sicherheits- und Verteidigungspolitik. Ihre Charakteristika stellen die internationale Staatengemeinschaft vor gewaltige Herausforderungen. Der seit 2001 andauernde Krieg in Afghanistan weist viele Merkmale der hier beschriebenen Konfliktform auf.

---

[40] Vgl. Staack, 2011, S. 33; s.a. Creveld, 2017, S. 18.

Wesentliche Charakteristika Neuer Kriege

(1) territoriale Entgrenzung von Konflikten; Transnationalisierung; Bildung zusammenhängender Krisenlandschaften; überregionale Ausstrahleffekte

(2) Asymmetrisierung der Kriegführung; materielle und ideelle Ungleichheit zwischen parastaatlichen Akteuren und regulären Streitkräften; Verwischen der Grenze zwischen Kombattanten und Nichtkombattanten; Entprofessionalisierung und Entdisziplinierung der Kämpfer; irreguläre Kampfformen; Vermeidung offener Schlachten

(3) persönliche Bereicherung als Hauptzweck der Kriegführung; Ökonomisierung und Kriegsunternehmertum; Privatisierung; Kommerzialisierung; Söldnertum

(4) Verbilligung der Kriegführung; Verzicht auf komplexe Waffensysteme; hohe Beweglichkeit durch Nutzung von leichten Waffen und zivilen Transportmitteln; Verzicht auf bürokratische Organisationsstrukturen; Dezentralisierung von Kämpfern

(5) Entgrenzung der Gewalt; Deregulierung; Missachtung des Humanitären Völkerrechts; Totalisierung der Kampfhandlungen; systematische Gewalt gegen Zivilbevölkerung; Exzessivität; Brutalisierung; Ausleben von Allmachtsfantasien; Sexualisierung

Deutsche Streitkräfte als Teil von ISAF

Nach den Terroranschlägen vom 11. September 2001 in New York und Washington D.C. sicherte der damalige deutsche Bundeskanzler, Gerhard Schröder, den USA uneingeschränkte Solidarität im Kampf gegen den weltweiten Terrorismus zu. Die NATO deklarierte erstmalig in ihrer Geschichte den Bündnisfall nach Artikel 5 des Nordatlantikpaktes und der Bundestag billigte Ende 2001 die Beteiligung deutscher Soldatinnen und Soldaten am Afghanistan-Einsatz.[41]

Damit brach im wiedervereinigten Deutschland eine außenpolitische Zeitenwende an: Die Bundeswehr wurde erstmals außerhalb der europäischen Grenzen in einen Kampfeinsatz geschickt.

Insgesamt waren etwa 130.000 Angehörige der deutschen Streitkräfte in der ISAF-Mission eingesetzt. Was mit einem Truppenkontingent von 1.200 Soldatinnen und Soldaten und umjubelten Patrouillen in der Hauptstadt Kabul begonnen hatte, ging seit 2006 in den Provinzen Kunduz und Baghlan Stück für Stück in heftige Gefechte und einen blutigen Guerillakampf über.[42]

Die Bundeswehr war über die Jahre zum drittgrößten Truppensteller der Mission herangewachsen und hatte erstmals seit ihrer Aufstellung Gefallene und

---

[41] Vgl. Stützle, 2014, S. 6f.; Münch, 2015, S. 164ff.; Seliger, 2011, S. 29ff.; Zunächst billigte der Deutsche Bundestag im November 2011 mit knapper Mehrheit den Einsatz eines kleinen Kontingentes deutscher Spezialkräfte im Rahmen der US-geführten Anti-Terror-Operation Enduring Freedom (OEF). Am 22. Dezember 2001 stimmte dann eine breite Mehrheit der Parlamentsabgeordneten der Beteiligung deutscher Soldatinnen und Soldaten an der ISAF-Mission zu. 2002 wurde parallel dazu noch die UNAMA (United Nations Assistance Mission in Afghanistan) etabliert – eine politische Mission, an der sich seit 2004 auch deutsche Militärberater beteiligen.

[42] Vgl. Münch, 2015, S. 296ff.; Mann, 2014, S. 139ff.; Seliger, 2011, S. 87ff.; Schmidt, 2011, S. 5; Gebauer et al., 2010, S. 76f.; Eckhold, 2010, S. 19ff.; Die USA begannen 2003 parallel zum Afghanistan-Einsatz einen Krieg gegen den Irak, an dem sich die Bundeswehr nur mit vergleichsweise wenigen Soldaten – insbesondere im Bereich der ABC-Abwehr – beteiligte. Zum Ausgleich übernahm sie dafür größere Verantwortung im Norden Afghanistans (Vgl. Souchon, 2012, S. 189).

eine hohe Zahl an Verwundeten zu beklagen. In den vergleichsweise ruhigen Norden Afghanistans kehrten Aufständische zurück, die die deutschen Kräfte direkt ins Visier nahmen und ausgefeilte Hinterhalte vorbereiteten. Die Zunahme von komplexen Angriffen führte zeitweilig zu einem Verschanzen in gepanzerten Fahrzeugen und geschützten Feldlagern, wodurch sich die Sicherheitslage allerdings noch weiter verschärfte.[43]

Seinen damaligen Höhepunkt fand die Gewalteskalation im Kunduz-Bombardement, das sich für Politik und Bundeswehr als tiefgehende Zäsur darstellen sollte: Der deutsche Kommandeur des örtlichen Provincial Reconstruction Teams (PRT) hatte in der Nacht vom 3. auf den 4. September 2009 zwei von radikal-islamischen Taliban gekaperte Tanklastzüge angreifen lassen und dabei eine hohe Zahl an Menschen getötet, unter ihnen vermutlich auch viele Zivilisten.[44]

Durch diesen »Paukenschlag« wurde der Wandel der Bedrohungslage auch in der deutschen Öffentlichkeit überdeutlich. Diese war bis dahin zu großen Teilen noch der Illusion eines humanitär orientierten Friedenseinsatzes erlegen. Der Wandel zeigte sich zudem im Verlaufe des Jahres 2010, als die wegen mangelnder Risikobereitschaft kritisierten Bodentruppen in der Provinz Kunduz ihre

---

[43] Vgl. Sangar, 2015, pp. 418ff.; Blumröder, 2013, S. 76ff.; Noetzel, 2011, p. 400; Reichelt & Meyer, 2010, S. 44; Noetzel & Rid, 2009, p. 83; Chauvistré, 2009, S. 128 & S. 157; Uslar & Walther, 2012, S. 73.

[44] Der Stern nannte das Kunduz-Bombardement „die folgenreichste Entscheidung in der Geschichte der Bundeswehr" (Rauss et al., 2009, S. 37). Der Generalbundesanwalt gelangte nach Auswertung der Videoaufzeichnung des Luftschlages zu der Auffassung, dass zum Zeitpunkt des Bombenabwurfes etwa 30 bis 50 Personen auf der Sandbank des Kunduz-Flusses zu erkennen waren, auf der sich die Tanklastzüge befanden (Vgl. Deutscher Bundestag, 2011, S. 301), während bspw. der Spiegel von „bis zu 142 Menschen" spricht (Demmer, 2010b, S. 32).; s.a. Gack, 2015, S. 277; Lather, 2015, S. 191; Bohnert, 2014c, S. 131ff.; Richter, 2014, S. 220ff.; Schroeder & Zapfe, 2015, p. 185; Münch, 2015, S. 304ff.; Chiari, 2014, p. 136; Naumann, 2013, S. 47; Reichelt & Meyer, 2010, S. 27ff.; Demmer et al., 2010; Reuter & Vornbäumen, 2009a, S. 28ff.; Reuter & Vornbäumen, 2009b, S. 29; Rauss et al., 2009, S. 34ff.; Seliger, 2011, S. 124ff.; Noetzel, 2011, pp. 397ff.; Hellmann, 2011, S. 178; Wiesendahl, 2016, S. 44.

Taktik änderten und sich nicht mehr vor den Aufständischen in die Defensive drängen ließen.[45]

Es waren vor allem verstärkte Fallschirmjägereinheiten, die den Wandel zu einer offensiveren Vorgehensweise vorantrieben und dafür einen hohen Blutzoll zahlen mussten. Allein während der schweren Gefechte am 2. April 2010, die sich als »Schwarzer Karfreitag« in das kollektive Gedächtnis der »Generation Einsatz« gebrannt haben, hatten sie binnen neun Stunden drei Gefallene und etliche Verwundete zu beklagen.[46]

Den deutschen Kräften gelang es unter anderem, die Aufständischen aus dem südlichen Teil des paschtunischen Unruhedistriktes Chahar Darreh zu vertreiben[47] und damit die Voraussetzung für die weitgehende Befriedung des nördlichen Distriktabschnittes im Folgejahr zu schaffen.[48]

Mit dem Übergang der ISAF in ihre Nachfolgemission »Resolute Support (RS)« zum Jahresbeginn 2015 endete die verlustreichste Mission der Bundeswehr nach über dreizehn Jahren.

---

[45] Vgl. Sangar, 2015, pp. 421f.; Noetzel, 2011, pp. 397f.; Noetzel, 2008, S. 25; Schroeder, 2014, p. 53; Münch, 2015, S. 267ff.; Seliger, 2011, S. 150ff.; Bohnert & Schreiber, 2014; Reuter & Vornbäumen, 2009a, S. 36ff.

[46] Vgl. Bächler, 2017, S. 7; Marberg, 2016, S. 8ff.; Bohnert & Neumann, 2016, S. 43; Chiari, 2015, S. 146; Münch, 2015, S. 308f.; S. & Trenzinger, 2013, S. 24ff.; Seiffert & Heß, 2012, S. 21f.; Seliger, 2011, S. 153ff.; Eine bittere Randnotiz der Karfreitagsgefechte 2010 ist zudem ein weniger bekannter Zwischenfall, bei dem deutsche Soldaten in der unübersichtlichen Lage in Kunduz versehentlich sechs afghanische Armeeangehörige erschossen (Vgl. S. & Trenzinger, 2013, S. 35ff.; Demmer, Gebauer & Goetz, 2010, S. 43).

[47] Vgl. Clair, 2012, S. 366ff.; Blumröder, 2015, S. 233ff.; Gack, 2015, S. 280f.; Seliger, 2011, S. 176ff.

[48] Vgl. Shea, 2012, p. 17; Chauvistré & Bangert, 2012, S. 20ff.; Bohnert, 2015, S. 252ff.; Bohnert & Neumann, 2016, S. 47ff.

Kein Einsatz hat die Bundeswehr bisher so sehr geprägt und verändert wie die ISAF-Mission in Afghanistan. Soldatinnen und Soldaten standen insbesondere in den Provinzen Kunduz und Baghlan erstmalig offensiv operierenden Feindkräften gegenüber, waren in schwere Gefechte und Anschläge verwickelt und hatten eine höhere Zahl von Gefallenen und Verwundeten zu beklagen. Aus Sicht vieler Partnernationen sind die deutschen Streitkräfte nach jahrzehntelanger Kampf-Abstinenz erst während des Afghanistan-Einsatzes zur »Normalität« des Soldatenberufes zurückgekehrt (Vgl. Uslar & Walther, 2012, S. 74; dazu kritisch: Vgl. Wiesendahl, 2010, S. 43f.). Das Bild zeigt in Kunduz patrouillierende deutsche und belgische Soldaten im September 2011.

Soldatinnen und Soldaten waren in Afghanistan das erste Mal in der Geschichte der Bundeswehr Teil eines Kampfeinsatzes unter umfassender Beteiligung von Bodentruppen. Sie führten Krieg, töteten und starben. Über fünfzig von ihnen haben am Hindukusch ihr Leben verloren, fünfunddreißig davon bei Anschlägen und Gefechten. Mehr als dreihundert Bundeswehrangehörige wurden verwundet und viele tausend traumatisiert. Knapp 5.800 Mal wurden Medaillen für die Teilnahme an Kampfhandlungen verliehen. Wie nachhaltig der Einsatz und damit die vielen Opfer waren, ist unterdessen höchst umstritten.[49]

---

[49] Vgl. Nachtwei, 2017, S. 31; Die schwersten Gefechte führte die Bundeswehr im dichtbesiedelten Distrikt Chahar Darreh (auch: Char Darah, Chara Dara) in der Kunduz-Provinz (Vgl. Noetzel & Rid, 2009, pp. 83ff.; Rauss et al., 2009, S. 34f.; Grohmann, 2015, S. 93ff.; Chiari, 2015, S. 144ff.; Chiari, 2014, pp. 149ff.; Blumröder, 2015; Gack, 2015, S. 280ff.; S. & Trenzinger, 2013, S. 20ff.; Clair, 2012; Bohnert & Schreiber, 2014; Reichelt & Meyer, 2010, S. 36ff.). In den Jahren 2009 bis 2011 galt der Distrikt als Hochburg und Rückzugsgebiet der Aufständischen. Mehr als 70 Ortschaften verteilten sich hier auf knapp 1.200 Quadratkilometer. Den großen Geländegewinnen, die deutsche Kampfeinheiten mit der Unterstützung afghanischer Sicherheitskräfte in Chahar Darreh verzeichnen konnten, stehen inzwischen mehrfache Rückeroberungen durch Aufständische gegenüber (Vgl. Seliger, 2014b, S. 9f.; Seliger, 2016a, S. 10ff.; Schroeder & Zapfe, 2015, p. 189).

Bewährung und Grenzen der Inneren Führung im ISAF-Einsatz

In diesem Kapitel soll die Bewährung der *Inneren Führung* im ISAF-Einsatz anhand unterschiedlicher Kriterien überprüft werden. Nach der Darstellung einer Fragebogenerhebung werden dazu die wesentlichen Inhalte der Debatte in zehn kurzen Abschnitten präsentiert und bewertet.[50] Im Fokus der Betrachtungen steht bewusst die „Opfer-" und die „Kämpferzeit"[51] der Bundeswehr in Afghanistan zwischen 2006 und 2009 beziehungsweise 2010 und 2011. Die Relevanz der *Inneren Führung* wurde gerade für diese Phasen, in der deutsche Kräfte mit einer Vielzahl von Anschlägen und Gefechten konfrontiert waren, infrage gestellt. Zudem steht der Einsatz von Truppen des Deutschen Heeres im Mittelpunkt, da sie als größte Teilstreitkraft der Bundeswehr auch in Afghanistan die Hauptlast der Operationsführung getragen haben und die Auswirkungen von Entwicklungen und Maßnahmen am stärksten zu spüren bekamen. Davon unbenommen haben natürlich auch andere Organisationsbereiche der Bundeswehr wichtige Beiträge zur Mission geleistet. Die aus den Betrachtungen abgeleiteten Erkenntnisse und Folgerungen finden sich im folgenden Kapitel.

---

[50] Die Abschnitte dieses Kapitels orientieren sich vor allem an den in der wissenschaftlichen Literatur und in öffentlichen Medien diskutierten Inhalten, beziehen sich aber auch auf die Ergebnisse der an der Führungsakademie der Bundeswehr durchgeführten Befragung (Anlagen 1, 2 und 3).

[51] Mann, 2014, S. 145; Die aufeinander folgenden Intensitätsphasen des ISAF-Einsatzes für die Bundeswehr bis 2011 lassen sich in die Helfer- (2002 bis 2006), die Opfer- (2007 bis 2009) und die Kämpferzeit (2010 bis 2011) unterteilen. Diese Kategorien sind kontrastverschärft, machen aber deutlich, dass die deutschen Streitkräfte mit einer Vielzahl von Anforderungen und Szenarien konfrontiert wurden, auf die unterschiedliche Reaktionen erfolgten (Vgl. Mann, 2014, S. 145ff.).

Erhebungsergebnisse

Um die Argumentationsführung im Rahmen dieser Abhandlung klarer auszurichten und zu stärken, erfolgte zwischen Januar und April 2016 eine anonyme schriftliche Befragung von Offizieren an der Führungsakademie der Bundeswehr in Hamburg. Die Rücklaufquote der 80 verteilten Fragebögen betrug 42,5 Prozent (34 Fragebögen), was leicht oberhalb von Vergleichszahlen in der sozialwissenschaftlichen Forschung liegt.

Die befragten Offiziere trugen Dienstgrade von Hauptmann/Kapitänleutnant bis Oberst/Kapitän zur See und waren Absolventen oder Teilnehmer des »Lehrganges Generalstabs-/Admiralstabsdienst National (LGAN)«. Sie stammen aus unterschiedlichen Organisationsbereichen, Teilstreitkräften und Truppengattungen der Bundeswehr und stellen eine Klientel dar, aus der sich das zukünftige Spitzenpersonal der Streitkräfte rekrutiert.

Jeder Lehrgangsteilnehmer hat vor Beginn seiner Ausbildung einen mehrstufigen Selektionsprozess erfolgreich durchlaufen. Dazu zählten mindestens das Assessment Center zur Einstellung als Offizieranwärter, die Offizierprüfung mit anschließender Verleihung des Offizierpatents, in aller Regel der Abschluss eines universitären Studienganges, die Ernennung zum Berufssoldaten, das erfolgreiche Absolvieren des Stabsoffizierlehrganges sowie schließlich die Bestenauslese für den Generalstabs-/Admiralstabs-dienstlehrgang. Alle Befragten verfügen zudem über mehrjährige Erfahrungen als Vorgesetzte.

Natürlich kann eine Erhebung mit *N = 34* Offizieren keine repräsentativen Erkenntnisse zu Tage fördern, jedoch sollte ihr insofern eine gewisse Bedeutung zugemessen werden, als dass jedem Teilnehmer ein großer Erfahrungsschatz, hohes Reflexions- und Leistungsvermögen sowie umfangreiches Fachwissen im sicherheitspolitischen und bundeswehrspezifischen

Bereich unterstellt werden kann. Die Ergebnisse lassen sich dadurch als Produkt einer illustrativen Expertenbefragung interpretieren.

Gemäß Anlage 1a wurden die Teilnehmer dazu aufgefordert, die Fragen »Wo hat sich die Innere Führung Ihrer Ansicht nach im ISAF-Einsatz der Bundeswehr am besten bewährt?« sowie »Wo haben sich Ihrer Ansicht nach Defizite der Inneren Führung im ISAF-Einsatz der Bundeswehr am stärksten gezeigt?« zu beantworten. Ob die Antworten knapp oder umfangreich gegeben und wie viele Argumente angeführt wurden, blieb den Befragten selbst überlassen. Einzig limitierender Faktor war die Größe des Antwortfeldes, über das einige Befragungsteilnehmer jedoch auch hinaus schrieben.

Bei Bedarf konnte die Rückseite des Fragebogens zur gedanklichen Orientierung genutzt werden. Dort waren die Gestaltungsfelder und die Ziele der *Inneren Führung* gemäß Zentraler Dienstvorschrift (ZDv) A-2600/1 sowie einige häufig genutzte Schlagworte in der Kontroverse um die Bewährung der Konzeption im Afghanistan-Einsatz abgebildet (Anlage 1b).

Um die Anonymität der Befragung zu garantieren und somit eine hohe Objektivität der Befragungsergebnisse zu sichern, wurden keine biografischen Daten oder Angaben zum militärischen Werdegang erhoben. Lediglich die Teilnahme am Afghanistan-Einsatz wurde zusätzlich erfragt: $N = 24$ (71 Prozent) Befragte verfügen über eigene Einsatzerfahrung in Afghanistan; dementsprechend haben $N = 10$ (29 Prozent) von ihnen keinen Dienst in Afghanistan geleistet.

Die Fragebögen wurden anschließend ausgewertet und die Ergebnisse in zwei Tabellen erfasst (Anlage 2a »Bewährung« und Anlage 2b »Defizite«). Dabei wurden deckungsgleiche oder sehr ähnliche Äußerungen zu Argumenten zusammengeführt und die Anzahl ihrer Nennungen vermerkt. Die Argumente wiederum wurden

den jeweiligen Gestaltungfeldern und Zielen der *Inneren Führung* inhaltlich zugeordnet (»Kategorie Innere Führung«).

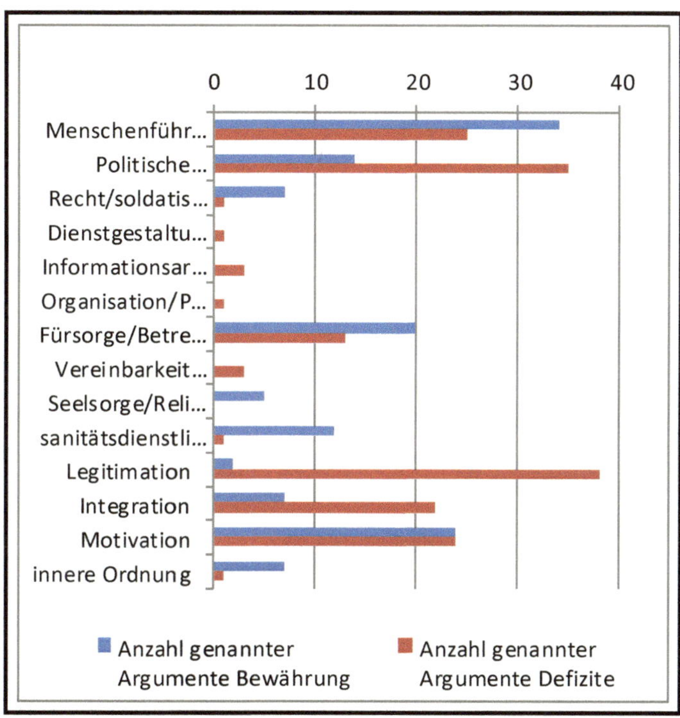

Ergebnisse der Befragung von Offizieren an der Führungsakademie der Bundeswehr Hamburg zu Bewährung und Defiziten der Inneren Führung im ISAF-Einsatz der Bundeswehr (Fragebogen Anlage 1); x-Achse: Häufigkeit der Nennung von Argumenten (Anzahl der Äußerungen); y-Achse: Gestaltungsfelder und Ziele der Inneren Führung (Anlage 4); Mehrfachnennungen/Mehrfachzuordnungen möglich (Anlage 2); N = 34.

Um einen Überblick über die Befragungsergebnisse zu erhalten, sind in der Tabelle die Zahl der Äußerungen aufgeschlüsselt nach Bewährung und Defiziten sowie Gestaltungsfeldern und Zielen der *Inneren Führung* dargestellt. Damit sollen vorab vorsichtige Trends bei der Analyse erfolgreicher und weniger erfolgreicher Bereiche der Konzeption im ISAF-Einsatz aufgezeigt werden. Bei der Interpretation der Tabelle ist zu beachten, dass Mehrfachnennungen möglich waren und eine Äußerung gleichzeitig mehrere Gestaltungsfelder und Ziele berühren konnte. Die detaillierten Befragungsergebnisse finden sich in Anlage 2.

Wie sich zeigt, befinden sich Bewährung und Defizite der *Inneren Führung* bei der Betrachtung der einzelnen Kategorien fast immer in einem unausgeglichenen Verhältnis. Erfolgreiche und nicht erfolgreiche Bereiche lassen sich so relativ klar voneinander unterscheiden. Lediglich beim Ziel der Motivation wurden genauso viele Argumente für die Bewährung der *Inneren Führung* wie dagegen angeführt. Die meisten Argumente für ihre Bewährung fanden sich im Bereich der Menschenführung, die meisten Argumente dagegen im Bereich der Legitimation.

Des Weiteren haben einige Gestaltungsfelder der *Inneren Führung* während des ISAF-Einsatzes offenbar keine entscheidende Rolle gespielt oder bestimmte Erfahrungen wurden nicht der *Inneren Führung* zugeordnet. So gab es beispielsweise kaum Äußerungen der Befragungsteilnehmer, die sich den Gestaltungsfeldern Dienstgestaltung/Ausbildung, Informationsarbeit und Organisation/Personalführung zuordnen lassen.[52] Hingegen wurde sich häufig auf die Gestaltungsfelder Menschenführung und Politische Bildung sowie auf das Ziel Motivation bezogen. Die weitere inhaltliche Interpretation der Ergebnisse ist Teil der folgenden Ausführungen.

---

[52] Dass diese Teil der Inneren Führung sind, konnten sich die Befragungsteilnehmer prinzipiell jedoch durch einen Blick auf die Rückseite des Fragebogens (Anlage 1b) vergegenwärtigen.

Bewährungsprüfung der Inneren Führung

In diesem Abschnitt wird die Bewährung der *Inneren Führung* im ISAF-Einsatz anhand von zehn verschiedenen Kriterien überprüft. Sie ergeben sich aus einem Abgleich der Ergebnisse der Fragebogenerhebung mit der einschlägigen Literatur und stellen die wohl am häufigsten genutzten Argumentationslinien von Kritikern und Befürwortern der *Inneren Führung* in Bezug auf die ISAF-Mission dar.

Allgemeine Bewährung

Generell kann man sagen, dass sich die Bundeswehr im Afghanistan-Einsatz bewähren konnte. Deutsche Soldatinnen und Soldaten haben unter hohen persönlichen Risiken an verschiedenen Einsatzorten, in überdehnten Verantwortungsräumen und unter widrigen klimatischen Bedingungen militärische und nicht-militärtypische Aufgaben übernommen. Sie haben lokale Sicherheitskräfte ausgebildet, den Aufbau des Landes unterstützt und sich im Kampf gegen Aufständische bewiesen. Für die zahlreichen Ambiguitäten und Dilemmata der Mission konnten sie praktikable Lösungen finden. Wo die anfänglich allzu ambitionierten Einsatzziele verfehlt wurden, lag das wohl kaum an den engagierten Männern und Frauen im Felde.[53]

Dass sie all diese Herausforderungen meistern konnten, kann auch als Beleg für die Bewährung der *Inneren Führung* und des *Staatsbürgers in Uniform* verstanden werden. Baudissins Erziehungsverständnis

---

[53] Vgl. Nachtwei, 2017, S. 31; Nachtwei, 2014, S. 10; Fleischhauer & Wiegrefe, 2017, S. 44; Chiari, 2014, p. 156; Es war eher so, dass es an eindeutigen strategischen Vorgaben mangelte und zivile Akteure das Zeitfenster, das das Militär für sie geschaffen hat, nicht engagiert genug nutzten. Das leistete einem klassischen »Mission Creep« – einer schleichenden Ausdehnung der Mission – Vorschub (Vgl. Glatz, 2015, S. 66; Hamann, 2002, S. 44f.; Chauvistré, 2009, S. 120).

setzte auf die Sozialisationswirkung des täglichen Dienens in Streitkräften demokratischen Geistes und Verhaltens.[54]

Soldatinnen und Soldaten kommen immer wieder mit der *Inneren Führung* in Berührung, auch ohne dass ihnen dies zwingend bewusst ist. Sie erkennen das Primat der Politik an, treffen auf Vorgesetzte mit einem zeitgemäßen Führungsverständnis oder machen bewusst von ihren staatsbürgerlichen Rechten Gebrauch.

Viele zweckmäßige Entscheidungen, die in Afghanistan getroffen wurden, sind sicher zu einem nicht unwesentlichen Teil einer Prägung durch Streitkräfte zuzuschreiben, die sich zivilgesellschaftlichen Normen verschrieben haben und die fest in die Werte der freiheitlich-demokratischen Grundordnung eingebettet sind.

Strategielosigkeit und Sinnvermittlung

Eines der Ziele der *Inneren Führung* besteht darin, Soldatinnen und Soldaten die ethischen, rechtlichen, politischen und gesellschaftlichen Begründungen für ihr Handeln zu vermitteln und dabei den Sinn des militärischen Auftrages einsichtig und verständlich zu machen.[55]

In der ersten Bundestagsdebatte über das ISAF-Mandat hatte der damalige Bundeskanzler Gerhard Schröder die beabsichtigte Entsendung von 1.200 Soldatinnen und Soldaten noch mit der Bemerkung versehen, „dass wir nicht unbedingt alle brauchen werden"[56] Zudem ging die Bundesregierung von einem

---

[54] Vgl. Kutz, 1994, S. 18; s.a. Maizière, 1974, S. 178f.

[55] Vgl. Bundesministerium der Verteidigung, 2008, S. 16.

[56] Zit. nach Seliger, 2014b, S. 9; Das deutsche ISAF-Kontingent bestand im Jahre 2011 aus über 5.400 Soldatinnen und Soldaten. Deutschland war damit nach den USA und Großbritannien zum drittgrößten Truppensteller der Mission herangewachsen.

räumlich und zeitlich eng begrenzten Einsatz der Bundeswehr aus.[57]

Diese Annahmen stehen exemplarisch für die überidealistischen Vorstellungen, mit denen sich Deutschland von Anbeginn in das Afghanistan-Engagement begab – in ein Land, das schon vor 2001 als »Friedhof der Supermächte« galt. Ähnlich wie in den Einsätzen auf dem Balkan waren zunächst die Unterstützung der Regierung bei der Aufrechterhaltung der Sicherheit und die Absicherung des Wiederaufbaus Auftrag des deutschen ISAF-Kontingentes.[58]

Man war darüber hinaus mit großen Ideen für das streng muslimische Land angetreten: Menschen- und Frauenrechte, Rechtstaatlichkeit, Meinungsfreiheit, gute Regierungsführung, sogar Demokratie. Diese hochgesteckten Zielsetzungen waren anfänglich wohl vor allem darauf ausgerichtet, bei wichtigen Akteuren im gesellschaftlichen Meinungs- und Urteilsbildungsprozess Akzeptanz für das Engagement zu erzeugen.

Zudem waren sie sicher auch Ergebnis der jahrzehntelangen Zurückhaltungskultur in internationalen Konflikten: Durch die Anlehnung an starke Bündnispartner während des *Kalten Krieges* hatte Deutschland in seiner Außen- und Sicherheitspolitik eine „strategische Trägheit"[59] habitualisiert und verfügte über keinerlei Erfahrungen in eigenständigen Entscheidungen derartigen Ausmaßes.

In Abhängigkeit von der Lageentwicklung folgte das deutsche ISAF-Engagement unterschiedlichen Zielen und Rationalen.[60] Seine Agenda erweiterte sich im Laufe

---

[57] Vgl. Deutscher Bundestag, 2001, S. 1ff.

[58] Vgl. Deutscher Bundestag, 2001, S. 1f.; s.a. Glatz, 2015, S. 65; Seiffert & Heß, 2012, S. 20; Die Bundesregierung, 2010, S. 5; Schroeder, 2014, p. 25ff.; Chauvistré, 2009, S. 50; Bald, 2005, S. 169f.

[59] Noetzel, 2011, p. 415 („strategic inertia"); s.a. Münkler, 2015, S. 257; Franke, 2012, S. 281f.; Naumann, 2010, S. 14f.

[60] Vgl. Bartels, Wittmann & Wüstner, 2016, S. 23.

der Beteiligung von einer rein militärischen Stabilisierungsoperation zu einem umfangreichen sicherheits- und entwicklungspolitischen Staatsaufbauprojekt.[61]

Dabei gab es nie eine umfassende und kohärente politische Strategie, in der klare und priorisierte Ziele vorgegeben gewesen wären. In defizitären Konzeptionen waren diese immer vage und mit abstrakten Erwartungsbegriffen wie »Stabilität«, »Entwicklung« oder »Sicherheit« umschrieben.[62]

In der Folge gab es gravierende „Transferprobleme zwischen Politik und Taktik"[63] Es war der Militärführung schlicht nicht möglich, aus den unzulänglichen politischen Vorgaben eine schlüssige und beständige Strategie abzuleiten.[64]

Der übergreifenden Strategielosigkeit wollten die in Afghanistan engagierten Staaten in den letzten Jahren des ISAF-Einsatzes noch einmal gemeinsam entgegentreten: Ab 2010 sollte sukzessive die amerikanische Strategie zur Aufstandsbewältigung (*Counterinsurgency*) umgesetzt werden. Sie zielte durch eine Mischung militärischer, politischer, wirtschaftlicher und medialer Maßnahmen darauf ab, den Rückhalt der Bevölkerung zu gewinnen und den gegnerischen Kräften so ihre Rückzugsmöglichkeiten zu entziehen.

Counterinsurgency wurde in Afghanistan allerdings missverstanden und in der noch zur Verfügung stehenden Zeit nicht konsequent umgesetzt, weshalb der erhoffte nachhaltige Erfolg am Ende ausblieb.[65]

---

[61] Vgl. Münch, 2015, S. 160ff.

[62] Vgl. Münch, 2015, S. 161; Mann, 2014, S. 150f.; Naumann, 2013, S. 80f.; Chauvistré, 2009, S. 120ff.; Zum Fehlen einer nationalen deutschen Sicherheitsstrategie: Richter, 2014, S. 36f.

[63] Naumann, 2013, S. 80.

[64] Vgl. Münch, 2015, S. 169.

[65] Vgl. Schroeder, 2014, pp. 37ff.

Wie auch andere Nationen interpretierte die Bundesregierung das Konzept auf ihre eigene Weise. Die Umsetzung war offenbar so angelegt, dass sie innerhalb Deutschlands nicht übermäßig kriegerisch erschien, bei Bündnispartnern der NATO aber den Eindruck erweckte, diesen in nichts nachzustehen.[66] Das wiederum mündete in fehlender konzeptueller Klarheit, aus denen Bundeswehrangehörige Handlungssicherheit hätten gewinnen können.

Für militärische Vorgesetzte war es unter diesen Rahmenbedingungen ausgesprochen schwierig, wenn nicht sogar unmöglich, ihrer durch die *Innere Führung* auferlegten Pflicht nachzukommen, „immer wieder Sinn und Notwendigkeit ihrer Aufgaben und deren Einordnung in den Gesamtzusammenhang [zu] erklären".[67]

Für Soldatinnen und Soldaten muss jedoch einsichtig sein, warum sie fern ihrer Heimat schwerste Strapazen auf sich nehmen sowie Leib und Leben riskieren sollen. Allein bündnispolitische Begründungen, der Verweis auf historische Beziehungen zwischen Afghanistan und Deutschland oder der geflügelte Satz »Die Sicherheit Deutschlands wird auch am Hindukusch verteidigt« von Verteidigungsminister Peter Struck konnten auf Dauer nicht zur Sinnstiftung ausreichen.[68] Ein Rückzug vieler Soldatinnen und Soldaten auf die *Kleine Kampf-gemeinschaft* war so vorgezeichnet.

---

[66] Vgl. Münch, 2015, S. 312f.; Noetzel, 2011, p. 403; Hartmann, 2015, S. 77.

[67] Bundesministerium der Verteidigung, 2008, S. 25; s.a. Glatz, 2016, S. 43f.

[68] Vgl. Schroeder & Zapfe, 2015, p. 180; Münkler, 2015, S. 8f.; Münch, 2015, S. 210; Reuter & Vornbäumen, 2009b, S. 36; Beckmann, 2015, S. 57f.; Seliger, 2016b, S. 31; Naumann, 2010, S. 25; Wiesendahl, 2005a, S. 17; Das belegt auch die Befragung der Offiziere an der Führungsakademie der Bundeswehr, die die fehlende Sinnvermittlung als großes Defizit der Inneren Führung im ISAF-Einsatz betrachten (Anlage 2b). Der damalige Bundesminister der Verteidigung Peter Struck relativierte sein spontanes Zitat vom Dezember 2002 in einer Regierungserklärung am 11. März 2004: „Unsere Sicherheit wird nicht nur, aber auch am Hindukusch verteidigt".

Kameradschaft und Motivation

Das Menschenbild der *Inneren Führung* ist humanistisch geprägt und beansprucht eine menschenorientierte Führung und einen mitmenschlichen Umgang.[69]

In einer 2010 durchgeführten Befragung von knapp 4.500 Einsatzsoldatinnen und -soldaten durch das Sozialwissenschaftliche Institut der Bundeswehr nannten knapp 90 Prozent der Befragten die gute Kameradschaft als wichtigen Grund für ihre Teilnahme am ISAF-Einsatz.[70] 82 Prozent schätzten ihre persönliche Motivation und 87 Prozent ihre Einsatzbereitschaft hoch ein.[71] Auch der überwiegende Teil der an der Führungsakademie der Bundeswehr befragten Offiziere gab an, dass sich die *Innere Führung* im Bereich der Kameradschaft und des Zusammenhalts beziehungsweise der Einsatzmotivation bewähren konnte.

Die gesellschaftliche Wertschätzung der Bereitschaft, das eigene Leben und die körperliche Unversehrtheit im Namen der Regierung aufs Spiel zu setzen, kann ebenfalls Einfluss auf die individuelle Einsatzmotivation haben.[72] Das politische Mandat für ISAF sollte gewissermaßen höchstoffizieller Ausdruck der gesellschaftlichen Motivation für das Engagement der Bundeswehr sein. Mit seinen abstrakten Formulierungen und Zielsetzungen konnte es als echte Motivationsquelle für Soldatinnen und Soldaten allerdings kaum ausreichen.

Angesichts der vielfachen Widersprüche des westlichen Engagements und des oft als unzureichend empfundenen Rückhalts in der heimischen Bevölkerung schöpften viele Soldatinnen und Soldaten ihre Einsatzmotivation daher vor allem aus der „zirkulären

---

[69] Vgl. Bundesministerium der Verteidigung, 2008, S. 24; Dörfler-Dierken & Kramer, 2014, S. 7; Wiesendahl, 2002, S. 29f.

[70] Vgl. Seiffert & Heß, 2012, S. 22; Seiffert, 2016b, S. 126.

[71] Vgl. Seiffert, 2016a, S. 218.

[72] Vgl. Uslar & Walther, 2012, S. 81f.

Binnenmotivation"[73] der militärischen Vergemein-schaftung und der engen Verbundenheit mit ihren Kameradinnen und Kameraden.

Trotz aller Belastungen, Entbehrungen und Gefahren fand sich gerade in kämpfenden Truppenteilen eine hoch ausgeprägte Berufszufriedenheit, die sich sowohl in ihrer großen Verantwortung als auch im ganzheitlichen Erleben des Soldatenberufes erklären dürfte. Der Stolz auf den Auftrag und die Teileinheit waren Antrieb für das eigene Handeln; die existenziellen Grenzerfahrungen verbindendes Element und Ankerpunkt der Selbstdefinition.

Es formten sich im wahrsten Sinne des Wortes Kampfgemeinschaften heraus, die unter der gemeinsamen Außenbedrohung eingeschworen und zusammen-geschweißt wurden. In ihnen entwickelten sich ein besonderer Korpsgeist sowie ein eigenes und sehr klares soldatisches Selbstverständnis.[74]

Eine Gefährdung der Kameradschaft ergab sich hingegen durch die „Zwei-Welten-Problematik"[75], die vor allem aus dem durch ungleiche Gefährdungs- und Belastungssituationen erzeugten Unmut resultierte. Weniger als ein Drittel der in Afghanistan stationierten Deutschen setzten sich unmittelbaren und objektiven Gefahren aus, indem sie zur Auftragserfüllung regelmäßig die schützenden Feldlager verließen.

Dieses Missverhältnis zwischen taktisch operierenden und dauerhaft in Feldlagern stationierten Kräften übertrug sich häufig auch auf die Mentalität und die Arbeitshaltung: Während die draußen eingesetzten Soldatinnen und Soldaten mit existenziellen Risiken

---

[73] Münch, 2015, S. 210f.; s.a. Nachtwei, 2017, S. 31; Seiffert, 2016a, S. 220; Seiffert, 2014, pp. 327f.; Otto, 2011, S. 6; Schröder, 2010, S. 108; Hamann, 2002, S. 46.
[74] Vgl. Seiffert & Heß, 2012, S. 22f.; Seiffert, 2016a, S. 220; Seiffert, 2015, S. 238f.; Seiffert, 2014, pp. 329ff.; Seliger, 2011, S. 202; Mann, 2014, S. 139ff.
[75] Seiffert & Heß, 2012, S. 24; Bohnert, 2013b, S. 336.

konfrontiert wurden und große Entbehrungen in Kauf nahmen, erlebte der überwiegende Teil der Truppe einen stark inländisch geprägten Einsatz, samt Bürokratie und Formalismus.[76]

Auch die drinnen eingesetzten Kräfte sahen sich durch Raketenbeschuss und potenzielle Innentäter einer latenten Bedrohung ausgesetzt und hatten teilweise enorme Arbeitspensen zu bewältigen. Die alltäglichen Routinen und der geringe persönliche Freiraum in den eng abgeschirmten Lagern konnten ebenfalls äußerst belastend sein. Gefechte und Anschläge prägten zudem nicht nur die unmittelbar Betroffenen, sondern auch weite Teile der Einsatzkontingente.

Nichtsdestotrotz verursachte das Aufeinandertreffen der unterschiedlichen Lebenswelten zeitweise erhebliche Spannungen. So hat die Reglementierwut während des ISAF-Einsatzes, die sich zum Beispiel in absurden TÜV- und Abgassonderuntersuchungen, Radarkontrollen zur Überwachung des Tempolimits oder Regelungen zur Mülltrennung zeigte, breites Unverständnis bei im Felde eingesetzten Kräften erzeugt und zu einer regelrechten Spaltung der Truppe geführt.[77]

---

[76] Vgl. Seiffert & Heß, 2012, S. 22f.; Münch, 2015, S. 204; Bohnert, 2013b, S. 336ff.; Seliger, 2011, S. 85; Friederichs, 2011b; Hinners, 2016, S. 144f.; Souchon, 2012, S. 190; Chauvistré & Bangert, 2012, S. 11; Chauvistré, 2009, S. 128; Eckhold, 2010, S. 66f.; Bächler, 2017, S. 7; Unter Kontingentangehörigen in Afghanistan waren die Begriffe »Drinnies« und »Draußies« gebräuchlich, um zwischen den vorrangig innerhalb und außerhalb der Feldlager eingesetzten Soldatinnen und Soldaten zu unterscheiden (Vgl. Bohnert, 2013b, S. 337; Schwitalla, 2010, S. 129f.). Wissenschaftlich lässt sich dieser Dualismus mit den Habitusvarianten von »Bürokraten« und »Kriegern« beschreiben (Vgl. Münch, 2015, S. 60ff.). Das Spannungsfeld zwischen Front und Etappe ist allerdings nicht neu und auch kein Spezifikum deutscher Streitkräfte.
[77] Vgl. Seliger, 2007, S. 36ff.; Reichelt & Meyer, 2010, S. 180f.; s.a. Noetzel & Rid, 2009, p. 76; Münch, 2015, S. 212f.; Seiffert, 2015, S. 238; Focken, 2013, S. 72f.; Naumann, 2013, S. 9; Otto, 2011, S. 9; Seliger, 2011, S. 91ff.

Unterschiedliche Einsatzrealitäten, wie hier am Beispiel der Verpflegung im Außenposten Distrikthauptquartier (DHQ) Chahar Darreh und im Feldlager Mazar-E-Sharif zu sehen, führten in Afghanistan zeitweise zu erheblichen Spannungen innerhalb der Truppe.

Die Lebenswelten der Einsatzsoldatinnen und -soldaten haben sich bei ISAF fundamental unterschieden; hier exemplarisch dargestellt an der Erfrischung in einem Vorposten im Chahar Darreh und einem im Feldlager Mazar-E-Sharif befindlichen Massage- und Beautysalon.

In Feldlagern etablierte Massagesalons, Tanzkurse und Beachclubs waren bizarr anmutende Aushängeschilder dieser gegensätzlichen Einsatzrealitäten. Sie wurden von vielen Soldatinnen und Soldaten als große Ungerechtigkeit empfunden. Beschwerden über wackelnde TV-Bildschirme beim Schießen der Panzerhaubitze, »Wie war's im Urlaub?«-Begrüßungen von Patrouillenrückkehrern oder heitere Gruppenfotos auf ausgebrannten Wracks von Gefechtsfahrzeugen sorgten darüber hinaus für tiefe Frustration und Wut.

In seinem Jahresbericht 2011 stellte der damalige Wehrbeauftragte des Deutschen Bundestages, Helmut Königshaus, eine „besorgniserregende Dimension"[78] der Diskussion fest und sah sogar den Zusammenhalt ganzer Einsatzkontingente bedroht.[79]

Interkulturelle Sensibilität

Die *Innere Führung* fordert von Vorgesetzten, dass sie die interkulturelle Kompetenz ihrer Soldatinnen und Soldaten fördern, um einen verhaltenssicheren und respektvollen Umgang mit Menschen anderer Kulturen zu ermöglichen.

In Einsatzgebieten kann kultursensibles Handeln durch den direkten Kontakt mit der lokalen Bevölkerung sowie die Zusammenarbeit mit Angehörigen anderer Nationen und Ressorts wesentliche Voraussetzung für die Auftragserfüllung sein und den Schutz der eigenen Kräfte erhöhen.[80]

Deutsche Soldatinnen und Soldaten genossen während der ISAF-Mission den Ruf, über ein hohes Maß an interkultureller Kompetenz zu verfügen. Durch den ethischen Referenzrahmen der *Inneren Führung* und die Erfahrungen in den Balkan-Einsätzen war ein »Firm, Fair, Friendly«-Verhalten habitualisiert worden, das es

---

[78] Deutscher Bundestag, 2012, S. 21.

[79] Vgl. Deutscher Bundestag, 2012, S. 21.

[80] Vgl. Bundesministerium der Verteidigung, 2008, S. 27ff.; Lather, 2015, S. 161ff.; Staack, 2011, S. 39; Hartmann, 2011, S. 48; Hartmann, 2007, S. 176.

Bundeswehrsoldatinnen und -soldaten auch in Afghanistan vielfach erleichterte, offen, respektvoll und empathisch auf die Bevölkerung und die afghanischen Verbündeten zuzugehen.

Auch wenn militärhandwerkliche Ausbildungsinhalte angesichts der Gefährdungslage und begrenzter zeitlicher Ressourcen eindeutig im Vordergrund standen[81], gehörten politische und landeskundliche Schulungen standardmäßig zur einsatzvorbereitenden Ausbildung aller deutschen Kontingentangehörigen.

Zudem wurden Spezialisten für die zivil-militärische Zusammenarbeit umfassend auf die kulturellen Besonderheiten Afghanistans vorbereitet und fungierten zusätzlich als Ansprechpartner und Berater. Auch lokale Sprachmittler im Dienste der Bundeswehr waren kulturell hochsensibel und konnten in der Truppe als Stimmungssensoren fungieren. Viele Operationen und Patrouillen wurden durch die Bundeswehr bewusst mit dem Ziel des Vertrauensaufbaus zur Bevölkerung geplant und durchgeführt. Bei Treffen mit lokalen Würdenträgern wurden Hilfeleistungen vereinbart und Wiederaufbauprojekte initiiert.

Die Akzeptanz kultureller Unterschiede erforderte dabei Aufgeschlossenheit, Vertrauen und Nachsicht. Das wurde umso notwendiger, als ab 2010 der durch *Counterinsurgency* geforderte »Kampf um die Herzen und den Verstand der Bevölkerung« in den Mittelpunkt rückte und die Zusammenarbeit mit den afghanischen Sicherheitskräften weiter intensiviert wurde.[82] Spezielle *Counterinsurgency Advisory and Assistance-* sowie *Female Engagement-Teams* konnten den Wert von Operationen und Treffen um ein Vielfaches steigern.

---

[81] Vgl. Seiffert, 2016a, S. 217.

[82] Vgl. Schreiber, 2015, S. 323ff.; Schreiber & Bohnert, 2015; Bohnert & Schreiber, 2014.

In Afghanistan wurde von Soldatinnen und Soldaten neben kämpferischer und militärfachlicher Versiertheit auch ein Verständnis von kulturellen, religiösen und ethnischen Zusammenhängen erwartet. Im »Kampf um die Herzen und den Verstand der Bevölkerung« sollten die Einheimischen so auch durch das angemessene und ihnen zugewandte Auftreten des Militärs von der »Guten Sache« überzeugt werden. Das wiederum war die Voraussetzung dafür, den Aufständischen ihre Unterstützungsbasis zu entziehen. Zudem konnte eine hohe interkulturelle Kompetenz auch die Handlungssicherheit und den Schutz der Soldatinnen und Soldaten erhöhen: Durch die Kenntnis landestypischer Besonderheiten ließ sich das Verhalten der Bevölkerung in unterschiedlichen Situationen besser einschätzen. Das Bild zeigt einen deutschen Hauptfeldwebel und zwei Einheimische beim Passieren eines Checkpoints Anfang Juli 2011 in Kunduz.

Darüber hinaus setzte sich das Truppenkontingent der ISAF zeitweise aus mehr als 130.000 Soldatinnen und Soldaten aus 50 Nationen zusammen und über 80 Staaten waren beim zivilen Aufbau behilflich. Auch die multinationale Zusammenarbeit in Stäben sowie an der Basis konnten nur durch eine Berücksichtigung verschiedener kultureller Denk- und Sichtweisen sowie ein Verständnis für die Multidimensionalität der Mission erreicht werden.

Die Akzeptanz von strategisch bedeutsamen Maßnahmen wie etwa die im Rahmen des Versöhnungsprozesses begonnene Reintegration von ehemaligen Aufständischen erforderte neben einem umfassenden Verständnis des komplexen Konfliktes zusätzlich ein hohes Maß an kultureller Sensibilität.[83]

Ihre Wichtigkeit wurde auch noch an anderer Stelle deutlich: Die Charakteristika *Neuer Kriege* haben zu der Erkenntnis geführt, dass nationale und rein militärische Strategien kaum dazu geeignet sind, nachhaltige Erfolge in Krisen- und Konfliktregionen zu erzielen. Deshalb wird auch hierzulande zunehmend versucht, durch die Vernetzung unterschiedlicher politischer Ressorts sowie internationaler und nichtstaatlicher Organisationen ganzheitliche Konfliktlösungen herbeizuführen.

Die Umsetzung des offiziell mit dem Weißbuch 2006 eingeführten Konzeptes *Vernetzter Sicherheit*[84] geht damit einher, dass für die Bundeswehr nur noch in bestimmten Phasen von Einsätzen eine generelle

---

[83] Vgl. Hartmann, 2015, S. 91ff.; Beerenkämper et al., 2016, S. 36ff.; Die Bundesregierung, 2010, S. 63ff.; Schroeder, 2014, p. 51; Dass sich die Verhandlungen mit Aufständischen andererseits nur sehr schwierig mit dem Menschenrechtsverständnis und anderen Grundprinzipien der Inneren Führung vereinbaren lassen, darf in der Debatte um die Konzeption nicht unbeachtet bleiben.

[84] Vgl. Bundesministerium der Verteidigung, 2006, S. 24ff.; s.a. Franke, 2012, S. 286ff.

Autonomie in ihrem Verantwortungsbereich angenommen werden kann.

Soldatinnen und Soldaten waren auch in Afghanistan nur einer unter weiteren Akteuren und haben gemeinsam mit dem Auswärtigen Amt oder dem Bundesministerium für wirtschaftliche Zusammenarbeit und Entwicklung für die Stabilisierung des Landes gearbeitet.[85] In der Praxis haben sich dadurch auch die Anforderungen an das Militär geändert: Bundeswehrangehörige traten nicht nur als Kämpfer, sondern ebenso als Aufbau- und Entwicklungshelfer, Ausbilder, Polizisten oder Diplomaten auf.[86] Es ist anzunehmen, dass ihnen das durch die *Innere Führung* an humanistischen und zivilen Maßstäben ausgerichtete Berufsverständnis eine Erfüllung dieser vielschichtigen Aufgaben erleichtert hat.

Als weiterer Indikator für das kultursensible Agieren deutscher Soldatinnen und Soldaten kann die geringe Zahl der gegen sie gerichteten Innentäterangriffe herangezogen werden. Damit sind Angriffe durch Personen gemeint, die ursprünglich eine Vertrauensstellung bei ISAF genossen haben, also zum Beispiel Angehörige der verbündeten afghanischen Sicherheitskräfte.

Untersuchungen solcher Zwischenfälle haben gezeigt, dass die Zahl derer, die aus persönlichen Motiven wie Ehrverletzungen, Kränkungen, sozialen Beleidigungen und interkulturellen Missverständnissen gegen ISAF-Kräfte aktiv wurden sehr hoch war und sie sich oft nicht mit einer systematischen Unterwanderung afghanischer Sicherheitskräfte begründen ließen.[87]

---

[85] Vgl. Beerenkämper et al., 2016, S. 30ff.; Naumann, 2015, S. 22.

[86] Vgl. Bundesministerium der Verteidigung, 2006, S. 70; Wiesendahl, 2016, S. 44f.; Naumann, 2013, S. 113ff.; Seiffert & Heß, 2012, S. 21; Franke, 2012, S. 282f.

[87] Vgl. Koch, 2014, S. 46.

In den wenigen tragischen Fällen, in denen auch deutsche Soldatinnen und Soldaten ihr Leben verloren oder verwundet wurden, ist interkulturelles Fehlverhalten als Auslöser für die Angriffe nicht wahrscheinlich.[88]

Trotz des zweifellos hohen Niveaus der interkulturellen Kompetenz deutscher Soldatinnen und Soldaten musste auch in Bezug auf den Umgang mit den Afghanen vor zu optimistischen Folgerungen gewarnt werden: Dass sich die Lage im Norden des Landes zu Beginn des Bundeswehreinsatzes vergleichsweise ruhig darstellte[89], ließ in Politik, Öffentlichkeit und Streitkräften die Vermutung reifen, dass das moralisch einwandfreie

---

[88] Vgl. Bohnert, 2014a, S. 5ff.; Während des ISAF-Einsatzes gab es insgesamt drei Angriffe auf Bundeswehrangehörige, die sich als Innentäterzwischenfälle qualifizieren lassen: Am 18. Februar 2011 eröffnete ein afghanischer Soldat im Außenposten »OP North« in der Provinz Baghlan das Feuer auf die Besatzung eines Schützenpanzers. Dabei fielen drei deutsche Soldaten und sechs wurden teils schwer verwundet (Vgl. Tophoven, 2015, S. 258f.; Hempelmann, 2013, S. 11ff.; Wiegold, 2011, S. 20f.). Am 28. Mai 2011 explodierte im Dienstgebäude des Gouverneurs der Provinzhauptstadt Taloqan (Provinz Tachar) eine versteckte Sprengfalle und riss zwei deutsche Soldaten in den Tod. Sechs weitere wurden verwundet, unter ihnen auch der damalige Kommandeur der afghanischen Nordregion, Generalmajor Markus Kneip. Es wird davon ausgegangen, dass der Attentäter Helfer unter den afghanischen Sicherheitskräften hatte (Vgl. Bohnert, 2014a, S. 5). Am 5. August 2014 wurde der deutsche Brigadegeneral Michael Bartscher verwundet, als ein afghanischer Soldat in der Militärschule der Hauptstadt Kabul das Feuer auf eine Besuchergruppe eröffnete. Über diese drei direkt die Bundeswehr betreffenden Zwischenfälle hinaus starb die deutsche Fotojournalistin Anja Niedringhaus am 4. April 2014 in der ostafghanischen Provinz Chost durch die Schüsse eines afghanischen Polizisten. Der bislang folgenschwerste Angriff von Aufständischen in afghanischen Armeeuniformen ereignete sich am 21. April 2017 in einer Militärbasis nahe Mazar-E-Sharif. Dabei wurden knapp 130 Angehörige der afghanischen Streitkräfte getötet und viele weitere verwundet.
[89] Vgl. Gebauer et al., 2010, S. 75f.; Souchon, 2012, S. 189f.; Der Einsatzraum um Kunduz galt lange als Insel der Stabilität und wurde von deutschen Soldatinnen und Soldaten wegen der vergleichsweise angenehmen Auftragslage spöttisch als „Bad Kunduz" (Chiari, 2015, p. 146), „Kunduz Spa" (Seiffert, 2014, p. 320) oder „Oase der Glückseligkeit" (Gack, 2015, S. 273) bezeichnet. Die Aufständischen erkannten die Bundeswehr jedoch als vermeintlich schwachen und unzuverlässigen Akteur und intensivierten ihr Vorgehen gegen die deutschen Kräfte (Vgl. Souchon, 2012, S. 185). Mit der Zunahme von Anschlägen und Gefechten wandelte sich die Bezeichnung der Kunduz-Region im Sprachgebrauch der Truppe in »Kessel Kunduz«.

und den Menschen zugewandte Verhalten der deutschen Soldatinnen und Soldaten die Situation nicht wie in anderen Teilen Afghanistans eskalieren ließ.

Alliierte Verbündete sahen sich ob dieser Wahrnehmung genötigt, darauf aufmerksam zu machen, dass die Bundeswehr nur im Norden präsent war, weil er sich ursprünglich stabil darstellte, und nicht anders herum.[90] Die zunehmende Gewalteskalation im deutschen Verantwortungsbereich führte dann zu allgemeiner Ernüchterung.

Zum Ansatz *Vernetzter Sicherheit* muss zudem einschränkend angemerkt werden, dass er in Afghanistan von „Kompetenzstreitigkeiten, Eifersüchteleien und ideologische[n] Grabenkämpfe[n]"[91] geprägt war und trotz seiner Alternativlosigkeit auf allen Seiten auch zu Ernüchterung geführt hat. Bedingt durch die generelle Strategielosigkeit zeigte sich in weiten Teilen ein Flickenteppich ressortspezifischer Maßnahmen statt eines abgestimmten und ganzheitlichen Vorgehens.[92] Die umfassende personelle Beteiligung der Bundeswehr stand zudem in einem deutlichen Missverhältnis zu den Beiträgen ziviler Ressorts.[93]

---

[90] Vgl. Noetzel & Rid, 2009, p. 83; Reuter & Vornbäumen, 2009a, S. 36; Mann, 2014, S. 146f.; Reichelt & Meyer, 2010, S. 92; Chauvistré, 2009, S. 31f.; Nichtsdestotrotz wurde die Rückkehr von Aufständischen in den südlichen und östlichen Teil Afghanistans auch durch interkulturell unangemessenes Verhalten von Soldatinnen und Soldaten begünstigt, bspw. während Festnahmen und Hausdurchsuchungen (Vgl. Schroeder, 2014, p. 21; Souchon, 2012, S. 191).
[91] Seliger, 2013, S. 19; Vgl. Noetzel, 2011, p. 403; Noetzel & Rid, 2009, pp. 73f.; Noetzel, 2008, S. 32; Naumann, 2015, S. 22; Naumann, 2013, S. 15; Naumann, 2010, S. 11ff.; Münch, 2015, S. 168f.; Glatz, 2015, S. 67f.; Gack, 2015, S. 272; Schroeder, 2014, pp. 32f.; Bald, 2005, S. 170.
[92] Vgl. Naumann, 2013, S. 153; Wittmann, 2017, S. 15f.; Liebetanz, 2015, S. 5ff.
[93] Vgl. Bartels, Wittmann & Wüstner, 2016, S. 23; Lather, 2015, S. 28; Schroeder & Zapfe, 2015, p. 181; Chiari, 2014, pp. 154f.; Reuter & Vornbäumen, 2009b, S. 36f.

Führen mit Auftrag

Das auch als Auftragstaktik bezeichnete Prinzip des Führens mit Auftrag hat seinen Ursprung in den preußischen Heeresreformen. Es ist heute eng mit der *Inneren Führung* verwoben und Kern der Führungsphilosophie in den deutschen Streitkräften. Auftragstaktik beschreibt die Mitverantwortung für die Erreichung gemeinsamer Ziele durch die Gewährung größtmöglicher Handlungsfreiheit in vorgegebenen Grenzen.[94]

Unter ihrem Siegel sind in Afghanistan Soldatinnen und Soldaten aller Organisationsbereiche und Dienstgrade zu Höchstform aufgelaufen und haben ein enormes Potenzial entfalten können. In überdehnten Verantwortungsbereichen haben deutsche Kampfverbände wie die *Quick Reaction Force* oder die *Task Forces Kunduz* und *Mazar-E-Sharif* sukzessive die Initiative gegen die Aufständischen zurückerlangt und militärische Erfolge erzielen können.[95]

Führer der taktischen Ebene haben sich in dynamischen und hochkomplexen Einsatzszenarien bewährt und in *Operationen verbundener Kräfte* Verantwortung getragen, die noch wenige Jahre zuvor eine weitaus höhere Dienststellung erfordert hätten. So haben beispielsweise Portepeeunteroffiziere in Afghanistan Patrouillen und Operationen auf Teileinheitsebene geführt, bei der sie direkt für 25 Gefechtsfahrzeuge und über einhundert Soldatinnen und Soldaten verantwortlich waren.[96]

In herausragender Weise belegen darüber hinaus die Taten und Erlebnisse der neunundzwanzig Träger der *Einsatzmedaille der Bundeswehr für Tapferkeit*, zu welcher

---

[94] Vgl. Bundesministerium der Verteidigung, 2008, S. 25; Freudenberg, 2014, S. 71ff.; Rosen, 2011, S. 20f.; Baudissin, 1969, S. 237f.
[95] Vgl. Buske, 2015, S. 76; Sembritzki, 2016, S. 207; Bohnert & Neumann, 2016, S. 45ff.; Noetzel, 2011, p. 410.
[96] Vgl. Bohnert & Schreiber, 2014.

Größe Einzelne im ISAF-Einsatz unter den Rahmenbedingungen der Auftragstaktik herangewachsen sind.[97]

Neue technische Entwicklungen sowie die potenzielle politische Tragweite von Handlungen einzelner Bundeswehrangehöriger in Verbindung mit der »Casualty Shyness« westlicher Gesellschaften gehen jedoch mit einer neuen Gefährdung des bewährten Führungsprinzips einher. Beispielsweise bieten in Echtzeit übertragene Drohnen- oder Jetbilder die Möglichkeit, Mikromanagement zu betreiben und über viele Führungsebenen hinweg direkt einzugreifen.[98]

Das Phänomen der erhöhten geografischen Distanz vom Geschehen bei gleichsam zunehmender Involviertheit kann als Problematik der »taktischen Generale« bezeichnet werden.[99]

Auch in Afghanistan wurden Echtzeitaufnahmen zweckentfremdet um Fahrzeugabstände zu verbessern, die Einhaltung der Anzugordnung zu überwachen oder Einzelpersonen von höchster Ebene zu führen. Dieses Durchgreifen mochte oft hilfreich gemeint sein, ignorierte aber häufig das Gespür für die Situation und die Verantwortung der Führer vor Ort.

---

[97] Vgl. u.a. Hecht, 2013, S. 12ff.; Die an der Führungsakademie der Bundeswehr befragten Offiziere nannten Auftragstaktik und Menschenführung häufig als positiven Beleg für die Bewährung der Inneren Führung im ISAF-Einsatz (Anlage 2a).

[98] Vgl. Warburg, 2014, S. 44; Spreen, 2014, S. 47f.; Bohnert, 2014b, S. 28; Baudissin sah einige Folgen der rasanten Technisierung bereits früh voraus (Vgl. Baudissin, 1964, S. 10f.).

[99] Vgl. Singer, 2009, pp. 346ff.; Die Begrifflichkeit »taktische Generale« stellt das Pendant zu »strategischen Hauptgefreiten« dar, die sinnbildlich dafür stehen, dass Handlungen Einzelner auf der taktischen Ebene Auswirkungen im politisch-strategischen Bereich haben können.

Weitreichende Beobachtungssysteme wie Aufklärungsdrohnen bieten die Möglichkeit zur Überwachung der Truppe im Felde und des unmittelbaren Eingreifens in die Situation vor Ort. Dadurch kann es zwar zu einer stärkeren Zuwendung zu den operierenden Kräften – auch im Sinne einer Verflachung der Hierarchien – kommen, die Autonomie der im Einsatz befindlichen Kräfte wird jedoch gleichzeitig zugunsten von Kontrollmechanismen eingeschränkt. Durch die zunehmende Technisierung und Spezialisierung ist die faktische Abhängigkeit Vorgesetzter von ihren unterstellten Soldatinnen und Soldaten in den letzten Jahrzehnten weiter gewachsen. Die Omnipräsenz sozialer Medien, die potenziellen Auswirkungen von Handlungen Einzelner sowie die generelle »Casualty Shyness« verleiten zur übergebührlichen Beanspruchung der vorhandenen technischen Möglichkeiten. Das zunehmende Bedürfnis nach Kontrolle ist zwar nachvollziehbar, die Komplexität dynamischer Einsatzumfelder macht aber genau genommen das Gegenteil, nämlich das konsequente Führen mit Auftrag wichtiger. Das Foto zeigt die Übertragung von Echtzeit-Drohnenaufnahmen in die Dachstellung des Außenpostens DHQ Chahar Darreh im Juli 2011.

Verhinderung von Kriegsgräuel

Baudissin war überzeugt davon, dass Kriege die Tendenz zur Radikalisierung in sich tragen und in ihrem Verlaufe hemmungsloser werden. Die Gefahr, den Denkstil und perfide Kampfmethoden von Gegnern zu übernehmen hielt er für allgegenwärtig. Daraus leitete er die Notwendigkeit einer Führungsphilosophie ab, die Soldaten der freiheitlichen Welt robust genug machte, diesem sozialen Mechanismus des Krieges nicht zu erliegen. Um einer Fanatisierung und blindem Gehorsam Grenzen setzen zu können, waren seiner Ansicht nach eine durch ethische Bildung gefestigte sittliche Urteilskraft, moralische Standhaftigkeit und eine Schärfung des Gewissens erforderlich.[100]

Es gibt etliche historische und aktuelle Beispiele für die Verrohung im Kampfgraben und die schleichende Normalisierung des Tötens in kriegerischen Auseinandersetzungen.[101] Auch die Charakteristika *Neuer Kriege* bieten durch ein hohes Maß an Ungewissheit und heimtückisch kämpfende Feindkräfte einen guten Nährboden für Misstrauen, Frustration, Wut und Rachegefühle. Die *Innere Führung* hat vermutlich einen entscheidenden Anteil daran, dass es in Afghanistan vergleichsweise wenige Kriegsgräueltaten deutscher Soldatinnen und Soldaten gab und dass auch in Extremsituationen zivile Wertmaßstäbe in angemessenem Umfang erhalten blieben.

---

[100] Vgl. Baudissin, 1964, S. 4ff.; Rosen, 2011, S. 19; Staack, 2011, S. 31.

[101] Vgl. Neitzel & Welzer, 2011, S. 83ff.; Uslar & Walther, 2012, S. 79f.; Hujer, 2010, S. 100; Mogelson, 2011; Seliger, 2016b, S. 31; Creveld, 2006, S. 192; Bald, 2005, S. 187; Münkler, 2015, S. 147; Münkler, 2002, S. 37ff.; Die durch die Enthüllungsplattform WikiLeaks ab 2010 veröffentlichten Geheimdokumente, etwa über die Kriege des US-Militärs in Afghanistan (Afghan War Diarys) und im Irak (Iraq War Logs) sind voll von Verbrechen und Grausamkeiten (Vgl. Neitzel & Welzer, 2011, S. 395ff.; Schmitt, 2010, S. 3; Supp, 2010, S. 25). Die barbarische Gewalt irregulärer Kämpfer gegen unbeteiligte Zivilisten ist eines der typischen Merkmale Neuer Kriege und hat sich unter anderem in ethnischen Säuberungen, massenhaften Vergewaltigungen und der Trophäisierung menschlicher Körperteile gezeigt (Vgl. Münkler, 2002, S. 28ff.).

Exzesse und Entgrenzungen wie die ungezügelte Mordlust des amerikanischen »Kill Teams«, das willkürlich afghanische Zivilisten in Kandahar tötete[102], das Quälen von Gefangenen wie im irakischen Abu Ghraib[103] oder das gemeinschaftliche Urinieren von Militärs auf die Leichen von getöteten Aufständischen[104] sind über die deutschen Streitkräfte nicht bekannt geworden.

Der durch das Primat des Zivilen justierte ethische und moralische Wertekompass konnte offenbar stärkere Gewaltzurückhaltung habitualisieren und derartige Ereignisse in größerem Umfang verhindern.[105] Deutsche Soldatinnen und Soldaten waren augenscheinlich so sozialisiert, dass übertriebene Brutalitäten eingedämmt, eine gewisse Mäßigung des Kampfes gewährleistet und einer völligen Enthemmung entgegengetreten werden konnte.

Als mündige Staatsbürger reflektierten und prüften sie ihr Handeln gemäß den Grundsätzen der *Inneren Führung* anscheinend tatsächlich nicht nur unter militärischen, sondern auch unter humanistischen und moralischen Gesichtspunkten. So schien die Konzeption als

---

[102] Vgl. Hujer, 2010, S. 99f.; Mogelson, 2011; Knabbe, 2012, S. 98.

[103] Vgl. Mogelson, 2011; Aronson, Wilson & Akert, 2014, S. 313f.

[104] Vgl. Bohnert, 2014a, S. 9.

[105] Vgl. Münch, 2015, S. 280; Börner, 2017, S. 4; Glatz, 2016, S. 50ff.; Rosen, 2013, S. 93; s.a. Sauer, 2011, S. 69; Hartmann, 2007, S. 200ff.; Freilich ist die Quantität und Qualität der Kampfhandlungen deutscher Einsatzsoldatinnen und -soldaten nicht pauschal mit der von bspw. amerikanischen oder britischen Kräften vergleichbar. Möglicherweise beeinflusste die Häufigkeit und Intensität von Hinterhalten und Feuergefechten sowie die Zahl von Gefallenen und Verwundeten in den eigenen Reihen auch im ISAF-Einsatz die Tendenz zur Verübung von Kriegsverbrechen. Eine höhere Gesamtzahl von Soldatinnen und Soldaten im Einsatzgebiet kann zudem – statistisch betrachtet – auch die absolute Zahl von Verfehlungen erhöhen. Entsprechende Studien für die ISAF-Mission stehen noch aus bzw. sind nicht öffentlich verfügbar. Bemerkenswert ist in jedem Falle, dass Bundeswehrangehörige sich nicht zu Verbrechen hinreißen ließen, auch wenn ihnen keine – in vielen Armeen übliche – Militärstrafgerichtsbarkeit drohte. Möglicherweise wirkte allerdings auch die Zuständigkeit ziviler Gerichte abschreckend: Was die Rahmenbedingungen im Einsatzgebiet anging, waren sie teilweise völlig ahnungslos und mit den ihnen zugewiesenen Verfahren hoffnungslos überfordert.

wichtiger Werteanhalt und Korrektiv organisationaler Selbstläufe in Afghanistan dafür geeignet zu sein, einer Entfesselung militärischer Gewalt und dem bereits durch Carl von Clausewitz beschriebenen Phänomen, dass jeder Krieg die Tendenz hat zum Äußersten zu schreiten[106], in angemessenem Umfang Einhalt gebieten zu können.

Eine der unrühmlichen Ausnahmen bildete die 2006 ausgelöste »Totenschädelaffäre«, bei der Fotos bekannt wurden, auf denen sich deutsche Soldaten in despektierlicher Weise mit sterblichen Überresten fotografieren ließen.[107] In den Jahresberichten des Wehrbeauftragten des Deutschen Bundestages wurden zudem regelmäßig Verfehlungen von ISAF-Angehörigen dokumentiert, die allerdings nicht die Ausmaße von Gräueltaten oder Kriegsverbrechen hatten.[108]

Fürsorge

Die Fürsorge für Soldatinnen und Soldaten zählt zu den Gestaltungsfeldern der *Inneren Führung*. Es gibt zudem eine durch das Soldatengesetz definierte Fürsorgepflicht, die – allgemein gesprochen – das ständige Bemühen umfasst, Untergebene vor Schaden und Nachteilen zu bewahren.[109]

In den in Afghanistan eingesetzten Verbänden und Einheiten gab es über alle Dienstgradgruppen hinweg unzählige Beispiele für eine umfassende und ehrlich gelebte Fürsorge. Ob es um die Versorgung mit

---

[106] Vgl. Clausewitz, 1832/34, S. 4ff.; Dieser Hinweis auf das Denken von Clausewitz erfolgt vollem Wissen über die von Experten beschworene Illegitimität von fragmentarischen Bezügen auf sein Werk. Jedoch basieren viele grundlegende Betrachtungen dieser Abhandlung hintergründig auf seiner Strategietheorie, auch ohne dass dies in jedem Falle explizit hervorgehoben wird. Baudissin knüpfte bei seinen Überlegungen zu Krieg, Frieden und Strategie ebenfalls vielfach an Clausewitz an (Vgl. Beck, 2016, S. 36; Staack, 2011, S. 33).

[107] Vgl. Reichelt & Meyer, 2010, S. 60ff.; Otto, 2011, S. 8; Reuter & Vornbäumen, 2009b, S. 32; Chauvistré, 2009, S. 59; Volkery, 2006.

[108] Vgl. u.a. Deutscher Bundestag, 2012, S. 44f.; Pahl, 2017, S. 35ff.

[109] Vgl. Bundesministerium der Verteidigung, 2008, S. 40f.

Lebensmitteln und Kommunikationsmöglichkeiten, die Gewährung von entlastendem Freizeitausgleich oder die über Formalitäten hinausgehende Hilfe bei persönlichen Problemen war – der Fürsorgegedanke schien gerade auf der Arbeitsebene stark ausgeprägt zu sein und hat in vielen Bereichen ein kameradschaftliches Miteinander bei der Bewältigung des Einsatzes ermöglicht.

Darüber hinaus konnten sich Soldatinnen und Soldaten auf eine exzellente sanitätsdienstliche Versorgung verlassen und auf eine umfassende Unterstützung durch Militärseelsorger und Truppenpsychologen zurückgreifen. Selbst für die Betreuung ihrer Familienangehörigen gab es an den heimischen Kasernenstandorten Zentren und Ansprechpartner.

Erweitert man das Verständnis von Fürsorge vertikal, lassen sich andererseits Belege dafür finden, dass es durchaus auch praktische Schwächen und Umsetzungsschwierigkeiten gab: Die kontinuierliche Ausweitung des ISAF-Mandates und die ununterbrochen hohe Auftragsdichte im Heimatdienst in Verbindung mit permanentem organisationalen Reformstress hat insbesondere das Deutsche Heer zeitweise an seine Belastungsgrenze herangeführt. Bürokratie, Materialengpässe bei Waffen und Großgerät und parallel zur Ausbildung laufende Lehrgänge haben schon die Einsatzvorbereitung erschwert und sie für einige Soldatinnen und Soldaten zu einer regelrechten Hetzjagd – einen »Einsatz vor dem Einsatz« – an der Grenze des Verantwortbaren werden lassen.[110]

So hatte etwa der Tod von drei Bundeswehrsoldaten, die im Juni 2009 während eines Gefechtes mit ihrem Transportpanzer in ein Flussbett gestürzt und vermutlich ertrunken waren, seinerzeit sehr kritische Fragen zu den Rahmenbedingungen der

---

[110] Vgl. Deutscher Bundestag, 2012, S. 15f.; Noetzel & Rid, 2009, pp. 85f.; Noetzel, 2008, S. 31; Wiesendahl, 2002, S. 20f.; Sembritzki, 2016, S. 208.

Einsatzvorausbildung aufgeworfen. Der damalige Wehrbeauftragte des Deutschen Bundestages, Reinhold Robbe, empörte sich massiv darüber, dass die Ausbildung der Fahrer schwerer Gefechtsfahrzeuge aus Kapazitätsgründen erst nach Ankunft in Afghanistan stattfinden musste, wodurch ihnen jegliche Erfahrung fehlte.[111]

Die negativen Auswirkungen der hohen Belastungen auf die psychische Gesundheit und das Familienleben schon im Vorfeld von Einsätzen wurden zudem oft ignoriert oder unterschätzt. Die Schaffung angemessener zeitlicher und inhaltlicher Rahmenbedingungen für die Einsatzvorbereitung erforderte gerade in der Hochphase der Kontingenteinsätze einigen Nachbesserungsbedarf. Auch in Bezug auf die Einsatzrückkehr waren Politik und Bundeswehr mit einer Reihe von Problemen konfrontiert, auf die sie nicht ausreichend vorbereitet waren.

So berichteten allein die Hälfte aller 2009 im ISAF-Einsatz befindlichen Bundeswehrangehörigen über traumatische Erlebnisse.[112] 46 Prozent der 2010 durch das Sozialwissenschaftliche Institut der Bundeswehr befragten Einsatzsoldatinnen und -soldaten gaben an, feindlichen Beschuss erlebt zu haben und 37 Prozent, mit dem Tod von Kameraden konfrontiert gewesen zu sein.[113]

Hinterbliebene, Verwundete und Traumatisierte wurden oft mit einem überforderten Umfeld konfrontiert, in dem sie sich im Kampf um ihre legitimen Ansprüche allein gelassen fühlten. Dass ihre Betreuung und Behandlung in einem hochentwickelten Land wie Deutschland mit seinem weltweit einmaligen sozialen und medizinischen Versorgungssystem nicht von Beginn an optimal geregelt war, lässt sich nur mit Blick auf die

---

[111] Vgl. Reichelt & Meyer, 2010, S. 122f.; Gebauer, 2009.
[112] Vgl. Wittchen et al., 2012, S. 562.
[113] Vgl. Seiffert, 2016a, S. 219; Seiffert, 2014, p. 324.

Gesamtumstände des Afghanistan-Engagements erklären. Da Einsatzsoldatinnen und -soldaten öffentlich als sorgenfreie Wiederaufbauhelfer dargestellt wurden und man auf offizieller Seite alles dafür tat, dass ihr Auftrag wenig kriegerisch erschien, ließ sich auch keine Notwendigkeit zum Aufbau eines umfangreichen Hilfsnetzwerkes erkennen.

Erst mit Initiativen wie dem Lotsen-Konzept zur Begleitung Einsatzgeschädigter, der Ansprechstelle für Hinterbliebene, dem Psychotraumazentrum der Bundeswehr, Sporttherapieprojekten für Einsatzversehrte oder dem Einsatzweiterverwendungsgesetz wurden Grundlagen geschaffen, die einen würdigen Umgang und eine adäquate Versorgung sicherstellen konnten.

Zwar lässt die Integration dieser Maßnahmen in einem umfassenden Veteranenkonzept weiter auf sich warten, es gilt jedoch positiv anzuerkennen, dass die Bundeswehr in den letzten Jahren eine rasante Entwicklung vollzogen und sich umfassend modernisiert hat.[114]

---

[114] Vgl. Friederichs, 2011a; Bohnert, 2013b, S. 335ff.; Zumindest aus Sicht von Veteranenverbänden und ihren Unterstützern gibt es nichtsdestotrotz auch in diesem Bereich noch einigen Nachbesserungsbedarf (Vgl. Lier, 2017; Seiffert, 2016b, S. 128ff.; Daxner, 2016, S. 115f.; Weigelt, 2016, S. 147ff.; Sedlatzek-Müller, 2012, S. 256ff.; Sedlatzek-Müller, 2010, S. 190ff.; Demmer, 2010b, S. 48ff.; Böhm, 2010, S. 205f.; s.a. Deutscher Bundestag, 2017, S. 68ff.; Sauer, 2011, S. 69). Unter anderem fordern sie eine Datenbank für Einsatzrückkehrer und eine grundsätzliche »Beweislastumkehr« bei psychischen Verwundungen im Auslandseinsatz. Im Juni 2017 – mehr als 15 Jahre nach Verlegung der ersten deutschen ISAF-Kontingente nach Afghanistan – wurde eine offizielle Teilkonzeption zur »Betreuung von ehemaligen Angehörigen der Bundeswehr, die unter Einsatzfolgen leiden« erlassen, in der sich Regelungen zum Umgang mit physisch und seelisch verwundeten Rückkehrern finden.

Der Betreuung deutscher Soldatinnen und Soldaten in Afghanistan kann generell ein hohes Niveau attestiert werden. Beispielsweise konnte durch ein gut funktionierendes Feldpostsystem die Verbindung zur Heimat sichergestellt werden. Die sanitätsdienstliche Versorgung im Einsatz war zudem exzellent.

Praktische Relevanz

Viele westliche Armeen statten ihre Soldatinnen und Soldaten mit Kodizes oder Schlagworten aus, die als Handlungsmaxime gelten und einen Anker für die kontinuierliche Selbstreflexion bieten sollen. Beispiele dafür sind die »Basic Values« der US-amerikanischen oder die »Army Core Values« der britischen Landstreitkräfte.[115] Gegenüber diesen plakativen Leitbildern erscheint die *Innere Führung* ausgesprochen komplex und abstrakt.

Das kann als Vorteil angesehen werden, da sie sich als umfassendes und ganzheitliches Leitbildkonzept begreifen lässt.[116] Sie bietet damit insbesondere im weiten Spektrum derzeitiger soldatischer Rollen und in unübersichtlichen Konfliktszenarien die prinzipielle Möglichkeit, weiterhin allumfassende Gültigkeit zu besitzen und auf unterschiedliche Rahmenbedingungen adaptiert zu werden.[117]

Andererseits besteht die Gefahr der beliebigen Interpretation und Auslegung der Konzeption.[118] In offiziellen Verlautbarungen wird die *Innere Führung* gern reflexhaft mit dem Adjektiv »bewährt« etikettiert, ohne dass greifbare Kriterien offengelegt werden, die ein solches Pauschalurteil begründen. Auf der Suche nach Belegen ließen sich alle möglichen positiven Entwicklungen in den Streitkräften anführen, ohne dass

---

[115] Basic Values der US-Army: Loyalty, Duty, Respect, Selfless Service, Honor, Integrity, Personal Courage (LDRSHIP), British Army Core Values: Selfless Commitment, Respect for Others, Loyalty, Integrity, Discipline, Courage; Ein Vergleich der Inneren Führung mit dem Warrior Ethos der US-Streitkräfte findet sich in: Mann, 2014, S. 144ff.; s.a. Unger, 2014, S. 31ff.; Evans, 2011, pp. 31f.; Wiesendahl, 2010, S. 46f.

[116] Vgl. Wiesendahl, 2002, S. 22; Börner, 2017, S. 4; Hartmann, 2011, S. 43; Hartmann, 2007, S. 70ff.

[117] Vgl. Kutz, 1994, S. 19; Negativ formulierte das einer der an der Führungsakademie der Bundeswehr befragten Offiziere: „Die Innere Führung ist weit und unkonkret genug gefasst, um nicht am ISAF-Einsatz zu zerbrechen (irrelevant genug?).“

[118] Vgl. Böcker, 2014, S. 228; Bartels, 2017a, S. 17; Hamann, 2008, S. 30; Döge, 2008, S. 8ff.

jemand mit absoluter Sicherheit dagegen halten könnte und anders herum.

Diese Beliebigkeit trägt zur Öffnung der Schere zwischen Theorie und Praxis bei. Es lässt sich kaum erschließen, wie das in der Vorschrift zur *Inneren Führung* geforderte Eintreten für Werte wie „Menschenwürde, Freiheit, Frieden, Gerechtigkeit, Gleichheit, Solidarität und Demokratie"[119] mit der Wirklichkeit in Konfliktregionen wie Afghanistan in Übereinstimmung gebracht werden soll. Gerade Soldatinnen und Soldaten in der intensiven Phase des ISAF-Einsatzes erkannten in der abstrakten Konzeption häufig keine praktische Relevanz mehr für ihr Handeln und wandten sich von ihr ab.[120]

Ohnehin gibt es zahlreiche praktische Belege dafür, dass die Kameradschaft der *Kleinen Kampfgemeinschaft* in Extremsituationen höher wiegt, als abstrakte politische Vorgaben und amtlich verordnete Leitbilder.[121] Soldatinnen und Soldaten kämpften weniger für die politische Dimension ihres Auftrages, als für die Kameradinnen und Kameraden an ihrer Seite. Die Begründungen der Politik schienen meilenweit entfernt von der Kriegsrealität auf den Feldern und in den Schützengräben Afghanistans.

Eine Auswertung von Abhörprotokollen kriegserfahrener Wehrmachtssoldaten hat sogar ergeben, dass es unrealistisch erscheint, Soldaten überhaupt über politische Inhalte zu motivieren. Vielmehr zeigen die Befunde, dass sich im Referenzrahmen von Kriegen spezielle Eigendynamiken entfalten, die die Motivation und das Handeln von Soldaten bestimmen.[122]

---

[119] Bundesministerium der Verteidigung, 2008, S. 7.

[120] Vgl. Wiesendahl, 2016, S. 44; Wiesendahl, 2010, S. 31; Wiesendahl, 2002, S. 21; Hamann, 2008, S. 30ff.

[121] Vgl. Seliger, 2017b, S. 24f.; Creveld, 2006, S. 189f.; Reichelt & Meyer, 2010, S. 176f.; Eckhold, 2010, S. 17f.; Tiedke, 2016, S. 53f.; Marberg, 2016, S. 12f.; Münch, 2015, S. 210ff.; Mann, 2014, S. 152; Otto, 2011, S. 6; Hellmann, 2011, S. 187ff.; Seiffert, 2016a, S. 218ff.

[122] Vgl. Neitzel & Welzer, 2011, S. 390ff.; Datenbasis: knapp 150.000 Protokolle.

Berichte von Soldatinnen und Soldaten verdeutlichen immer wieder, dass politische Begründungen für ihr Handeln in Einsätzen nur eine untergeordnete Rolle spielen. Vielmehr werden sie durch die Kameradschaft der Kleinen Kampfgemeinschaft und das Einstehen füreinander motiviert. Gemeinsam durchlebte Strapazen und Extremerfahrungen haben viele Gefechtsverbände im ISAF-Einsatz weitgehend unabhängig von Dienstgrad, Geschlecht oder Truppengattung zusammengeschweißt. Während der Mission versahen Mannschaftssoldaten wie Offiziere, Frauen wie Männer und Infanteristen wie Pioniere, Sanitäter, Aufklärer oder Logistiker ihren Dienst weit außerhalb der schützenden Lagerzäune. Selbst Angehörige von Luftwaffe und Marine agierten unter höchster Gefährdung in den afghanischen Unruhedistrikten. Auch in den Feldlagern gab es Unterstützungskräfte, die Tag und Nacht im Einsatz waren, um die operierende Truppe mit allem Notwendigen zu versorgen. Abseits aller Schwierigkeiten – in dieser Solidarisierung liegt eine große Chance für die Gestaltung des zukünftigen Miteinanders in der Bundeswehr. Das Bild zeigt in Kunduz patrouillierende Soldaten im Spätsommer 2011.

Darüber hinaus leidet die *Innere Führung* darunter, dass sie gerade auf Ebene der Unteroffiziere und Mannschaften relativ wenig bekannt ist: Eine durch das Zentrum für Militärgeschichte und Sozialwissenschaften der Bundeswehr durchgeführte Befragung von über 7.000 Soldatinnen und Soldaten ergab, dass sich ein großer Teil der Unteroffiziere ohne Portepee (60 Prozent) und der Mannschaftssoldaten (78 Prozent) wenig oder gar keine Kenntnis der Vorschrift für *Innere Führung* zuschreibt.[123]

Im Deutschen Heer gaben über die Hälfte aller Befragten an, dass sie noch nie von *Innerer Führung* gehört haben oder nichts Konkretes über sie wissen.[124] Betrachtet man die Einstellung zur *Inneren Führung* nach Dienstgradgruppen, so lässt sich feststellen, dass sie stark differenziert und sich in höheren Hierarchieebenen verbessert: Während nur 44 Prozent der Mannschaften und 42 Prozent der Unteroffiziere ohne Portepee angaben, eine positive oder eher positive Einstellung zur *Inneren Führung* zu haben, waren es bei den Offizieren schon 77 Prozent und bei den Stabsoffizieren sogar 83 Prozent.[125] Zudem deutet sich an, dass die positive Einstellung zur *Inneren Führung* mit einer hohen Zahl von Auslandseinsätzen abnimmt.[126]

---

[123] Vgl. Dörfler-Dierken & Kramer, 2014, S. 20f.; s.a. Pahl, 2017, S. 31ff.; Beck, 2016, S. 35; Bald, 2005, S. 188.

[124] Vgl. Dörfler-Dierken & Kramer, 2014, S. 22; s.a. Mann, 2014, S. 143f.

[125] Vgl. Dörfler-Dierken & Kramer, 2014, S. 31; Die Tendenz zur sich mit höherer Dienstgradgruppe verbessernden Einstellung zur Inneren Führung kann auf unterschiedliche Art und Weise interpretiert werden: Es ließe sich zum Beispiel argumentieren, dass mit zunehmendem Alter und entsprechender Erfahrungsreife ein tieferes Verständnis für die Konzeption und deren Wichtigkeit entsteht. Anders herum könnte eine Assimilation mit der politischen Rhetorik oder opportunistisches Verhalten auf höheren Ebenen als Begründung herangezogen werden. Die vergleichsweise hohen Werte bei Offizieren ließen sich als Beleg dafür betrachten, dass das Verständnis und die Befassung mit der anspruchsvollen Konzeption ein vergleichsweise hohes Maß an Intellekt bzw. Bildung erfordert. Alternativ wäre es auch möglich, dass die Konzeption eher in der Arbeit auf höheren Führungsebenen relevant erscheint.

[126] Vgl. Dörfler-Dierken & Kramer, 2014, S. 36f.; In der Studie wird darauf hingewiesen, dass die Anzahl der befragten Unteroffiziere ohne Portepee und

Offensichtlich hat die abstrakte Konzeption mit zunehmender Nähe zur militärischen Basis und zum klassischen soldatischen Kernauftrag mit einem Imageproblem zu kämpfen und wird – wenn überhaupt – als wenig relevant wahrgenommen. Ihre grundsätzliche Anschlussfähigkeit in diese Richtungen darf daher angezweifelt werden.

Freundliches Desinteresse

Ein Ziel der *Inneren Führung* ist es, die Einbindung der Bundeswehr in Staat und Gesellschaft zu erhalten und zu fördern. Das Leitbild des *Staatsbürgers in Uniform* steht als zentrales Element der Konzeption sinnbildlich für dieses Integrationsbestreben.[127]

Dennoch begleitete tausende Soldatinnen und Soldaten während ihres ISAF-Einsatzes das immerwährende Gefühl von der politischen Leitung unzureichend unterstützt und von der deutschen Öffentlichkeit nicht wahrgenommen zu werden.

Mannschaften mit Auslandserfahrung zu gering ist, um Unterschiede statistisch nachzuweisen (S. 36). Sie werden deshalb bei der Frage nach der Wirkung eigener Auslandseinsätze auf die Einstellung zur Inneren Führung nicht berücksichtigt. Da die Dienstgradgruppen der Unteroffiziere und Mannschaftssoldaten in der ISAF-Mission einen erheblichen Teil der Auftragslast außerhalb der Feldlager getragen haben, wären allerdings gerade diese Befragungsergebnisse interessant gewesen. Generell ist die Aussagekraft der Studie auch dadurch eingeschränkt, dass die Befragung per dienstlicher E-Mail (Lotus Notes) durchgeführt wurde (S. 15f.). In Kampfkompanien verfügen in der Regel nur Soldatinnen und Soldaten ab der Ebene des Teileinheitsführers/Zugführers über einen Lotus Notes-Zugang. Somit konnte vermutlich ein wesentlicher Teil der Bundeswehrangehörigen, denen bei der Frage nach der Wirkung von Auslandseinsätzen auf ihre Einstellung zur Inneren Führung eine kritische Sicht unterstellt werden kann, nicht erreicht werden. Zudem liegt die Rücklaufquote von knapp 19 Prozent (S. 16) zwar im üblichen Rahmen wissenschaftlicher Fragebogenstudien, sie könnte dennoch eine Verzerrung der Ergebnisse bewirkt haben: In Bereichen der Bundeswehr, in denen durch eine hohe Auftragsdichte Zeitmangel herrscht und die Innere Führung möglicherweise tendenziell negativer gewertet wird, könnte durch die generell niedrigere Bereitschaft zur Teilnahme an Studien ein Selbstselektionseffekt wirken.

[127] Vgl. Bundesministerium der Verteidigung, 2008, S. 16.

Auch wenn die militärsoziologische Umfrageforschung immer wieder das Gegenteil zu belegen sucht[128], war gerade die Klage von in existentiellen Kämpfen befindlichen deutschen Kräften über die mangelnde Anerkennung in der Heimat ein „Lamento in der Dauerschleife".[129]

Viele Heimkehrer hatten das Gefühl, für eine Gesellschaft den Kopf hingehalten zu haben, in der sie nun alleingelassen und als Fremdkörper wahrgenommen werden. Insbesondere Kampfeinsätze kommen in der friedensgesellschaftlichen Logik einem Tabubruch gleich und stoßen auf erheblichen Widerstand.[130]

„Wir leben in einer zutiefst pazifistischen Gesellschaft mit einer Grundskepsis gegenüber allem Militärischen"[131] hatte Thomas de Maizière 2013 als Bundesminister der Verteidigung gesagt, um die Ursache

---

[128] Vgl. Biehl, 2012, S. 55ff.; Biehl, 2007, S. 107f.; Naumann, 2013, S. 45ff.; Hamann, 1972, S. 116ff.; In der militärsoziologischen Ressortforschung besteht weitgehend Einigkeit darüber, dass die Einsätze der Bundeswehr durch die deutsche Bevölkerung kritisch gesehen werden und deren Ablehnung mit zunehmendem Intensitätsgrad der Mission zunimmt, die Wertschätzung von Soldatinnen und Soldaten und der soldatischen Leistungen allerdings unabhängig davon hoch sind (Vgl. u.a. Biehl, 2016, S. 239ff.; Biehl, 2012, S. 60; Bauer, 2017).

[129] Schmidt, 2010; s.a. Bensch, 2010, S. 82; Franke, 2012, S. 434; Käppner, 2017; Seiffert, 2016b, S. 131f.; Daxner, 2016, S. 111f.; Seliger, 2011, S. 77; Otto, 2011, S. 6; Reichelt & Meyer, 2010, S. 59; Hartmann, 2007, S. 126ff.; Gemäß der Umfrage des Zentrums für Militärgeschichte und Sozialwissenschaften der Bundeswehr erwarten 82 Prozent der Bundeswehrangehörigen von der politischen Leitung und der militärischen Führung eine Stärkung der Anerkennung in der Bevölkerung (Vgl. Dörfler-Dierken & Kramer, 2014, S. 61).

[130] Vgl. Biehl, 2016, S. 243f.; Biehl, 2007, S. 109ff.; Nachtwei, 2017, S. 30f.; Haak, 2015, S. 67; Uslar & Walther, 2012, S. 73; Hamann, 2002, S. 44; Supp, 2010, S. 25; Chauvistré, 2009, S. 17.

[131] Lohse & Wehner, 2013, S. 3; In demselben Interview warf der damalige Verteidigungsminister Thomas de Maizière den Soldatinnen und Soldaten der Bundeswehr vor, den „oft übertriebenen Wunsch nach Wertschätzung zu haben" und „geradezu süchtig danach" zu sein. Seiner Ansicht nach war in der Bevölkerung längst ein „freundliches Interesse an der Bundeswehr" erwachsen. Diese Feststellungen mündeten in seiner Aufforderung: „Hört einfach auf, dauernd nach Anerkennung zu gieren" (Lohse & Wehner, 2013, S. 3; s.a. Biehl, 2016, S. 242f.). Der Vorwurf eines von der Norm abweichenden soldatischen Bedürfnisses nach Anerkennung konnte inzwischen in einer empirischen Studie widerlegt werden (Vgl. Bollmann, 2016, S. 181ff.).

für das distanzierte Verhältnis der Bevölkerung zur Bundeswehr zu beschreiben. Der vormalige Bundespräsident Horst Köhler prägte in diesem Zusammenhang bereits 2005 den Begriff »freundliches Desinteresse«.

Als besonders freundlich empfanden Soldatinnen und Soldaten dieses Desinteresse allerdings oft nicht.[132] Im Gegenteil, sie verspürten eine tiefe Kluft zur deutschen Öffentlichkeit, etwa, wenn sie die selbstgerechten Urteile der Nation über Zwischenfälle wie das Kunduz-Bombardement vernahmen.[133]

Die friedensgewohnte deutsche Gesellschaft verdrängt unkomfortable Kriegsthemen gerne aus dem öffentlichen Raum und empfindet weder die Bundeswehreinsätze noch deren Folgen als kollektives Schicksal. Das gemeinsame Bedrohungsgefühl während des *Kalten Krieges* ist im Lichte kaum spürbarer Auslandsmissionen einer allgemeinen Indifferenz gewichen. Politik und Bürger verbleiben zu großen Teilen in der moralischen Komfortzone und verweigern sich konsequent einer sachlichen Auseinandersetzung über die deutschen Streitkräfte. Dabei sind offizielle Gesten der Verbundenheit durch die Politik, Kirchen und Interessenverbände etwas anderes, als eine ehrliche und breite gesellschaftliche Anteilnahme und Akzeptanz.

---

[132] Vgl. Friederichs, 2011a; Bollmann, 2016, S. 174ff.; Wiesendahl, 2016, S. 44; Glatz, 2016, S. 48; Spreen, 2014, S. 50; Franke, 2012, S. 435; Schroeder & Zapfe, 2015, p. 194; Otto, 2011, S. 10; Sedlatzek-Müller, 2012, S. 221; Seliger, 2011, S. 161;Eckhold, 2010, S. 252f.; Schultze-Rhonhof, 1997, S. 107ff.; Erinnert sei in diesem Zusammenhang exemplarisch an die Verleihung des »Aachener Friedenspreis« an deutsche Schulen, die den Ausschluss von Jugendoffizieren und Wehrdienstberatern aus ihren Einrichtungen beschlossen hatten, die emotionale Debatte um die »Zivilklausel« an wissenschaftlichen Einrichtungen, die öffentlichen Verlautbarungen an den gewerkschaftlich organisierten Antikriegstagen, Aktionen wie »Feste feiern, wenn sie fallen« und »GelöbNIX« oder die Aussetzung einer Kopfprämie auf den für das Kunduz-Bombardement verantwortlichen Kommandeur am Rande der Verhandlungen über die Schadensersatzklagen von Hinterbliebenen.
[133] Vgl. Demmer, 2010b, S. 33; Münch, 2015, S. 306; Lather, 2015, S. 193f.; Lünenborg, 2015, S. 246.

Allerdings kann nur letztere als echte Motivationsquelle für Soldatinnen und Soldaten bestehen. Auf den Antrieb des »glühenden Heimatverteidigers« kann in *Neuen Kriegen* kaum mehr gebaut werden.

Eine militärskeptische Haltung der deutschen Bevölkerung mag historisch nachvollziehbar sein, sie droht jedoch zu einer tiefen Entfremdung beizutragen, wenn die Bundeswehr gemäß politischer Vorgaben weltweit an militärischen Einsätzen teilnimmt. Und das tut sie inzwischen seit über 25 Jahren.[134]

Es stellt sich die Frage, ob die von der *Inneren Führung* angestrebte Verankerung der Bundeswehr in der Gesellschaft als Einbahnstraße funktionieren kann. Weicht die soldatische Realität erheblich vom Leitbild des *Staatsbürgers in Uniform* ab und lässt die Gesellschaft dauerhaft kein Interesse an ihren Soldatinnen und Soldaten erkennen, werden diese sich – identitätssichernd – ihr eigenes Leitbild schaffen und diesem folgen. Eine solche Leitbildselbstkonstruktion ebnet einem Kämpferpathos und einem Selbstverständnis den Weg, das sich als Kontrapunkt zur Gesellschaft versteht.[135]

---

[134] Anfang November 1991 betraten deutsche Vorauskommandos im Rahmen der Operation UNAMIC (United Nations Advance Mission in Cambodia) erstmals kambodschanischen Boden, um die Teilnahme der Bundeswehr an einer Mission der Vereinten Nationen vorzubereiten. Ab 1992 nahmen rund 150 Sanitätssoldatinnen und -soldaten an der internationalen Mission UNTAC (United Nations Transitional Authority in Cambodia) teil und stellten damit das erste deutsche Truppenkontingent signifikanter Größe in einem Auslandseinsatz. Als erster Kampfeinsatz der Bundeswehr gilt die Bombardierung serbischer Stellungen durch Tornados der deutschen Luftwaffe 1999 im Rahmen der NATO-geführten Operation »Allied Force« im damaligen Jugoslawien. Der darauffolgende Einsatz der KFOR (Kosovo Forces) dauert bis heute an und stellt damit die bisher längste Beteiligung von Bundeswehrsoldatinnen und -soldaten an einer Auslandsmission dar.

[135] Vgl. Küenzlen, 2013, S. 120; Masala, 2013, S. 66f.; Naumann, 2017a, S. 20; Nachtwei, 2017, S. 31; Seiffert, 2016b, S. 137; Güthlein, 2016, S. 50; Wagner, 2016, S. 13; Franke, 2015, S. 126f.; Hempelmann, 2013, S. 13; Wiesendahl, 2010, S. 51f.; Bald, 2005, S. 184ff.; Maizière, 1974, S. 18; Hamann, 1972, S. 60; Immerhin 53 Prozent der durch das Zentrum für Militärgeschichte und Sozialwissenschaften der Bundeswehr befragten Soldatinnen und Soldaten

Die *Innere Führung* liefert auf dieses unharmonische Verhältnis derzeit keine glaubwürdige und schlüssige Antwort. Sie selbst moderiert die gesellschaftliche Verankerung der Bundeswehr zwar vermutlich noch positiv; dem hehren Anspruch einer Armee in der Mitte der Gesellschaft lässt sich angesichts von umfangreichen Standortschließungen, einer massiven Verkleinerung der Streitkräfte seit Anfang der 1990er Jahre und der Aussetzung der Allgemeinen Wehrpflicht generell jedoch nur noch schwer gerecht werden.[136]

Realitätsverweigerung und Schönfärberei

Die *Innere Führung* soll durch die gesellschaftliche Einbindung und Staatsnähe des Militärs einer Einhegung und Kontrolle militärischer Gewalt dienen. Von Bundeswehrangehörigen fordert sie unter anderem Verantwortungsgefühl, die Berücksichtigung der Belange und Bedürfnissen von Untergebenen, gewissensgeleiteten Gehorsam und gewissenhafte Pflichterfüllung sowie das Bewusstsein des gegenseitigen Treueverhältnisses zwischen Staat und Soldat.[137] Soldatinnen und Soldaten sollen darüber hinaus wahrhaftig gegenüber sich und anderen sein.[138]

Der wohl schwerste Vorwurf, den sich die *Innere Führung* mit Blick auf den ISAF-Einsatz gefallen lassen muss, ist der der Blindheit gegenüber den Veränderungen der Sicherheitslage während der Mission. Entgegen der

---

halten eine Stärkung des soldatischen Ethos´ für wichtig (Vgl. Dörfler-Dierken & Kramer, 2014, S. 61).

[136] Obwohl im Weißbuch 2006 noch davon gesprochen wird, dass die Allgemeine Wehrpflicht die Verankerung der Bundeswehr in der Gesellschaft sichert (Vgl. Bundesministerium der Verteidigung, 2006, S. 71; Sauer, 2011, S. 63; s.a. Bald, 2005, S. 150f.), entzieht man sich seit der Änderung der Wehrform im Jahre 2011 dennoch der folgerichtigen Argumentation, dass diese Verankerung nun gefährdet sei – ein Beleg für die Beliebigkeit der Argumente (Vgl. Bundesministerium der Verteidigung, 2016b, S. 111ff.; Pommerin, 2010, S. 4; s.a. Sebaldt, 2017, S. 63ff.).

[137] Vgl. Bundesministerium der Verteidigung, 2008, S. 16f.

[138] Vgl. Bundesministerium der Verteidigung, 2008, S. 29.

Kriegsrealität, die deutsche Truppen erfahren mussten, gab man sich in der Heimat auch bundeswehrintern langanhaltend und unverändert der Illusion eines »Smile and Wave«-Einsatzes hin, in dem Soldatinnen und Soldaten vor allem Schulen bauten und Brunnen bohrten.

Offenbar waren verantwortliche Offiziere noch stark in antiquierten Denkmustern der »Friedensarmee« oder der Balkan-Einsätze verhaftet und haben nicht nachdrücklich genug auf Mängel und Fehlentwicklungen in Afghanistan hingewiesen. Viele Forderungen der vor Ort befindlichen Kräfte sind ungehört in der Militärbürokratie versickert, noch bevor sie die Entscheidungsetagen in Berlin erreichen konnten.[139]

Die vorherrschende Kultur der Bundeswehr war offensichtlich darauf ausgerichtet, den Wunsch der Politik zu erfüllen, die „Defensiv-Legende"[140] zu nähren und den unpopulären Eindruck eines Krieges zu vermeiden.

Auf höheren Ebenen wurden oft angepasste Meldungen erwartet und wer ungeschönt berichtete, musste damit rechnen, als Querulant abgestempelt zu werden. Weil Klarstandsmeldungen weniger unangenehme Fragen nach sich zogen, wurde der Führung gern »entgegengearbeitet« und bei der Weiterleitung von Berichten über die verschiedenen Hierarchiestufen aus roten Ausrufezeichen grüne Haken. Diese „progressive Sachstandsverdünnung nach oben"[141] war ein Kritikfilter, der in einer fatalen Verkennung der Wirklichkeit mündete.

Ob nun aus Absicherungsdenken, Opportunitätserwägungen, Karrierestreben oder vorauseilendem Gehorsam: Es fehlte an Mut und Willen zur Offenheit und Ehrlichkeit gegenüber Politikern und höheren Vorgesetzten. Womöglich spielten dabei auch mangelnde

---

[139] Vgl. Sangar, 2015, p. 420; Münch, 2015, S. 287f.; Naumann, 2013, S. 31; Bollmann, 2016, S. 174f.
[140] Jörges, 2009, S. 42.
[141] Beck, 2016, S. 38.

Fehlertoleranz, Gruppendenken, Unwissenheit oder Selbsttäuschungen eine Rolle.[142]

Wie auch immer: Verstärkt durch ihr zivil geprägtes Selbstverständnis waren viele Soldatinnen und Soldaten offensichtlich nicht fähig oder willens, die Intensivierung der Situation für deutsche Bodentruppen in Afghanistan wahrzunehmen und anzuerkennen. Leidtragende waren am Ende die Einsatzsoldatinnen und -soldaten vor Ort.

Einen ersten Weckruf gab es schon im Juni 2003: Ein Selbstmordattentat auf einen ungepanzerten Bus mit vier Gefallenen und neunundzwanzig Verwundeten traf sowohl die Politik als auch die Bundeswehrführung völlig unerwartet. Anschläge auf deutsche Kräfte wurden bis dahin gemeinhin noch als Versehen oder Missverständnisse interpretiert und wie im Kosovo-Einsatz wurden gepanzerte Fahrzeuge als Faktoren einer Konflikteskalation verstanden.[143]

Der mit diesem Zwischenfall eingeleitete organisationale Umdenkprozess vollzog sich dennoch äußerst schwerfällig: Ausrüstung, Ausbildung und Material wurden noch Jahre danach nur halbherzig und inkonsequent an die reale Lage am Hindukusch angepasst. So haben Einsatzsoldatinnen und -soldaten häufig selbst dringend benötigte Ausrüstungsgegenstände wie

---

[142] Vgl. Buske, 2015, S. 44ff.; Münch, 2015, S. 212f.; Otto, 2011, S. 10; Naumann, 2010, S. 65f.; Noetzel & Rid, 2009, p. 86; Dawidzinski, 2012; Beim Gruppendenken (Groupthink) handelt es sich um ein Phänomen, bei dem eine starke Gruppenkohäsion klares Denken und gute Entscheidungsfindungen behindert. Die Ursachen liegen in der höheren Gewichtung der Gruppensolidarität gegenüber der Berücksichtigung realistischer Tatsachen. Gruppendenken tritt insbesondere dann auf, wenn kohäsive Gruppen sich von anderslautenden Meinungen isolieren und einen autoritären Führer haben, der seine Wünsche klar äußert. Einzelne bringen dann gegenteilige Standpunkte nicht ein und verhalten sich konform, weil sie die Atmosphäre in der Gruppe nicht zerstören wollen oder Kritik der anderen Mitglieder befürchten (Vgl. Aronson, Wilson & Akert, 2014, S. 326ff.).

[143] Vgl. Lindemann, 2015, S. 28ff.; Gack, 2015, S. 269f.; Sangar, 2015, pp. 433f.; Seliger, 2011, S. 43f.; Reichelt & Meyer, 2010, S. 23ff.; Jörges, 2009, S. 42; s.a. Kürbel, 2017.

ballistische Splitterschutzbrillen, Plattenträgerwesten oder Helme für Fahrzeugbesatzungen privat finanzieren müssen.[144]

Auch die Entscheidungen zum Einsatz militärischer Gewalt erfolgten über lange Zeit nur sehr zögerlich: Als zum Jahreswechsel 2006/2007 die ersten deutschen Schützenpanzer Afghanistan erreichten, stand ihr Einsatz noch unter direktem Vorbehalt des Generalinspekteurs der Bundeswehr. Es sollte noch knapp zweieinhalb Jahre dauern, bis sie das erste Mal in einem Gefecht eingesetzt wurden.[145]

Diese Vorsicht politischer und militärischer Entscheidungsträger hat nicht nur eine effektive Bekämpfung von Aufständischen verhindert, sondern auch Unruhe und Irritationen unter Soldatinnen und Soldaten ausgelöst. Auch wenn dabei der Schutzgedanke für die eigenen Truppen zu Grunde gelegen haben mag: Ein »Kampf mit angezogenen Zügeln« – sei es in Bezug auf Großgerät, Einsatzregeln oder die geistige Prägung – gefährdete Einsatzkräfte am Ende häufig mehr, als dass er ihnen half.

Das lässt sich auch am Beispiel der Debatte um die Anpassung der »Taschenkarte für Soldatinnen und Soldaten deutscher Anteile ISAF in Afghanistan: Regeln für die Anwendung militärischer Gewalt« demonstrieren: Noch bis 2009 durften Soldatinnen und Soldaten gemäß nationaler Einsatzregeln nur zur unmittelbaren Selbstverteidigung gegen Aufständische kämpfen. Das bedeutete, dass die Befugnis zum Schusswaffengebrauch endete, wenn diese ihren Angriff unterbrachen oder flüchteten.

---

[144] Vgl. Bohnert, 2013a, S. 36; Lather, 2015, S. 63ff.; Eckhold, 2010, S. 82ff.; Reichelt & Meyer, 2010, S. 128ff.
[145] Vgl. Bohnert & Neumann, 2016, S. 45; Seliger, 2011, S. 66.

Gegen die Verlegung von Schützenpanzern der Bundeswehr in den ISAF-Einsatz gab es genau wie bei anderen schweren Waffensystemen zahlreiche Bedenken. Der defensiven politischen und militärstrategischen Grundhaltung folgend wurden sie lange als Faktoren einer Konflikteskalation verstanden. Nachdem Schützenpanzer nach Afghanistan verlegt und im Juli 2009 erstmalig eingesetzt wurden, um belgische und afghanische Sicherheitskräfte aus einem Hinterhalt zu befreien, lernte man die Vorzüge des Systems im Kampf gegen die Aufständischen schnell zu schätzen. Nicht nur die weitreichende Feuerkraft und die Beweglichkeit der Schützenpanzer in schwierigem Gelände waren von hohem Wert, auch die psychologische Wirkung ihres Einsatzes auf die Aufständischen und die Kampfmoral der eigenen Truppe waren enorm (Vgl. Bohnert & Neumann, 2016, S. 45ff.). Das Bild zeigt einen Schützenpanzer im Juli 2011 bei der Überwindung des Kunduz-Flusses.

Die Frage, ob es sich beim Ausweichen von Feindkräften um eine Flucht oder einen Stellungswechsel handelte, führte unter Soldatinnen und Soldaten zu einer gefahrvollen Verunsicherung – wurde doch staatsanwaltschaftlich gegen jeden ermittelt, der zivile Opfer verursachte.[146] Die Aufständischen nutzten die zögerliche Haltung vieler Soldatinnen und Soldatinnen aus und trieben in Gefechten mitunter Frauen und Kinder zwischen die Linien. Damit wollten sie die Moral der Truppe schwächen und im Wissen um die heimatliche Skepsis Kollateralschäden provozieren.[147]

Der wirklichkeitsfremde, juristisch fragwürdige und kämpfenden Truppenteilen kaum vermittelbare Passus der Einsatzregeln wurde erst in Folge des Kunduz-Bombardements angepasst. Hiernach konnte vom Fortbestehen feindseligen Verhaltens ausgegangen werden, wenn nicht auszuschließen war, dass Aufständische ihren Angriff in einem zeitlichen und räumlichen Zusammenhang fortsetzen beziehungsweise wiederaufnehmen würden.[148]

Auf politischer Ebene wurde trotz der allgemeinen Lageverschärfung in Nordafghanistan versucht, das blumige Bild von Bundeswehrangehörigen als bewaffnete Entwicklungshelfer aufrecht zu erhalten. Noch Ende 2007 wurden die Namen und Todesumstände der in Afghanistan gefallenen Soldaten – seinerzeit noch euphemistisch mit

---

[146] Vgl. Reichelt & Meyer, 2010, S. 179f.; Deutsche Soldatinnen und Soldaten haben auch heute regelmäßig staatsanwaltschaftliche Ermittlungen zu erwarten, wenn sie in Zwischenfälle mit zivilen oder verbündeten Opfern verwickelt werden. Seit April 2013 ist allein die Staatsanwaltschaft Kempten für alle potenziellen Straftaten von Bundeswehrangehörigen in besonderen Auslandsverwendungen zuständig. Diese Zentrierung und Kompetenzbündelung wird den komplexen Rahmenbedingungen und der besonderen Ermittlungssituation in Auslandseinsätzen gerecht und ist aus militärischer Sicht außerordentlich positiv zu bewerten (Vgl. Bohnert, 2014c, S. 134).

[147] Vgl. Gack, 2015, S. 281f.; S. & Trenzinger, 2013, S. 28.

[148] Vgl. Bohnert, 2014c, S. 133f.; Sangar, 2015, p. 422; Noetzel, 2011, pp. 405f.; Noetzel & Rid, 2009, pp. 75f.; Schroeder & Zapfe, 2015, p. 183.; Münch, 2015, S. 273ff.; Seliger, 2011, S. 95f.

»einsatzbedingt ums Leben gekommen« umschrieben – systematisch verschwiegen. Damit wollten sich Bundesregierung und Militärführung eine öffentliche Debatte um Opfer, Suizide und Ausrüstungsmängel ersparen.[149]

Semantische Verrenkungen wie die Qualifizierung des Afghanistan-Engagements als »Stabilisierungseinsatz«, »nicht-internationaler bewaffneten Konflikt«, »kriegsähnlicher Zustand« bis hin zu »umgangssprachlich Krieg« und diesbezügliche terminologische Debatten mögen juristisch begründet sein, wirkten auf Soldatinnen und Soldaten angesichts existentiell bedrohlicher Situationen allerdings ausgesprochen befremdlich. So führte die verklausulierte Rhetorik des damaligen Verteidigungsministers Franz Josef Jung bei einer nach Afghanistan übertragenen Trauerfeier im rheinland-pfälzischen Zweibrücken zu offener Empörung unter den noch im Einsatzland befindlichen Kameraden der Gefallenen.[150]

Erst nach einem knappen „Jahrzehnt der Ignoranz"[151] begann die Politik, sich die kriegerische Realität des Afghanistan-Einsatzes einzugestehen: Unter Jungs Nachfolger Karl-Theodor zu Guttenberg, der sein Amt ab Ende 2009 bekleidete, vollzog sich ein spürbarer Wandel in der offiziellen Rhetorik. Guttenberg räumte Fehler in der Informationspolitik ein und sprach offen und klar von der Notwendigkeit offensiver Operationen und den damit verbundenen Gefahren.[152]

---

[149] Vgl. Jörges, 2009, S. 42; s.a. Gack, 2015, S. 276; Reichelt & Meyer, 2010, S. 198.

[150] Vgl. Otto, 2011, S. 9; s.a. Eckhold, 2010, S. 244f.

[151] Reichelt & Meyer, 2010, S. 209.

[152] Vgl. Schroeder & Zapfe, 2015, pp. 183ff.; Bollmann, 2016, S. 174f.; Robbe, 2016, S. 292; Wittmann, 2017, S. 15f.; Bohnert, 2013b, S. 342; Reichelt & Meyer, 2010, S. 88; Schmidt, 2010, S. 5; Jörges, 2009, S. 42; Chauvistré, 2009, S. 27f.

Die hitzigen Diskussionen um das »K-Wort« – also die offizielle Nutzung des Wortes »Krieg« für das, was deutsche Soldatinnen und Soldaten im ISAF-Einsatz erlebten – wurden vor allem 2009 und 2010 in Folge des Kunduz-Bombardements und der Karfreitagsgefechte geführt. Abseits technokratischer Genauigkeiten sehnten sich die Einsatzkräfte nach Politikern und Spitzenmilitärs, die die Lage auch öffentlich so beschrieben, wie sie sich für sie vor Ort dargestellt hat. Im Laufe des Jahres 2008 eskalierte die Lage im Norden Afghanistans in einem nie gekannten Ausmaß. Im Frühjahr 2009 mussten deutsche Kräfte bei jedem Verlassen gesicherter Bereiche schon im Nah- und Nächstbereich mit Feindkontakt rechnen. Das Foto zeigt den Blick aus dem Innenraum eines angesprengten Gefechtsfahrzeuges, das im Juni 2011 aus dem Kampfgebiet um Chahar Darreh zurück ins Feldlager Kunduz verbracht wurde.

Das brachte ihm zwar den Vorwurf übertriebener Pathetik, aber vor allem den tiefen Respekt der Einsatzsoldatinnen und -soldaten ein. Auch mit aufrichtigen Trauerreden oder Initiativen wie der Einführung der *Einsatzmedaille Stufe Gefecht* im Jahre 2010 bemühte sich zu Guttenberg um nach außen sichtbare Zeichen zur Anerkennung der gewandelten Einsatzrealität.[153] Er wirkte damit überaus positiv auf die Kampfmoral und den Einsatzwert der Truppe.

---

[153] Orden, Ehrenzeichen und Auszeichnungen können einen starken Anreiz für soldatische Leistungen darstellen (Vgl. Creveld, 2006, S. 129ff.; Seiffert, 2014, p. 331).

Lehren aus dem
ISAF-Einsatz

In diesem Kapitel werden die Lehren aus den im vorhergehenden Kapitel diskutierten Inhalten abgeleitet. Es steht die Frage im Mittelpunkt, was die aus dem ISAF-Einsatz gewonnenen Erkenntnisse für Politik und Militärführung sowie für die *Innere Führung* bedeuten. Hierbei werden auch die möglichen konzeptionellen Ursachen für die aufgezeigten praktischen Schwächen der *Inneren Führung* diskutiert.

Erkenntnisse und Folgerungen für Politik und Militärführung

Die aktuelle Vorschrift zur *Inneren Führung* richtet sich direkt an die Soldatinnen und Soldaten. Durch ihre Inhalte betrifft sie jedoch das gesamte »System Bundeswehr« – von der gesellschaftlichen Einbettung der Streitkräfte über die hohe politische Leitungsebene bis tief herunter in die soldatische Praxis.

Zum unveräußerlichen Kernbestand der *Inneren Führung* zählt das Primat des Politischen. Es ist ein Grundpfeiler der umfassenden Kontrolle militärischer Gewaltanwendung und legitimiert die Existenz deutscher Streitkräfte.

Es ist daher auch zuvorderst Aufgabe der Regierung, Soldatinnen und Soldaten in der Gesellschaft aktiv zu mehr Geltung zu verhelfen und damit den wechselseitigen Integrationsanspruch der *Inneren Führung* ihrerseits zu erfüllen und. Bundeswehrangehörige haben insbesondere ein Anrecht darauf, dass die politische Leitung der Bevölkerung vermittelt, unter welchen Rahmenbedingungen, mit welchem Ziel und in welcher Intensität Auslandseinsätze stattfinden.

Diesbezüglich blieb die Bundeswehr mit der einsetzenden Lageverschärfung in Afghanistan oft auf sich allein gestellt: Es waren die Einsatzsoldatinnen und -soldaten selbst, die sich zunehmend für ihr Handeln rechtfertigen mussten.[154]

Viele deutsche Politiker hielten sich mit den ohnehin schwierigen Erklärungen und Stellungnahmen zum Einsatz der Bundeswehr am Hindukusch zurück, weil die Zustimmung zur Mission in der Bevölkerung nie sonderlich hoch war und mit zunehmender Dauer und Intensität des Engagements noch weiter gesunken ist.[155]

---

[154] Vgl. Souchon, 2012, S. 190.

[155] Vgl. Schroeder & Zapfe, 2015, pp. 184ff.; Franke, 2012, S. 349; Noetzel, 2011, p. 412; Noetzel & Rid, 2009, pp. 77ff.; Reuter & Vornbäumen, 2009a, S. 36.

Dabei wäre es ihre Aufgabe gewesen, für Verständnis und Einsicht zu werben. Sie hatten schlicht die Befürchtung, dass sie dieser unpopuläre Krieg mit seinen vielen strategischen Inkonsistenzen Wählerstimmen kosten würde.

So wird auch erklärbar, warum die Mandatsverlängerungen für das Afghanistan-Engagement ritualisierten Pflichtübungen glichen und nie von nennenswerten politischen oder gesellschaftlichen Debatten begleitet wurden.[156]

Die im Zuge der zunehmenden Gewalteskalation beantragte Verlegung von Panzerhaubitzen wurde im Vorfeld der Bundestagswahl 2009 allein aus wahltaktischen Gründen abgelehnt: Durch den zusätzlichen Einsatz schwerer Waffensysteme hätte man die prekäre Situation der deutschen Truppen vor Ort öffentlich eingestanden.[157]

Dass die modernen Artilleriesysteme schon durch ihre abschreckende Wirkung behilflich gewesen wären und neben der direkten Bekämpfung des Feindes auch die Möglichkeit von nächtlichem Beleuchten oder Nebelverschuss geboten hätten, spielte dabei offensichtlich keine Rolle. Lieber verklärte man die Situation vor Ort weiter und ersparte sich so Vorwürfe der Kriegstreiberei.

Eine zwingende Kausalität von schonungsloser Ehrlichkeit und schlechten Wahlergebnissen ließ sich trotz der geringen Zustimmung der Bevölkerung zum ISAF-Einsatz allerdings gar nicht bestätigen: Beispielsweise sank die Zahl derer, die einen raschen Abzug auf Afghanistan befürworteten, unmittelbar nach dem Kunduz-Bombardement von 69 auf 57 Prozent.[158] Verteidigungs-minister Karl-Theodor zu Guttenberg behauptete sich in

---

[156] Vgl. Münkler, 2015, S. 8f.; Noetzel, 2011, p. 413; Naumann, 2010, S. 39; Jörges, 2009, S. 42; Chauvistré, 2009, S. 23f.

[157] Vgl. Otto, 2011, S. 9f.; Reichelt & Meyer, 2010, S. 200f.

[158] Vgl. Naumann, 2013, S. 47.

einer der schwierigsten Phasen der ISAF-Mission zudem als beliebtester deutscher Politiker.[159] Offenbar honorierte die Öffentlichkeit eine lückenlose, ehrliche und umfassende Berichterstattung.

Konsequente Aufklärungs- und Überzeugungsarbeit ist ohnehin der einzige Weg, um eine längst überfällige, über elitäre Fachzirkel hinausführende gesellschaftliche Debatte über die Rolle der deutschen Streitkräfte zu initiieren.

Es wäre wünschenswert, dass ein solcher Diskurs in Deutschland kontinuierlich und unter Beteiligung von Parlamentariern, Kirchen, Think Tanks und Verbänden geführt wird. Dabei sollte die Bevölkerung aktiv einbezogen und argumentativ mitgenommen werden. Die Diskrepanz zwischen sicherheitspolitischem Engagement und gesellschaftlichem Rückhalt sowie die ausgeprägte „intellektuelle Überheblichkeit"[160] gegenüber der Bundeswehr ließen sich dadurch verringern. Auf dem »wohlwollenden Desinteresse« der deutschen Bevölkerung können zukünftige Auslandsmissionen der Bundeswehr jedenfalls nicht aufbauen.

Vor neuerlichen Beteiligungen an umfassenden Einsätzen bedarf es einer gründlichen Analyse der ISAF-Mission in ihrer ganzen politischen, militärischen und zivilen Dimension. Es gibt bereits etliche Einzelbilanzierungen und zahlreiche Beiträge, in der die Erkenntnisse und Lehren aus Sicht von Politikern, Wissenschaftlern und Militärangehörigen analysiert werden.[161] Sie wurden allerdings bisher nicht unabhängig und systematisch ausgewertet, um daraus eine

---

[159] Vgl. Schroeder & Zapfe, 2015, pp. 188f.

[160] Chauvistré, 2009, S. 17.

[161] Vgl. Deutscher Bundestag, 2017, S. 40; Wittmann, 2017, S. 14ff.; Bartels, Wittmann & Wüstner, 2016, S. 22f.; Beerenkämper et al., 2016, S. 34ff.; Glatz, 2015, S. 65ff.; Liebetanz, 2015, S. 5ff.; Steinmeier, 2014, S. 21; Koch, 2014, S. 36ff.; Nachtwei, 2016, S. 26f.; Nachtwei, 2014, S. 9f.; Stützle, 2014, S. 6ff.; Naumann, 2014, S. 16; Naumann, 2013; Leyen, 2014.

ganzheitliche Strategie zu entwickeln und Folgerungen für die zukünftige Beteiligung der Bundeswehr und anderer Ressorts an Kriseneinsätzen abzuleiten. Auch mit dem Weißbuchprozess 2016 wurde die Chance auf eine umfassende Reflexion des Afghanistan-Einsatzes vertan.

Die Ergebnisse einer Mission ohne fest umrissene politische Weisungen sowie klare, transparente und verifizierbare Zielkriterien lassen sich ohnehin nur sehr schwierig bewerten. In Afghanistan fehlten von Beginn an eine international abgestimmte Gesamtstrategie mit klar formulierten Zielen und ein entsprechender Umsetzungsplan. Partikularinteressen und Machtstreben von Ressorts, Parteien und Einzelpersonen haben die Entwicklung einer kohärenten Vorgehensweise auch während des laufenden Einsatzes verhindert. Stattdessen ließ sich in den dreizehn Jahren von ISAF ein hochgradig fragmentiertes und unsystematisches Agieren beobachten.

Auch die Bundeswehr selbst hat bislang keine wirksame institutionelle Tradition entwickelt, in der die operativen Erfahrungen und Strategien der Auslandseinsätze umfassend reflektiert, konserviert und systematisch für neue Szenare nutzbar gemacht werden. Die seit Beginn der 1990er Jahre stattfindenden Missionen hatten zu einer »Balkanisierung« des organisationalen Denkens geführt und die Überzeugung gestärkt, dass die Strategieschablonen des Bosnien- und des Kosovo-Einsatzes mit leichten Justierungen auch in zukünftigen Auslandsmissionen angelegt werden können.

Diese manifestierte Überzeugung hat erheblich dazu beigetragen, dass militärische Entscheidungsträger die Realität des ISAF-Einsatzes lange verkannt haben.[162] Das breite Unverständnis für das Kunduz-Bombardement, der Schock über das Ausmaß der Karfreitagsgefechte, die jahrelange Verweigerung der Nutzung einer »Kriegs-

---

[162] Vgl. Sangar, 2015, pp. 431ff.; Noetzel, 2011, pp. 402ff.

terminologie«, Werbespots, in denen keinerlei Bezüge zum soldatischen Wesenskern erkennbar waren sowie die späte Verlegung von schweren Waffensystemen nach Afghanistan sind traurige Belege dafür, dass die Situation im Einsatzland selbst in der Hochphase der kriegerischen Auseinandersetzungen noch nicht in den Köpfen von Politik, Öffentlichkeit und Militärführung angekommen war.[163]

Es bedarf zukünftig sorgfältiger Konfliktanalysen, auf deren Grundlage Beteiligungen bereits im Voraus oder zumindest zügig während des Einsatzbeginns realistisch konzipiert und erfüllbare strategische Ziele und Zwischenziele formuliert werden können. Das mag angesichts dynamischer und komplexer Krisenszenarien ausgesprochen schwierig erscheinen – erinnert sei etwa an die als »Spaghetti-Slide« bekannt gewordene Darstellung der Dynamiken von *Counterinsurgency* aus dem Jahre 2009 [164] – allerdings gleicht jeder Einsatz unter Ausbleiben einer solchen Vorbereitung einem naiven Abenteuer.

Die Zielsetzungen sollten international und ressortübergreifend abgestimmt sein und können durchaus bescheiden und kleinteilig ausfallen. Sie bedürfen der permanenten Anpassung an die Lageentwicklung im Krisengebiet und müssen einer kontinuierlichen Evaluation unterliegen, um Fortschritte messen und Indikatoren für das Einsatzende überprüfen zu können. Die möglichst genaue Definition eines »Desired End States« als auch von Abbruchkriterien einer Mission bilden dabei die notwendigen Grundlagen einer Exit-Strategie.

---

[163] Vgl. Bohnert, 2014c, S. 132ff.; Sangar, 2015, p. 422; Noetzel & Rid, 2009, p. 78.
[164] Vgl. Bumiller, 2010.

Im Sommer 2009 wurde General Stanley A. McChrystal, seinerzeit Kommandeur der ISAF- sowie der amerikanischen Truppen in Afghanistan, eine PowerPoint-Folie präsentiert, die ihm die Komplexität der amerikanischen Militärstrategie verdeutlichen sollte und optisch an eine Schüssel mit Spaghetti erinnerte. McChrystal reagierte mit der Aussage: „Wenn wir diese Folie verstehen, werden wir den Krieg gewonnen haben (When we understand that slide, we´ll have won the war)." Die legendäre »Spaghetti-Grafik« ist seither Symbol für die Überkomplexität militärischer Planungsprozesse und die unangemessene Nutzung von PowerPoint (Vgl. Bumiller, 2010).

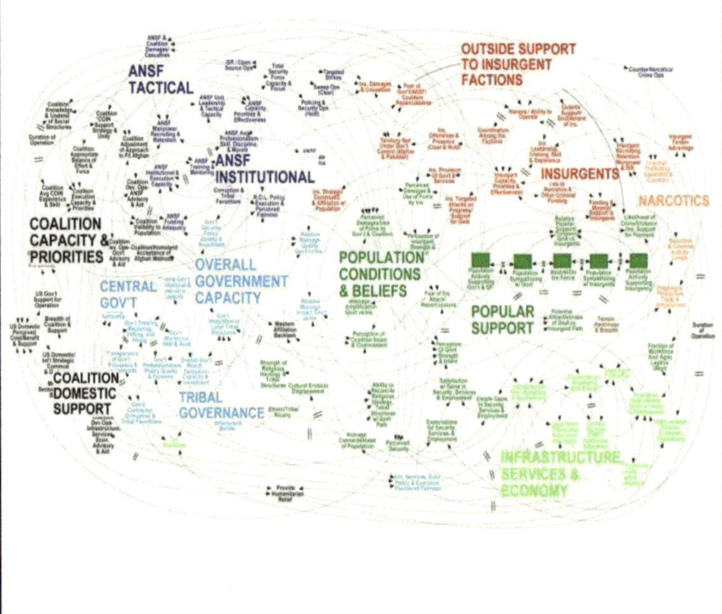

Die Politik sollte ihrer Rechenschaftspflicht gegenüber Gesellschaft und Militär dabei regelmäßig und in öffentlich wahrnehmbaren Formaten nachkommen. Die zwischen 2010 und 2014 ressortgemeinsam erstellten »Fortschrittsberichte Afghanistan« sind zwar teilweise kritisch verfasst[165], sie waren allerdings vorrangig zur Unterrichtung des Deutschen Bundestages gedacht und haben diesen Ansprüchen nicht genügen können.

Die Bundeswehr muss zukünftig schon mit Beginn einer neuen Einsatzverpflichtung materiell, personell und juristisch angemessen aufgestellt sein. Mandatsobergrenzen sollten grundsätzlich flexibel gehalten werden, um auf Lageänderungen zügig reagieren zu können.

Es gilt zudem zu berücksichtigen, dass militärisches Handeln immer nur einen Beitrag zur politischen Gesamtstrategie leisten kann. Zivile und militärische Maßnahmen müssen personell und finanziell hinterlegt und aufeinander abgestimmt sein. Eine klare Aufgabenverteilung, in der die Bundeswehr gemäß ihres ureigenen Kernauftrages zügig ein stabiles und sicheres Umfeld schafft und damit ein Zeitfenster für andere Akteure öffnet, kann dabei zur Lösung praktischer Disharmonien mit anderen Regierungsressorts und zur Entlastung der Streitkräfte beitragen.

Ressortübergreifende Ausbildungsprogramme und die verstärkte Nutzung von Austauschdienstposten fördern das wechselseitige Verständnis unterschiedlicher organisationaler Logiken und Eigenheiten. An dieser Stelle noch mehr zu investieren, wird sich in zukünftigen Kriseneinsätzen um ein Vielfaches bezahlt machen.

Dass die Bundesregierung 2013 das Planungsprinzip »Breite vor Tiefe« etabliert hat und die Bundeswehr strukturell darauf ausgerichtet wird, mag vor

---

[165] Vgl. u.a. Die Bundesregierung, 2010, S. 9ff.; Koch, 2014, S. 60ff.; Liebetanz, 2015, S. 7f.

dem Hintergrund aktueller sicherheitspolitischer Entwicklungen verständlich sein. Jedoch führt dieses Denken zu einer Situation, in der jede militärische Kompetenz und jede Fähigkeit erhalten bleiben soll, anstatt verbündete Nationen zu einer konsequenten Lastenteilung zu drängen. Entsprechend gering sind die Nachhaltigkeit und Durchhaltefähigkeit der bundeswehreigenen Ressourcen.[166]

Schon im Grundbetrieb bestimmen Material- und Personalengpässe sowie die Dauerkrise der Beschaffungspolitik den Dienstalltag. Die schrittweise und manchmal über Jahre und Jahrzehnte andauernde Neueinführung von Systemen ist mit einem Parallelbetrieb von modernem und altem Gerät verbunden, wodurch sich in personeller, infrastruktureller und ausbildungsbezogener Hinsicht enorme Herausforderungen ergeben. Die Vielfalt und der hohe Technisierungsgrad der Ausstattung haben sich darüber hinaus zu einem „logistischen Albtraum"[167] entwickelt und erschweren die seriöse Ausbildung von Soldatinnen und Soldaten noch zusätzlich.

Auf das anspruchsvolle Aufgabenspektrum in dynamischen und hochkomplexen Einsatzszenarien können sie sowieso kaum noch vollumfänglich vorbereitet werden. Die Bundeswehr steckt durch ihre vergleichsweise hohe Personalstärke und ihr breites Fähigkeitsprofil in einer »Verfügbarkeitsfalle« und läuft ständig Gefahr, abseits ihres Kernauftrages überfordert zu werden. Die Einsätze der Bundeswehr zur Bekämpfung der Ebola-Epidemie in Westafrika, zur Unterstützung während Hochwasserkatastrophen oder in der Flüchtlingshilfe lassen sich moralisch begründen und waren aus Mangel an schnell verfügbaren Alternativen wahrscheinlich auch notwendig. Eine klare Priorisierung von Aufträgen und

---

[166] Vgl. Dickow & Linnenkamp, 2016, S 1ff.; Chauvistré, 2009, S. 162ff.
[167] Sebaldt, 2017, S. 80.

entsprechende Abstriche bei anderen Einsatzverpflichtungen gab es hingegen kaum.

Dieses und ähnliches Engagement zudem mit dem Verweis auf die öffentlichkeitswirksame Vermarktung der Bundeswehr als guter Arbeitgeber und zur Steigerung der Integration in die Gesellschaft zu begründen, entbehrt jeder strategischen Weitsicht im Umgang mit dem Militär. In der Truppe grassiert schon länger das Wort von Streitkräften als »Spielball der Sicherheitspolitik«. Auch in Afghanistan übernahmen Soldatinnen und Soldaten Aufgaben, für die nach der Logik des *Vernetzten Ansatzes* klassischerweise andere Ressorts verantwortlich gewesen wären.[168] Es kommt erschwerend hinzu, dass die Maxime »Breite *vor* Tiefe« in der Praxis eher als „Breite *und* Tiefe"[169] verstanden wird und die Bundeswehr droht, mit zunehmenden Einsatzverpflichtungen erneut an ihre Belastungsgrenze zu geraten.

Es ist Teil der Fürsorgeverpflichtung gegenüber den Soldatinnen und Soldaten, erneute planerische und organisatorische Überlastungssituationen bestmöglich zu vermeiden. Aufträge, Ausbildungszeit und verfügbare Mittel müssen in einem angemessenen Verhältnis zueinander stehen. Das vermögen die Trendwende Personal und der *Atmende Personalkörper*[170], durch den die Personalobergrenze der Bundeswehr bedarfsbezogen angepasst werden kann, sowie die Anfang 2016 implementierte Soldatenarbeitszeitverordnung[171], nach der im Grundbetrieb der Bundeswehr 41 Wochenstunden Dienst geleistet werden sollen nur zu leisten, wenn sie auch in der Praxis ihren vollumfänglichen Niederschlag finden – und zwar simultan.

---

[168] Vgl. Nachtwei, 2014, S. 10; Naumann, 2016, S. 22f.

[169] Naumann, 2015, S. 22.

[170] Vgl. Bundesministerium der Verteidigung, 2016a, S. 13; Bundesministerium der Verteidigung, 2016b, S. 120; Sebaldt, 2017, S. 43ff.

[171] Vgl. Börner, 2017, S. 4; Deutscher Bundestag, 2017, S. 29ff.

Die angedachte pauschale Erhöhung der Altersgrenzen für die Zurruhesetzung von Berufssoldaten kann der prekären Personallage möglicherweise entgegen wirken, hat aber wiederum schlechte Auswirkungen auf die Vertrauenslage und gegebenenfalls auch auf die Nachwuchsgewinnung in der Bundeswehr. Zudem besteht die Gefahr einer Überalterung des Führerkorps, die sich mittel- und langfristig negativ auf die Kampfkraft und den Einsatzwert der Truppe auswirken kann.

Das *Framework Nation Concept* der europäischen NATO-Staaten, bei dem eine Rahmennation eine von anderen Streitkräften mit Fähigkeitskomponenten aufzufüllende organisatorische Grundstruktur für bestimmte Missionen aufstellt, entlastet zwar bereits punktuell, bisher bleibt aber unklar, welche arbeitsteiligen Schwerpunkte die einzelnen Nationen zukünftig bilden sollen und inwieweit das tatsächlich zum dauerhaften Verzicht auf nationale Fähigkeiten führen kann.

In seinem aktuellen Jahresbericht mahnt der Wehrbeauftragte des Deutschen Bundestages, Hans-Peter Bartels, dringend eine Beschleunigung der angestoßenen Reformen und Trendwenden an, um die unverändert hohe Überlast für die aktiven Soldatinnen und Soldaten zu reduzieren.[172] Sein Statement „Ich glaube es könnte sein, dass wir zu den beschlossenen Trendwenden noch eine

---

[172] Vgl. Deutscher Bundestag, 2017, S. 4ff.; Die dauernde Überbeanspruchung der Truppe hält der Wehrbeauftragte für unvereinbar mit den Grundsätzen der Inneren Führung (Vgl. Deutscher Bundestag, 2017, S. 10). Zu berücksichtigen ist dabei allerdings auch, dass sich in einigen Bereichen eher eine ungleiche Verteilung der Arbeitslast beobachten lässt (Vgl. u.a. Naumann, 2017b, S. 6). Insbesondere scheinen viele der aktuellen Anforderungen stark »führerlastig« zu sein: Während Mannschaftssoldatinnen und -soldaten sich zunehmend über ihren »Gammeldienst« und den Leerlauf im Routinedienstbetrieb beschweren, sehen sich Vorgesetzte und Planer mit einer Vielzahl von Anforderungen und Aufträgen konfrontiert. Ebenso gibt es je nach Organisationsbereich, Teilstreitkraft, Truppengattung, Standort, Dienstposten etc. teils erhebliche Varianzen in der dienstlichen Belastung. Man wird wohl eingestehen müssen, dass sich Arbeit in komplexen Großorganisationen wie der Bundeswehr nie ganz ausgewogen verteilen lassen wird.

Art Mentalitäts-Trendwende brauchen"[173] lässt sich darüber hinaus auch als Aufforderung zur Anpassung, Neugestaltung oder Revitalisierung der *Inneren Führung* verstehen.

Zur Verbesserung der Personalsituation in den Streitkräften gehört außerdem die Außendarstellung des Soldatenberufes als das, was er ist. Die Betonung von Aspekten wie Chancengleichheit oder religiöser, kultureller und sexueller Diversität stellt letztlich eine Fokusverlagerung auf Nebensächlichkeiten des militärischen Dienens dar. In vielen Bereichen der Bundeswehr sind sie inzwischen Normalität und täglich gelebte Praxis. Es gibt noch immer Fehlverhalten wie Mobbing und sexuelle Belästigungen[174], jedoch werden enorme integrationspolitische Anstrengungen unternommen und es sind zahlreiche Möglichkeiten für Soldatinnen und Soldaten geschaffen worden, auf offiziellen Wegen gegen chauvinistisches, verachtendes und demütigendes Verhalten vorzugehen.

Neben dem möglichen Rückgriff auf die Wehrbeschwerdeordnung, Vertrauenspersonen, Militärgeistliche, das Büro des Wehrbeauftragten oder

---

[173] Bartels, 2017b, S. 2; Bartels, 2017a, S. 17; Die stärkste Interessenvertretung von Soldatinnen und Soldaten, der Deutsche BundeswehrVerband (DBwV), fordert sogar eine zusätzliche »Trendwende Vertrauen«. Der Kommandeur des Zentrums Innere Führung, Generalmajor Rainhardt Zudrop, hält neben einer personellen und materiellen auch zwingend eine „geistige Vollausstattung" für notwendig (Zudrop, 2017, S. 4).

[174] Vgl. Kümmel, 2014, S. 34ff.; Gebauer, Hammerstein & Wiegrefe, 2017, S. 30ff.; Die Zahl der Meldepflichtigen Ereignisse und Besonderen Vorkommnisse in der Bundeswehr wegen des Verdachts auf Straftaten gegen die sexuelle Selbstbestimmung lag 2016 bei 131, womit sie gegenüber dem Vorjahr um 45 gestiegen ist (Vgl. Deutscher Bundestag, 2017, S. 55). Von einem „generell verrohten Korpsgeist" (Käppner, 2017b) kann auf Grundlage dieser Zahlen bei einer Personalstärke von knapp 179.000 Soldatinnen und Soldaten dennoch nicht gesprochen werden. Neben einem tatsächlichen Anstieg der Fälle könnte die Erhöhung auch auf die gestiegene Sensibilität für die Thematik und den größeren Mut dagegen vorzugehen zurückgeführt werden. Medien und Öffentlichkeit haben auf Verstöße gegen die sexuelle Selbstbestimmung in der Bundeswehr zuletzt äußert sensibel reagiert (Vgl. u.a. Hickmann, 2017; Käppner, 2017a; Käppner, 2017b; Bohnert, 2017, S. 8; Fleischhauer, 2017; Schulz, 2017).

militärische Gleichstellungsbeauftragte wurde im Bundesministerium der Verteidigung Anfang 2017 die Ansprechstelle »Diskriminierung und Gewalt in der Bundeswehr« im Stabselement »Chancengerechtigkeit, Vielfalt und Inklusion im Geschäftsbereich des Bundesministeriums für Verteidigung« eingerichtet. Hinsichtlich ihrer demokratischen Verfasstheit, parlamentarischen Kontrollmechanismen und Beteiligungsrechten zählt die Bundeswehr zu den progressivsten Armeen der Welt.

Natürlich ist es gut, diese Fortschritte herauszustellen und damit die Modernität der Streitkräfte zu unterstreichen. Beispielsweise ist das große Bemühen um Gleichstellung ein Attraktivitätsmerkmal für potenzielle Bewerberinnen und Bewerber.[175] Die 2014 vom Bundeskabinett beschlossene und von Verteidigungsministerin von der Leyen vorangetriebene Attraktivitätsoffensive orientiert sich konsequent an wissenschaftlich nachgewiesenen Schwächen der Bundeswehr als Arbeitgeber.[176] Daraus resultierend wird jedoch offenbar versucht, jegliches heroisches Pathos zu vermeiden und sich als weitgehend »normaler« Arbeitgeber zu präsentieren.[177]

---

[175] Vgl. Bulmahn, 2012, S. 14; Kritisch zur »Verweiblichung« der Streitkräfte: Vgl. Creveld, 2017, S. 81ff.; Creveld, 1998, S. 263; Narula, 2017; Die ersten weiblichen Sanitätsoffiziere wurden 1975 als Seiteneinsteigerinnen in die Bundeswehr eingestellt. 1989 wurden die ersten Offizieranwärterinnen für den Sanitätsdienst zugelassen, zwei Jahre später die ersten weiblichen Unteroffiziere und Mannschaftssoldatinnen im Sanitäts- sowie Militärmusikdienst. Nach der sog. »Kreil-Entscheidung« des Europäischen Gerichtshofes stehen Soldatinnen seit 2001 alle Laufbahnen und Verwendungsbereiche der Bundeswehr offen (Vgl. Kümmel, 2016, S. 281ff.; Kümmel, 2008, S. 11ff.; Bald, 2005, S. 151ff.).
[176] Vgl. Bulmahn, 2012, S. 12ff.; Kümmel, 2014, S. 60ff.; Über die erreichten Attraktivitätsziele sowie das neue Arbeitgeberprofil und die Auslandseinsätze der Bundeswehr informiert seit Mitte 2017 eine Webseite: www.Bundeswehr-gut-geruestet.de [letzter Abruf: 30. August 2017].
[177] Vgl. Dorn, 2014; Amberger, 2015, S. 17; s.a. Naumann, 2017b, S. 6; Unger, 2014, S. 32f.; Strukturkommission der Bundeswehr, 2010, S. 91ff.

Die Diskussion um das berufliche Selbstverständnis deutscher Soldatinnen und Soldaten hat im Jahre 2017 neuen Auftrieb erhalten. So widmete sich etwa der Deutsche BundeswehrVerband (DBwV) in einer Ausgabe seiner auflagestarken Verbandszeitschrift der offenen und kritischen Diskussion um soldatisches Berufsethos (Vgl. u.a. Hoffmann, 2017, S. 38f.; Reichardt, 2017, S. 24f). Um die Debatte nachhaltig zu beflügeln und die Gesellschaft mit einzubeziehen, machte der Verband auch eine »Sonderausgabe Web« des Magazins verfügbar.

www.magazin.dbwv.info/berufsethos

Diese Form der Darstellung steht offenkundig im Widerspruch zur offiziellen Personalstrategie der Bundeswehr, in der herausgehoben wird, dass die Aufträge der Bundeswehr einmalig sind und sich ihre Aufgaben deutlich von denen aller anderen Institutionen und Arbeitgeber unterscheiden. Auch die Agenda »Aktiv. Attraktiv. Anders.« weist schon im Namen auf eine von anderen Organisationen abweichende Ausrichtung des Berufsprofils hin.[178]

Es erscheint sehr gewagt, in der Nachwuchswerbung vor allem diejenigen anzusprechen, deren vorrangiges Interesse Berufsfacetten wie flexiblen Arbeitszeiten und Kinderbetreuung oder etwa der vermeintlichen Sicherheit des öffentlichen Dienstes gilt. Fraglich bleibt, ob Soldatinnen und Soldaten, die sich als Arbeitnehmer wie jeder andere oder gar als Verwaltungsbeamte verstehen, in existentiell bedrohlichen Situationen bestehen können oder zumindest willens sind, anderen unter Inkaufnahme persönlicher Härten eine adäquate Unterstützung zukommen zu lassen.

Natürlich kann sich ein solches Grundverständnis im Rahmen der militärischen Sozialisation im Gefüge der Truppe noch ausprägen und verstärken. Viele Kampagnen zur Anwerbung des Nachwuchses erzeugen jedoch ein

---

[178] Vgl. Bundesministerium der Verteidigung, 2016a, S. 7ff.; Auch andere in der Personalstrategie der Bundeswehr festgeschriebene strategische Zielsetzungen sind positiv zu bewerten und können einen Beitrag zur besseren Wettbewerbsfähigkeit der Bundeswehr leisten. So sollen etwa Karrieremodelle sowie der Umgang mit Reservistinnen und Reservisten weiter flexibilisiert werden. Auch die Ausführungen zur Notwendigkeit der Entwicklung einer glaubwürdig gelebten und aktiv praktizierten Führungs- und Organisationskultur erscheinen angemessen (Vgl. Bundesministerium der Verteidigung, 2016a, S. 18ff.). Im gesamten Dokument kommt das Wort »Kampf« allerdings nur einmal in Zusammenhang mit dem »Kampf um Talente« (S. 12) vor, der Begriff »kämpfen« überhaupt nicht. Lediglich auf zwei Bildern sind sehr ungenau bzw. unscharf Waffen zu erkennen (S. 6 & S. 10). Hier wird – ähnlich wie in anderen offiziellen Papieren – ein zu starker Bezug zum Kern des Soldatenberufes vermieden.

verzerrtes Bild der Streitkräfte und bergen die latente Gefahr, auf lange Sicht zur Schwächung der Bundeswehr beizutragen. Sie können auf ein unverzichtbares Bewerberklientel – „die härtesten und besten Kämpfer"[179] – sogar abschreckend wirken. Die zu beantwortende Grundfrage der Personalgewinnung muss bleiben, warum junge Menschen sich dafür entscheiden sollten, „im Frieden in den Krieg [zu] ziehen"[180].

Will die Bundeswehr demografiefest werden und sich als Arbeitgebermarke langfristig im »War for Talents« behaupten, sollte sie sich gerade mit ihrer Andersartigkeit gegenüber der Konkurrenz positionieren. Ein gewisser Exklusivitätsstatus und die Wahrnehmung als privilegierte Berufsgruppe können für potenzielle Bewerber ganz sicher reizvoll sein.[181]

Die Kombination von Berufsspezifika wie der Tapferkeitspflicht, dem Korpsgeist, einer Gedenk- und Symbolkultur, der sozialen Absicherung, der Normen- und Wertebindung, dem Entbehrungsreichtum oder die exzellenten Ausbildungs- und Verwendungsmöglichkeiten machen die Bundeswehr zu einem besonderen Arbeitgeber mit einigen Alleinstellungsmerkmalen und einer soliden Wertebasis. Angesichts vielfältiger Lebensentwürfe und zunehmender gesellschaftlicher Pluralität kann der Dienst in den Streitkräften gerade für junge Menschen einen klaren Weg und einen sinnstiftenden Rahmen bieten.

---

[179] Creveld, 2017, S. 189; s.a. Kirch, 2017; Kielmansegg, 2017, S. 23.

[180] Zwicknagl, 2007, S. 13.

[181] Hiermit ist nicht die revisionistische Forderung nach einem herausgehobenen Sonderstatus oder eine ideologische Überhöhung des Militärischen gemeint. Im Ringen um Nachwuchs kann eine stärkere Betonung militärischer Eigenheiten im Sinne von »Wir erwarten viel, wir geben viel.« das Image der Bundeswehr allerdings verbessern und die Aufmerksamkeit potenzieller Bewerber erhöhen. Nach Einführung der Allgemeinen Dienstpflicht für Männer und Frauen in Norwegen im Jahre 2016 ist bspw. ein regelrechter Kampf um die begrenzten Dienstposten in den hochangesehenen Streitkräften entbrannt.

Institutionalisierte Tabus in der Außendarstellung sollten deshalb einem offenen Umgang mit Themen wie Auftrag, Einsatz und Risiko weichen. Andere Nationen gewähren auch beim Personalmarketing Einblicke in die entbehrungsreichen Seiten des Berufes: Auf offiziellen Werbefotos des amerikanischen Marine Corps finden sich Marineinfanteristen beim Überlebenstraining im thailändischen Dschungel. Sie sind unter anderem dabei zu sehen, wie sie angeekelt Frösche und Skorpione verspeisen.[182] Die schwedische Streitkräftekampagne »Who Cares?« betont den hohen Wert des Verlassens der eigenen Komfortzone im Dienste der Gemeinschaft.

Mit derartigen Bildern und Botschaften verschreckt man sicherlich einen Teil der potenziellen Bewerber, gewinnt jedoch einen anderen, enorm wichtigen hinzu. Entgegen verbreiteter Ängste können sich selbst Auslandseinsätze wie der in Afghanistan und eine hohe Kampfmoral in der Truppe als Attraktivitätskriterium für junge Menschen darstellen und das Prestige des Berufes steigern. Der deutschen Öffentlichkeit sollte diese Ehrlichkeit zugemutet werden können – potenziellen Bewerbern gegenüber ist sie auch eine moralische Verpflichtung.

Wenn das nach außen kommunizierte Bild der Bundeswehr zudem nicht weitgehend mit der organisationsinternen Realität übereinstimmt, ergeben sich auch im Binnenbereich Glaubwürdigkeits- und Motivationsdefizite und damit gravierende Nachteile für die Personalbindung.[183] Primäre Aufgabe aller Informations- und Kommunikationsbemühungen muss auch deshalb die Zufriedenheit und das Verständnis des eigenen Personals sein. Nur zufriedene Mitarbeiterinnen und Mitarbeiter kommunizieren positiv über ihr

---

[182] Vgl. Reichelt & Meyer, 2010, S. 173.

[183] Vgl. Fölsing & Scherm, 2012, S. 7f.; Creveld, 2017, S. 189; s.a. Hempelmann, 2013, S. 12f.

Unternehmen und erzielen damit einen wichtigen Multiplikatoreffekt.[184] Von etwa der Hälfte der Soldatinnen und Soldaten wird man ein proaktives Bewerben ihres Berufes allerdings nicht erwarten können: Sie gaben während einer Befragung des Zentrums für Militärgeschichte und Sozialwissenschaften der Bundeswehr an, dass sie lieber bei einem anderen Arbeitgeber beschäftigt wären.[185]

Dass die Marketingstrategen auch hierzulande durchaus kreativ und mutig sein können, zeigte sich zum Beispiel bei einem Farbanschlag auf den Berliner »Showroom der Bundeswehr«: Unbekannte hatten die Fensterfassade des Beratungszentrums Ende 2015 großflächig mit Farbe beschmiert. Die souveräne Reaktion war die Platzierung eines Aufstellers der aktuellen Werbekampagne »Mach was wirklich zählt«, auf dem »Wir kämpfen auch dafür, dass du gegen uns sein kannst« zu lesen war. Das Bild wurde danach nicht nur über die offizielle Facebook-Seite der Bundeswehr verbreitet, sondern ist beispielsweise auch im aktuellen Weißbuch abgebildet.[186]

Offenheit, Authentizität, Wahrhaftigkeit, Bereitschaft zur Diskussion – nach diesen Grundsätzen sollte sich die Öffentlichkeitsarbeit der Bundeswehr richten. Das in der zweiten Jahreshälfte 2017 aufgebaute Referat »Arbeitgebermarke/Social Media« im Bundesministerium der Verteidigung könnte hier Vorreiter eines echten Paradigmenwechsels werden. Dafür müssten die strategischen Vorgaben auf militärpolitischer Ebene eine solchen Wandel allerdings zulassen.

---

[184] Vgl. Ebersoll, 2017, S. 3f.

[185] Vgl. Kümmel, 2014, S. 61f.; Die Studie beruht auf den Angaben von knapp 4.900 Bundeswehrsoldatinnen und -soldaten, die 2011 mittels standardisiertem Fragebogen befragt wurden.

[186] Vgl. Bundesministerium der Verteidigung, 2016, S. 111.

Farbanschlag auf den Berliner »Showroom der Bundeswehr«

Unbekannte hatten den Berliner Showroom – eine öffentliche Anlaufstelle zur Information für potenzielle Bewerber bei der Bundeswehr – Anfang November 2015 mit blauer und roter Farbe beschmiert. Als Reaktion darauf stellten Soldaten einen Aufsteller der aktuellen Werbekampagne mit dem Slogan »Wir kämpfen auch dafür, dass du gegen uns sein kannst« auf (Vgl. Bundesministerium der Verteidigung, 2016, S. 111). Ein Foto der Aktion wurde anschließend über die offiziellen Social Media-Kanäle der Bundeswehr verbreitet.

Eine repräsentative Befragung von mehr als 3.500 Jugendlichen und jungen Erwachsenen durch das Sozialwissenschaftliche Institut der Bundeswehr im Jahre 2011 hat ergeben, dass Kameradschaft und Teamwork, die Identifikation mit dem Arbeitgeber, das Ausüben einer herausfordernden Tätigkeit und die Kohärenz der beruflichen Tätigkeit mit den eigenen Wertvorstellungen wichtige Attraktivitätsfaktoren sind. Es wird zudem aufgezeigt, dass sich die Skalenwerte der Bundeswehr in diesen Bereichen zwischen 2009 und 2011 enorm verbessert haben. Der Autor der Studie führt diese positiven Veränderungen auf neue Ansätze der Kommunikationsarbeit wie den Claim »Wir. Dienen. Deutschland.« und diesbezügliche Imagekampagnen in sozialen Medien zurück.[187]

Was er bei der Interpretation der Ergebnisse offenbar völlig ausblendet, ist die in dieser Zeit vollzogene geänderte Wahrnehmung der Einsatzrealität der Bundeswehr in Afghanistan. Verteidigungsminister zu Guttenberg, Medienvertreter sowie Einsatzsoldatinnen und -soldaten begannen das Kampfgeschehen ungeschminkt zu beschreiben und somit die genuinen Konturen des Berufes öffentlich sichtbar zu machen. Womöglich hatten diese Ehrlichkeit und Klarheit – trotz aller Tragik der Ereignisse – einen besseren Werbeeffekt für den Soldatenberuf, als jegliche Versuche, die Bundeswehr als etwas darzustellen, dass sie am scharfen Ende des Berufes niemals sein kann.

Das mag aus einer sozialwissenschaftlich-romantisierenden Perspektive ungewöhnlich erscheinen, klingt aus soldatischer Sicht allerdings ausgesprochen plausibel. Haltbare Belege dagegen gibt es jedenfalls nicht. Alternativen zur bisherigen Außendarstellung der

---

[187] Vgl. Bulmahn, 2012, S. 15ff.; In der Tat stieß das Motto »Wir. Dienen. Deutschland.« im Gegensatz zu vielen anderen Werbekampagnen auch bundeswehrintern auf viel positive Resonanz (Vgl. u.a. Uslar & Walther, 2012, S. 87; Unger, 2014, S. 31; Hempelmann, 2013, S. 12).

Streitkräfte erfordern angesichts verbreiteter gesellschaftlicher und politischer Grundhaltungen möglicherweise ein hohes Maß an Courage und Diskussionsbereitschaft. Die wird man politisch und militärischen Verantwortlichen aber wohl abverlangen können.

Konsequente Ehrlichkeit ist ebenso in der Bilanzierung von Erfolgen und Misserfolgen von Auslandseinsätzen unabdingbar und muss selbstverständlich werden, gerade wenn es um Leben und Tod geht. Ritualisierte Beschwichtigungsformeln, in denen darauf verwiesen wurde, dass man in Afghanistan auf einem »guten Weg« sei und »schon viel erreicht« habe, wurden der komplexen Realität des Engagements nicht gerecht.

Durch eine wie im Weißbuch 2016 geforderte Wahrheits-, Streit- und Fehlerkultur in der Bundeswehr [188] können viele Fehleinschätzungen und Mängel, die während der ISAF-Mission zu Tage getreten sind, zukünftig hoffentlich verringert werden. Mit Blick auf die Lehren des Einsatzes liegt es vor allem in der Verantwortung der Militärführung, politische Entscheidungsträger beziehungsweise Vorgesetzte mit der Situation in den Einsatzländern vertraut zu machen und daraus abgeleitete Forderungen hartnäckig zu stellen.

Bundeswehrangehörigen muss klar sein, dass dies weder dem Primat der Politik noch ihrer Gehorsamspflicht widerspricht. Im Gegenteil: Nach Baudissin zwingt politische Mitverantwortung zur „kritischen Loyalität"[189]. Diese ist immer dann geboten und gerechtfertigt, wenn sie aus ehrlichem Interesse an der Sache erfolgt. Aus Opportunitätsgründen oder aus antizipierten Zweifeln an

---

[188] Vgl. Bundesministerium der Verteidigung, 2016b, S. 128ff.

[189] Baudissin, 1969, S. 50; s.a. o.V., 1969, S. 91; Dawidzinski, 2012; Neitzel, 2017a, S. 64.

der politischen Durchsetzbarkeit dürfen Forderungen von militärischer Seite jedenfalls nicht zurückgehalten werden.

Das richtig verstandene Primat der Politik gebietet, dass militärische Führer als Experten ihres Faches wichtiger Teil der mit Streitkräften in Zusammenhang stehenden politischen Entscheidungsprozesse sind und auf Augenhöhe beraten. Höhere Stellen müssen ihrerseits nachdrücklich eine ungeschönte Berichterstattung einfordern. Dabei dürfen meldende Soldatinnen und Soldaten keine Karrierenachteile fürchten müssen.

Um sich einen sich realistischen Eindruck der Einsatzrealität zu verschaffen, kommen Parlamentarier zudem nicht daran vorbei, sich regelmäßig ein unmittelbares Bild der Lage vor Ort zu verschaffen. Schon Carl von Clausewitz brachte eine solche Notwendigkeit für Entscheidungsträger auf den Punkt: „Solange man selbst den Krieg nicht kennt, begreift man nicht, wo die Schwierigkeiten der Sache liegen, von denen immer die Rede ist."[190]

Einige Bundestagsabgeordnete haben diese Aufgabe während der ISAF-Mission sehr ernst genommen und sich aktiv für die Belange der Einsatzsoldatinnen und -soldaten eingesetzt. Dazu gehörten auch Repräsentanten von traditionell militärskeptischen bis -ablehnenden Parteien, wie Omid Nouripour, Winfried Nachtwei oder Agnieszka Brugger (Bündnis 90/Die Grünen).

---

[190] Clausewitz, 1832/34, S. 45.

Wesentliche Folgerungen für Politik und Militärführung

(1) unabhängige und systematische Bilanzierung der ISAF-Mission; Ableitung von Lehren für zukünftige Auslandseinsätze der Bundeswehr

(2) Definition von strategischen Zielen in künftigen Auslandseinsätzen; sorgfältige Konfliktanalysen; Exit-Strategie; realistische Mandate und Einsatzregeln; flexible Personalobergrenzen; regelmäßige Evaluation

(3) Abgrenzung militärischer Handlungsfelder von Aufgaben anderer Akteure des Vernetzten Ansatzes; Intensivierung ressortübergreifender Austauschprogramme

(4) Priorisierung der Aufträge der Bundeswehr; Refokussierung auf den Wesenskern der Streitkräfte; angemessenes Verhältnis von Aufträgen, Ausbildungszeit und verfügbaren Mitteln

(5) Paradigmenwechsel in der Öffentlichkeitsarbeit der Bundeswehr; ehrliche, transparente und umfassende Information über Art, Ziel und Intensität von Auslandseinsätzen; offener Umgang mit Besonderheiten und Alleinstellungsmerkmalen des Soldatenberufes

Erkenntnisse und Folgerungen für die Innere Führung
Der Blick auf die praktischen Erfolge und Defizite der *Inneren Führung* während des ISAF-Einsatzes führt in der Gesamtbetrachtung zu einer gemischten Bilanz. Während ihre Verdienste beispielsweise in Bezug auf den Umgang mit Menschen fremder Kulturen oder die Verhinderung von Kriegsgräuel augenscheinlich waren, gab es gravierende Schwierigkeiten in Politik, Öffentlichkeit und Bundeswehr im Umgang mit der zunehmenden Gewalteskalation im deutschen Verantwortungsbereich.

Auch wenn die positiven Aspekte als Beleg für eine generelle Bewährung des Konzeptes gedeutet werden können, sind die negativen Faktoren von so großer Wichtigkeit, dass sie nicht unbeachtet bleiben dürfen. Der *Inneren Führung* auch heute noch pauschal das Siegel einer beispiellosen Erfolgsgeschichte zu verleihen, stellt eine unlautere Marginalisierung dar und läuft Gefahr, zum Lippenbekenntnis zu verkommen.[191] Im Folgenden sollen nach konzeptuellen Ursachen für die nuancierte Wirksamkeit der *Inneren Führung* in Afghanistan gesucht und Handlungsoptionen aufgezeigt werden.

Um funktionsfähig und wirksam zu sein, müssen Streitkräfte auf das Prinzip von Befehl und Gehorsam bauen. Eine auf diesem Prinzip beruhende Organisation ist jedoch nicht mit einer demokratischen Gesellschaft identisch, in der Meinungsbildungsprozesse von Diskussionen und Abstimmung begleitet werden.[192] Es ist Aufgabe der *Inneren Führung*, eine moderierende Rolle in diesem Spannungsfeld einzunehmen. Als »Vermittlungsinstanz« soll sie das Verständnis und die Akzeptanz zwischen den unterschiedlichen Lebens- und Erfahrungswelten fördern.

---

[191] Vgl. Naumann, 2017a, S. 14ff.; Thiels, 2016; Wiesendahl, 2010, S. 51.

[192] Vgl. Freudenberg, 2014, S. 18ff.; Unger, 2014, S. 33ff.; Rosen, 2013, S. 98ff.; Böcker, 2017; Franke, 2012, S. 23f.; Hamann, 2008, S. 38; Hartmann, 2007, S. 107; Bald, 2005, S. 156f.; Maizière, 1974, S. 23f.; Vogt, 1972, S. V.

Während die Meinungen darüber, ob ihr dieser Brückenschlag in der Zeit des *Kalten Krieges* gelingen konnte, schon auseinander gingen, wird diese Funktionalität während des ISAF-Einsatzes noch sehr viel kritischer betrachtet. Letztlich lässt sich wohl die gesamte Auseinandersetzung um die Bewährung der *Inneren Führung* während der ISAF-Mission auf die Grundfrage reduzieren, ob eine Kongruenz von Militär im weltweiten Einsatz und einer Gesellschaft auf heimatlichem Boden überhaupt realistisch ist.[193]

Baudissins programmatischer „Soldat für den Frieden"[194] stand sinnbildlich für die Ausrichtung auf eine »Friedensarmee« und verwies auf das politische Ziel, den Kriegseinsatz zu vermeiden.[195]

Die Väter der *Inneren Führung* nahmen an, dass sich zivile und militärische Organisationen und Berufe in Friedenszeiten immer ähnlicher werden. Sie betonten den Integrationsaspekt und betrachteten den Soldatenberuf als äquivalent mit allen anderen Arbeits- und Tätigkeitsfeldern. Den *sui generis*-Status und jeden selbstbezogenen Eigenwert lehnten sie auch deshalb ab, weil Soldaten die ständige Lebensgefahr im unwahrscheinlichen Falle eines Krieges mit jedermann teilen würden.[196]

Heute erscheint es gelegentlich so, als hätten Konzerndenken und Arbeitnehmerorientierung in der Bundeswehr tatsächlich die Oberhand gewonnen.[197] Durch die Einnahme von modernen Prozessmanagement-

---

[193] Vgl. Hamann, 1972, S. 61.

[194] Baudissin, 1969, S. 3; s.a. Franke, 2012, S. 73; Baudissins augenscheinliches Paradoxon beschreibt die politische Strategie einer glaubhaften Abschreckung durch Kriegstüchtigkeit im Frieden (Vgl. Rosen, 2011, S. 13; Maizière, 1974, S. 18; Baudissin, 1962, S. 13), das auch der häufig genutzten Wendung »Kämpfen können, um nicht kämpfen zu müssen« zu Grunde liegt.

[195] Vgl. Baudissin, 1964, S. 16ff.; Maizière, 1974, S. 16f.; Rosen, 2011, S. 12f.

[196] Vgl. Wiesendahl, 2002, S. 25; Zwicknagl, 2007, S. 12; Hamann, 1972, S. 60f.; Portugall, 2011, S. 26f.; Baudissin, 1964, S. 22; Baudissin, 1962, S. 8f.

[197] Vgl. Naumann, 2017a, S. 20; Sebaldt, 2017, S. 52ff.; Hinners, 2016, S. 143.

strukturen, an der zivilen Berufswelt orientierte Arbeitsformen wie Tele- und Teilzeitarbeit oder die starke Betonung von Diversität und Vielfalt wird versucht, das Image eines progressiven Unternehmens zu prägen. Das Weißbuch 2016 erweckt über viele Seiten den Eindruck, dass es „auch dem Leitbild eines beliebigen deutschen Unternehmens entstammen"[198] könnte. Werbekampagnen sind mit Slogans wie »Nicht jeder bei uns trägt Uniform« oder »Studieren bei vollem Gehalt« bemüht, den Soldatenberuf noch immer als »Beruf wie jeder andere« darzustellen.[199]

Gerade für idealistische Soldatinnen und Soldaten, die sich des existenziellen Ernstes ihres Berufsfeldes bewusst sind, sind derartige Einlassungen gerade zu beleidigend. Sie negieren bewusst den Wesenskern und die Realität der soldatischen Profession und erwecken den Eindruck, dass der Staat sich davor schämt, seinen Bürgerinnen und Bürgern eine schlagkräftige Streitmacht zu präsentieren. Eine „vollständig postheroische Armee"[200] kann es aber nicht geben – sie ist ein Oxymoron, ein Widerspruch in sich.

Spätestens seit den schweren Gefechten in Afghanistan lässt sich eine Wesensgleichheit mit Zivilberufen kaum noch glaubwürdig behaupten. Der Soldatenberuf ist exzeptionell und die Bundeswehr eine Organisation, in der Menschen zum Kämpfen und Töten ausgebildet werden. Darüber hinaus teilt die Masse der deutschen Bevölkerung eben nicht mehr die Gefahren, denen Soldatinnen und Soldaten in den Krisengebieten dieser Welt gegenüberstehen. Im Gegenteil: Aktuelle Einsatzgebiete der Bundeswehr sind räumlich und kulturell

---

[198] Sebaldt, 2017, S. 52.
[199] Vgl. Kielmansegg, 2017, S. 23; Stoltenow, 2013, S. 93ff.; Amberger, 2015, S. 17; Dorn, 2014; Weigt, 2014, S. 250ff.; Spreen, 2014, S. 49; Naumann, 2013, S. 140f; Uslar & Walther, 2012, S. 81ff.; Otto, 2011, S. 6f.; Zwicknagl, 2007, S. 12; s.a. Creveld, 2006, S. 196; Karst, 1964, S. 189.
[200] Schulz, 2017.

von der deutschen Gesellschaft entkoppelt – das idealisierte Bild der Schicksalsgemeinschaft von Nation und Militär passt nicht mehr zu den Szenaren *Neuer Kriege*. Spätestens nach Aussetzung der Allgemeinen Wehrpflicht sind die normativen Integrations- und Legitimationsformeln der Vergangenheit damit obsolet geworden.[201]

Sucht man heute im Sinne Baudissins nach Ähnlichkeiten der Führungskultur deutscher Streitkräfte zu zivilen Großorganisationen, so finden sich dennoch einige Überschneidungen – allerdings vor allem auf der Negativseite: Analysen jüngerer Skandale und wirtschaftlicher Schwierigkeiten in streng hierarchischen Konzernen wie Volkswagen haben Unternehmenskulturen zu Tage gefördert, in denen kritisches Denken, Innovationen und Zweifel durch strikte Hierarchien und eine Kontrollkultur unterdrückt wurden. Mitarbeiter sahen sich durch hohen Effizienzdruck genötigt, in Grauzonen zu operieren und sich ideologisch anzupassen, um Chancen auf Förderung zu haben. Statt Vertrauen und Fehlerkultur sowie der Ermutigung zu Widerspruch und Hinterfragen zeigten sich intransparente Entscheidungsprozesse geschlossener Führungszirkel und blinde Gefolgschaft. Eingeschlagene Wege wurden wider besseres Wissen nicht verlassen, um einem Gesichtsverlust vorzubeugen und die eigene Karriere nicht zu gefährden.[202]

Die *Innere Führung* sollte all das in der Bundeswehr verhindern.[203] Durch eine Kultur der Offenheit, eine angemessene Fehlertoleranz, Courage und Widerspruchsgeist sollten ähnliche Entwicklungen frühzeitig erkannt und unterbunden werden.

---

[201] Vgl. Naumann, 2013, S. 140f.; Robbe, 2016, S. 296; Wiesendahl, 2002, S. 26.
[202] Vgl. Busse & Hagelüken, 2015, S. 18; Hagelüken, 2015, S. 18.
[203] Vgl. Thiels, 2016.

Eine der Grundfragen in der Debatte um die Innere Führung ist die der Besonderheiten des Soldatenberufes. Nach den Erfahrungen des ISAF-Einsatzes sind die Zweifel an der grundsätzlichen Wesensgleichheit mit jedem beliebigen Arbeits- und Tätigkeitsfeld erheblich gewachsen. Ob es gelingen wird, die zivile Organisationslogik im großen Stile auf die Bundeswehr anzuwenden und sie zu einem Großkonzern zu optimieren, ist der ultimative Test für die Passung der geistigen Grundlagen der Inneren Führung mit den heutigen deutschen Streitkräften. Ausbleibende Reformerfolge und enormer organisationaler Stress lassen derzeit Zweifel am vollumfänglichen Gelingen dieses Vorhabens aufkommen (Vgl. Borchardt & Hickmann, 2017; Neitzel, 2017a). Das Foto zeigt die Bergung der Tür eines zerstörten deutschen Gefechtsfahrzeuges in der Ortschaft Isa Khel im September 2011. Sie war während der Karfreitagsgefechte 2010 zurückgelassen worden und wurde durch patrouillierende Soldatinnen und Soldaten in einem Flussbett entdeckt (Vgl. Bohnert & Neumann, 2016, S. 43f.).

Die beschriebene Strategielosigkeit sowie die Realitätsverweigerung und Schönfärberei lassen erhebliche Zweifel daran aufkommen, ob diese Werte während des ISAF-Einsatzes vor allem an der Spitze der Bundeswehr gelebt wurden. Das Dogma der Friedensarmee, die nicht wie andere Armeen sein sollte und auch in Afghanistan kein Teil der Kriegführung sein durfte[204], war beständig und hielt sich auch angesichts der zunehmenden Lageverschärfung hartnäckig. Die verklausulierte Rhetorik von Entscheidungsträgern, durch die das Narrativ von Demokratisierung und Wiederaufbau aufrechterhalten werden sollte, entfernte sich immer mehr von der Wirklichkeit der eingesetzten Truppe.[205]

Echte gelebte *Innere Führung*, die im Einsatz befindlichen Soldatinnen und Soldaten Wertschätzung und Vertrauen entgegen bringt, hätte sie ganz sicher rechtzeitig aufhorchen lassen. Die Frontberichte von Kommandeuren und Geheimdiensten zeichneten schon früh ein anderes Bild der Lage.[206]

Wenn das Militär in der Praxis institutionellen Mechanismen unterliegt, in denen Anpassungsverhalten und Verhaltensunauffälligkeit eher honoriert werden als kritische Interventionsbereitschaft, kann nicht ernsthaft von einer Realisierung des *Staatsbürgers in Uniform* ausgegangen werden. Eine bewusst wahrgenommene staatsbürgerliche Unabhängigkeit sieht in jedem Falle anders aus.[207]

Unter Soldatinnen und Soldaten haben die Erfahrungen dieser Zeit das Misstrauen gegenüber der politischen Leitung und der militärischen Führung

---

[204] Vgl. Noetzel, 2011, p. 414.

[205] Vgl. Bollmann, 2016, S. 174f.; Robbe, 2016, S. 292; Noetzel, 2011, p. 401; Naumann, 2013, S. 31.

[206] Vgl. Sangar, 2015, pp. 435f.; Gack, 2015, S. 276; Naumann, 2013, S. 142; Reichelt & Meyer, 2010, S. 94f.

[207] Vgl. Naumann, 2013, S. 144f.; Deutscher Bundestag, 2017, S. 35f.

vergrößert.[208] Allen Widrigkeiten zum Trotze haben sie sich dennoch nicht dem Primat der Politik entzogen. Sie kamen verfassungsgemäß ihrer Treuepflicht gegenüber dem Staate nach, auch wenn dieser die Spielregeln mehrfach zu ihren Lasten verletzte.[209]

Man wird sich auch eingestehen müssen, dass die sinnstiftende Überzeugungskraft und weitgehende Stimmigkeit der *Inneren Führung* auf zeitbedingten Gegebenheiten beruhte, die sich mit der deutschen Wiedervereinigung radikal gewandelt haben. Aus heutiger Sicht lassen sich viele Prämissen der Militärreformer um Baudissin als von der Realität überholt betrachten.

Sie erachteten den Frieden als Ernstfall, an dem sich militärisches Denken zuvorderst auszurichten hatte. Krieg war ihrer Ansicht nach zwar denkbar, aber unwahrscheinlich.[210] Wenn es dazu gekommen wäre, erwarteten sie den härtesten Krieg aller Zeiten, der große Teile Deutschlands in ein Schlachtfeld verwandelt hätte.[211]

Trotz des paradigmatischen Unterschiedes dieser Annahmen zur Einsatzrealität seit Beginn der 1990er Jahre erfolgte kein erkennbarer Wandel der offiziellen Leitbildkultur der Bundeswehr, was in der »Generation Einsatz« zu einem erheblichen Stellenwertverlust der *Inneren Führung* beigetragen hat. Auf der Suche nach Sinn und Orientierung sind stattdessen „ungerichtete Identitätsbildungsprozesse"[212] abgelaufen, die der

---

[208] Vgl. Thiels, 2016; s.a. Nachtwei, 2017, S. 31; Es lässt sich z.B. eine Mitverantwortung der deutschen Politik für Zwischenfälle wie das Kunduz-Bombardement ableiten. Die nicht vorhandene strategische Eindeutigkeit hatte ebenso wie die damit verknüpfte zu geringe Truppenstärke, unzureichende Wirkmittel und mangelhafte Ausrüstung einen gewichtigen Anteil an der Entscheidung des damaligen Kommandeurs (Vgl. Noetzel, 2011, p. 406f.; Seliger, 2011, S. 138f.; Hellmann, 2011, S. 193; Reichelt & Meyer, 2010, S. 34f.).

[209] Vgl. Stützle, 2014, S. 7; Weigt, 2014, S. 249; Käppner, 2017b.

[210] Vgl. Staack, 2011, S. 29; Maizière, 1974, S. 17.

[211] Vgl. Maizière, 1974, S. 19; Baudissin, 1962, S. 5ff.

[212] Wiesendahl, 2016, S. 45; s.a. Böcker, 2017; Naumann, 2017b, S. 6; Nachtwei, 2017, S. 31; Dörfler-Dierken, 2016, S. 47; Weigelt, 2013, S. 6ff.; Sauer, 2011, S. 69; Otto, 2011, S. 6ff.

Renaissance von traditionellen soldatischen Tugenden und dem Rückgriff auf das Kämpferideal Vorschub geleistet haben. Viele der wahrgenommenen „binnenkulturellen Defizite"[213] der Bundeswehr resultieren aus der sträflichen Vernachlässigung der Identitätsfrage deutscher Soldatinnen und Soldaten. Auch der im letzten Kapitel dieses Buches diskutierte »Traditionswildwuchs« in der Truppe ist eine direkte Folge dieser jahrelangen Untätigkeit.

In der Gesamtschau muss deshalb zumindest geschlussfolgert werden, dass es einer umfassenden Debatte um die »Unternehmensphilosophie« und den inneren Zustand der Bundeswehr bedarf. Diese sollte ergebnisoffen erfolgen und ohne den kategorischen Ausschluss alternativer Modelle geführt werden. Es lässt sich erkennen, dass es erfolgreiche Bereiche der *Inneren Führung* gibt und dass sich ein Diskurs um die Erweiterung, Präzisierung oder Neugestaltung des Konzeptes sowie seine Anpassung an die geänderten gesellschaftlichen, politischen und militärischen Rahmenbedingungen lohnt. Dadurch wird sich die *Innere Führung* möglicherweise auch zu dem behaupteten „Pfund"[214] entwickeln, „mit dem die Bundeswehr in ihrer internen und in der öffentlichen Kommunikation wuchern"[215] kann.

Eine konzertierte Wiederbelebung der Konzeption bedürfte jedoch einiger Anstrengungen und Maßnahmen. Grundlegend gilt dabei anzuerkennen, dass sich eine Organisationskultur nur sehr begrenzt offiziell verordnen lässt und sie vielmehr aus ihrem inneren Kern heraus lebt.[216] Will man die Kenntnis und Akzeptanz der *Inneren Führung* verbessern, ist mindestens eine Intensivierung der Kommunikation über die Konzeption sowie eine verbesserte Vermittlung ihrer Inhalte gerade bei

---

[213] Schulz, 2017.
[214] Börner, 2017, S. 4.
[215] Dörfler-Dierken & Kramer, 2014, S. 74.
[216] Vgl. Brugmann, 2017, S. 15; Wiegold, 2017, S. 10f.; Hamann, 2008, S. 33.

Unteroffizieren ohne Portepee und Mannschaftssoldaten anzustreben.[217]

Innere Führung dürfte dabei nicht „fraglos gelehrt"[218] werden – ihre Vermittlung müsste den drei verpflichtenden Prinzipien des »Beutelsbacher Konsenses« folgen. Zu ihnen zählen das Indoktrinationsverbot, die Gegensätzlichkeit und die Studierendenorientierung. Lehrenden ist es demnach untersagt, ihre eigene Meinung zu sehr in den Vordergrund zu rücken. Sie sind stattdessen gehalten, kontrovers diskutierte Themen auch kontrovers darzustellen.[219] Entsprechend sollten auch Betrachtungen zur *Inneren Führung* in all ihren positiven und negativen Facetten erfolgen. Durch die geistige Auseinandersetzung in offenen Diskussionen ließe sich so ein tragendes Berufsverständnis entwickeln, das Orientierung und Stolz ermöglicht und den Aufbau alternativer Welten verhindert.

Diskursive Formate mit hohen Mitwirkungs- und Austauschmöglichkeiten könnten solche Prozesse der Selbstverständigung und Identitätsbildung anstoßen.[220] Beispielsweise ist die in »Debattierclubs« angewandte Methode des konstruktiven Streitens im Stile sportlicher Wettkämpfe für die konkurrierenden Teams äußerst motivierend und erweitert den Horizont von Kritikern und Befürwortern. Diese Formate sind in der Offizierausbildung verbündeter Streitkräfte gängige Praxis

---

[217] Vgl. Dörfler-Dierken & Kramer, 2014, S. 74f.; Pahl, 2017, S. 64.

[218] Wiesendahl, 2002, S. 21.

[219] Befolgen Ausbilder und Lehrende die Prinzipien des »Beutelsbacher Konsenses« nicht, laufen sie Gefahr, durch das Phänomen des Gruppendenkens (Fußnote 142) nur angepasste und bequeme Meinungsäußerungen zu erhalten und freie Diskussionen zu behindern. Damit verfehlen sie das Ziel, Soldatinnen und Soldaten zu mündigen Staatsbürgern zu erziehen. Ausbildende und Lehrende können sich darüber hinaus durch ihre Unparteilichkeit, das Einholen von Fremdmeinungen, die Bildung von Untergruppen und anonyme Abstimmungen gegen Gruppendenken schützen (Vgl. Aronson, Wilson & Akert, 2014, S. 328; s.a. Buchner, 2016, S. 119f.).

[220] Vgl. Weigt, 2016, S. 154f.; Bundesministerium der Verteidigung, 2008, S. 32; Bohnert, 2016, S. 257ff.; Reeb, 2010, S. 9.

und entsprechen vollumfänglich dem Anspruch der *Inneren Führung* nach einem „lebendigen Dialog".[221]

Die kontinuierliche Aktualisierung von Fallsammlungen, in denen etwa Dilemma-Situationen in Auslandseinsätzen aufgezeigt und diskutiert werden, könnten darüber hinaus den Bezug zur konkretem militärischen Handeln bewusst machen und dem Ruf der praktischen Bedeutungslosigkeit des Konzeptes entgegentreten. Wenn einige der Soldatinnen und Soldaten dadurch zu einer weitergehenden persönlichen Beschäftigung mit der Konzeption angeregt werden könnten oder so auch »unbemerkt« in ihrem Geiste sozialisiert würden, wäre bereits ein wichtiges Ziel erreicht.

Schon eine Revitalisierung der Politischen Bildung in der Bundeswehr könnte hier einen wichtigen Beitrag leisten. Sie wird im Truppenalltag allerdings häufig für verzichtbar gehalten und fällt dem organisationalen Stress und der damit einhergehenden Auftragsdichte zusammen mit anderen vermeintlich »weichen Themen« oft als erstes zum Opfer. Politische Bildung konnte in der Bundeswehr wohl nie die Bedeutung erlangen, die ihr für die geistige Ausgestaltung des politischen Leitbildes hätte zukommen müssen.

Ihr produktiver Wert sollte allerdings nicht unterschätzt werden. Ernst genommene und gut durchgeführte Politische Bildung fördert sicherheits-politisches und strategisches Urteilsvermögen und erhöht in Verbindung mit Lebenskundlichem Unterricht die Reflexionsfähigkeit der Soldatinnen und Soldaten. Damit kann sie beispielsweise der Verrohung und Abstumpfung entgegen wirken, denen Angehörige der Streitkräfte im Kampf mitunter ausgesetzt sind. Auch kann so die Einsicht in politische und gesellschaftliche Begründungen für militärisches Handeln und Nichthandeln wachsen. Um das

---

[221] Bundesministerium der Verteidigung, 2008, S. 7.

teils verstaubte Image der Politischen Bildung aufzupolieren, müsste sie allerdings modern und unterhaltsam gestaltet sein.

Zur Stärkung der *Inneren Führung* könnte auch die Etablierung eines ausgewiesenen Lehrstuhls beziehungsweise Instituts für *Innere Führung* oder Militärsoziologie an einer der Universitäten der Bundeswehr beitragen. Sie würde die Möglichkeit bieten, das Konzept aus seinem Schattendasein zu befreien und die erforderlichen Kapazitäten für eine substanzielle Anpassung an die gewandelten Verhältnisse zu schaffen.[222]

Dass es keine militärwissenschaftlichen Forschungsfakultäten an den Bundeswehruniversitäten gibt, ist eine unverständliche Situation. Immerhin können zivile Studierende beispielsweise an der Universität Potsdam einen Abschluss im eigenständigen Studiengang »War and Conflict Studies« oder an den Universitäten Hamburg und Marburg als »Friedens- und Konfliktforscher« erhalten. Es gibt nicht einmal eine intellektuell anspruchsvolle Fachzeitschrift, die dem Führerkorps der Bundeswehr als Diskussionsforum dienen könnte.[223]

Dabei ist es naheliegend, dass sich auch viele studierende Offiziere und Offizieranwärter in ihrer akademischen Ausbildung mit Freude streitkräftebezogenen Themen widmen würden.[224] Zumindest sollte bei entsprechender Interessenlage die prinzipielle Möglichkeit der expliziten Ausrichtung des Studiums in diese Richtung gegeben sein.

---

[222] Vgl. Wiesendahl, 2002, S. 22.

[223] Vgl. Neitzel, 2017a, S. 64; In schriftlicher Form wird, wenn überhaupt, in sozialen Medien oder der grauen Literatur der Truppengattungen diskutiert, zu denen Zeitschriften mit vergleichsweise geringer Druckauflage wie »Das Schwarze Barett«, »Der Panzergrenadier«, »Der Bogenschütze« oder »Zu gleich« zählen.

[224] Vgl. Bohnert, 2016, S. 254; Sebaldt, 2017, S. 125; Unger, 2014, S. 37ff.; Skwara, 2014, S. 147ff.; Kutz, 1994, S. 17; Hamann, 2008, S. 31f.

Aktuelle Ideen zur Umwandlung der Helmut-Schmidt-Universität/Universität der Bundeswehr Hamburg in ein »NATO Center of Excellence« für die akademische Offizierausbildung[225] haben das Potenzial zur stärkeren Ausrichtung der Studiengänge auf militärische Themenfelder.

Das Zentrum Innere Führung hat neben seinem Schulungs- zwar auch einen die *Innere Führung* betreffenden Forschungsauftrag, dieser wird in der Praxis allerdings nur eingeschränkt wahrgenommen. Auch die Führungsakademie der Bundeswehr kann sich derzeit nicht als Institution ausweisen, die umfassende Forschung und Lehre zur Konzeption betreibt. Vielmehr handelt es sich nach wie vor um eine Einrichtung, die die Standards postuniversitärer Bildungsinstitutionen nur eingeschränkt erfüllt.[226]

Die Haupttexte von Baudissin und anderen Militärtheoretikern wie Clausewitz sollten im Werdegang von Offizieren spätestens an der Führungsakademie, wenn nicht sogar schon während des Studiums oder zu einem anderen frühen Zeitpunkt der Karriere Pflichtlektüre werden – wenn nötig, auch zu Lasten anderer Ausbildungsabschnitte. Aktuelle Pläne zur Integration des Masterstudienganges »Militärische Führung und Internationale Sicherheit« in das Curriculum der Generalstabs-/Admiralstabsausbildung sowie die Etablierung des »German Institutes for Defence and Security Studies« könnten hier mittel- bis langfristig Abhilfe schaffen und die Führungsakademie zu einer strategischen Denkfabrik machen, die dem formalen

---

[225] So der Bundestagsabgeordnete Johannes Kahrs und der Generalinspekteur der Bundeswehr, General Volker Wieker, am 11. April 2017 während einer Diskussionsveranstaltung im Haus Rissen in Hamburg. Vehementen Widerspruch gab es dabei von Wilfried Seidel, Präsident der Helmut-Schmidt-Universität/Universität der Bundeswehr Hamburg, der eine Militarisierung der akademischen Ausbildung befürchtet.
[226] Vgl. Rosen, 2013, S. 104; Hamann, 2008, S. 36; Döge, 2008, S. 47ff.

Selbstanspruch, höchste Bildungseinrichtung der Bundeswehr zu sein, auch gerecht wird.[227]

Das Zentrum für Militärgeschichte und Sozialwissenschaften der Bundeswehr generiert hingegen regelmäßig Forschungsergebnisse zur *Inneren Führung*, die allerdings nicht immer öffentlich einsehbar sind. Durch die fachliche Zuordnung zum Bundesministerium der Verteidigung sehen sich die zur Publikation zugelassenen Befunde darüber hinaus dem Verdacht der indirekten Einflussnahme ausgesetzt, wobei es inzwischen auch eine ganze Reihe kritischer Publikationen von dort tätigen Forscherinnen und Forschern gibt.[228]

Um realistische Perspektiven der *Inneren Führung* aufzuzeigen, könnten weiterhin der »Beirat für Fragen der Inneren Führung« und der Wehrbeauftragte des Deutschen Bundestages durch den Bundestag beziehungsweise das Bundesministerium der Verteidigung mit einer fundierten Standortbestimmung und der Ausarbeitung von Empfehlungen betraut werden.[229] Möglicherweise kann dies in einem inklusiven Prozess mit Beteiligungs- und Mitwirkungsmöglichkeiten von Soldatinnen und Soldaten sowie zivilen Interessierten geschehen, wie er beispielsweise auch während des Review-Prozesses 2014 zur deutschen Außenpolitik, bei der Erstellung des Weißbuchs 2016 zur Sicherheitspolitik oder im PeaceLab2016 zu Krisenmanagement und Friedensförderung angelegt war.

Es gilt dabei grundlegend anzuerkennen, dass die *Innere Führung* ein deutscher Sonderweg ist – trotz gebetsmühlenartiger Beteuerungen, ein „Export-

---

[227] Während eines Vortrages im Manfred Wörner Zentrum der Führungsakademie der Bundeswehr am 3. November 2016 unterstellte die Bundesministerin der Verteidigung, Ursula von der Leyen, die Akademie unter anderem mit dem Ziel, sie zu einem international anerkannten Think Tank zu machen, direkt dem Generalinspekteur der Bundeswehr, General Volker Wieker.

[228] Vgl. u.a. Münch, 2015; Seiffert, 2016a, S. 213f.; Seiffert, 2016b; Seiffert & Heß, 2012; Kümmel, 2016, S. 297; Kümmel, 2014; Kümmel, 2008.

[229] Vgl. Naumann, 2013, S. 169.

schlager"[230] „um den die Bundeswehr oft beneidet wird"[231] oder ein „bewährter Kompass, den sich andere mühsam erarbeiten müssen"[232] zu sein. Angesichts solch hochstilisierter Formeln drängt sich die Frage auf, wer genau eigentlich diejenigen sein sollen, die diese Außenansicht vertreten. Eine Sichtung der Literatur und der Austausch mit Soldaten aus Nationen mit ungebrochener Militärtradition ergeben eher das Bild, dass die Konzeption in ihrer Gesamtheit international kaum anschlussfähig ist.[233]

Vor dem Hintergrund multinationaler Einsätze, der engeren Verzahnung mit ausländischen Streitkräften oder auch der aktuell diskutierten Öffnung der Bundeswehr für europäische Bürger muss sich aber eben die Frage einer international akzeptierten Organisationskultur stellen. In einem weiteren Schritt bedeutet dies auch, über internationale Standards zur demokratischen Kontrolle von Streitkräften nachzudenken.[234]

Interessanterweise sind die Originaltexte von Baudissin in weiten Teilen packend geschrieben und von klarer militärischer Sprache.[235] Dahingegen wirkt die derzeitige Zentrale Dienstvorschrift A-2600/1 recht kühl,

---

[230] Hartmann, 2016, S. 23; s.a. Hartmann, 2011, S. 46; Brugmann, 2017, S. 15.
[231] Bundesministerium der Verteidigung, 2016b, S. 114; s.a. Hartmann, 2011, S. 46.
[232] Zitat der Bundesministerin der Verteidigung während ihrer Rede an der Führungsakademie der Bundeswehr am 3. November 2016 (Fußnote 227).
[233] Vgl. Trautvetter, Wolf & Hertel, 2011, S. 175ff.; Schubert, 2015, S. 84; Mann, 2014, S. 143; Uslar & Walther, 2012, S. 85ff.; Portugall, 2011, S. 26; Hartmann, 2007, S. 165f.; Zwicknagl, 2007, S. 11; Wiesendahl, 2007, S. 164; Wiesendahl, 2002, S. 30; o.V., 1969, S. 59; Mit der Einzigartigkeit der Inneren Führung als militärische Führungskonzeption argumentiert, ließe sie sich trotz ihres verbesserungswürdigen Bekanntheitsgrades tatsächlich als „Markenzeichen" (Dörfler-Dierken & Kramer, 2011, S. 11; Hamann, 2008, S. 29; Hartmann, 2007, S. 16; Zwicknagl, 2007, S. 11; Wiesendahl, 2005b, S. 9, Maizière, 1974, S. 136) oder „Visitenkarte" (Zudrop, 2017, S. 4; Hartmann, 2011, S. 48; Wiesendahl, 2005a, S. 24) der Bundeswehr bezeichnen.
[234] Vgl. Deutscher Bundestag, 2017, S. 52f.; Wiesendahl, 2005a, S. 32f.; Bald, 2005, S. 189.
[235] Vgl. u.a. Baudissin, 1969, S. 236ff.; Baudissin, 1964, S. 14; Rosen, 2011, S. 17; s.a. Mann, 2014, S. 145, Zwicknagl, 2007, S. 11.

sachlich und leidenschaftslos. Zu fragen ist deshalb, ob nicht auch die aktuelle Vorschriftenversion Teil der internen Akzeptanzproblematik der *Inneren Führung* ist. Möglicherweise stellt sie einen nur mäßig gelungenen Auszug des Gesamtkonzeptes dar und schon eine andere, nutzerfreundlichere Darstellungsweise könnte gerade junge Soldatinnen und Soldaten emotional mitnehmen und mehr begeistern.

Die vielfach kritisierte Interpretationsbedürftigkeit und Beliebigkeit der *Inneren Führung* sind zwei der Hauptgründe für ihre Verklärung in der militärischen Praxis. Durch das fehlende Maß an Klarheit und amorphe Auslegungsvarianten hat sie bislang vermutlich eher ihren Gegnern in die Hände gespielt.[236] Aus einer präzisen Definition ließen sich verbindliche und besser greifbare Handlungsmaximen ableiten, aus der sich dann konkrete Anweisungen für den Einsatzalltag extrahieren ließen.

Bei einer Neugestaltung sollte es auch darum gehen, die Flughöhe zwischen Abstraktion und Konkretisierung so auszuloten, dass die Anschlussfähigkeit der komplexen Theorie an die heutige militärische Praxis gewährleistet ist. Möglicherweise müssten dafür auch nach Dienstgradgruppen abgestufte Lösungen gefunden werden.

Auch die optische Gestaltung der aktuellen Vorschrift erscheint verbesserungswürdig: Der Zenit des Pathetischen sind Bilder einer Befehlsausgabe und einer Sanitätsausbildung in Afghanistan.[237] Es gibt insgesamt nur zwei Fotos, auf denen Soldatinnen oder Soldaten Waffen tragen und kein einziges, auf dem ein Panzer oder ein gepanzertes Gefechtsfahrzeug zu sehen sind.[238] Hier ist deutlich mehr Authentizität erforderlich, insbesondere

---

[236] Vgl. Wiesendahl, 2005a, S. 20ff.; Maizière, 1974, S. 178.
[237] Vgl. Bundesministerium der Verteidigung, 2008, S. 49.
[238] Vgl. Bundesministerium der Verteidigung, 2008, S. 12 & 21.

wenn die Adressaten des Dokumentes vorrangig aktive Bundeswehrangehörige sein sollen.

Es geht nicht darum, dass ein Tag der offenen Tür, eine Essensausgabe und eine Verkehrskontrolle nicht auch Teil des Dienstes in den Streitkräften wären.[239] Nur handelt es sich dabei eben um jene Randaspekte des Berufes, auf die eine Vorschrift zum soldatischen Selbstverständnis und zur militärischen Führungskultur nicht den Fokus legen darf. Zumindest nicht, wenn sie beruflichen Enthusiasmus, Einsatzmotivation und Kampfgeist bei vornehmlich jungen Soldatinnen und Soldaten erzeugen soll.

Für potenzielle Bewerber oder Soldatinnen und Soldaten, die mit dem Gedanken spielen, ihre Dienstzeit zu verlängern, wird durch solche Darstellungen kaum ersichtlich, warum sie sich nicht genauso im Veranstaltungsmanagement, bei einer Großküche oder bei der Polizei bewerben sollten. Mit einer umfassenden Neugestaltung der Zentralen Dienstvorschrift ließen sich womöglich auch einige der affektiven Sperren gegenüber der Konzeption durchbrechen.

Darüber, ob ein »bundeswehrgemeinsames Selbstverständnis« bei einem Personalkörper von fast 240.000 zivilen und militärischen Mitarbeitern mit unterschiedlichsten Aufgaben- und Tätigkeitsfeldern überhaupt realistisch ist, sollte sich noch einmal ganz grundlegend verständigt werden. Der Kernauftrag der Streitkräfte wird derzeit weder in der offiziellen Binnen- noch in der Außenkommunikation der Bundeswehr betont. Die strategischen Erzählungen laufen stattdessen auch innerhalb der Truppe weit auseinander und stehen sich teilweise diametral gegenüber.

---

[239] Vgl. Bundesministerium der Verteidigung, 2008, S. 38, 21 & 31.

Die optische Gestaltung der im Umlauf befindlichen Vorschrift für Innere Führung aus dem Jahre 2008 versucht offenbar, soldatisches Pathos zu vermeiden. Das Frontcover der Druckausgabe wirkt noch am militärischsten: Es ist ein Teil eines gepanzerten Gefechtsfahrzeuges und ein Helikopter sichtbar. Die in der Mitte abgebildete Soldatin trägt zudem möglicherweise eine Waffe, worauf allerdings nur der vor ihrem Körper sichtbare Trageriemen hinweist (Vgl. Bundesministerium der Verteidigung, 2008).

Wenn eine Integration der unterschiedlichen Perspektiven praktisch nicht gelingen kann, müsste die *Innere Führung* wohl eher als Dachkonzeption verstanden werden, unter der die Teilstreitkräfte, Truppengattungen und Organisationseinheiten ihre eigenen offiziellen Leitbilder entwerfen.[240] Ebenso wäre eine Ausdifferenzierung nach Dienstgradgruppen oder Einsatz und Heimatdienst denkbar, wobei letztere dem allgemein anerkannten Grundsatz widerspricht, dass es zwischen heimatlicher Ausbildung und scharfem Dienst im Einsatz keine Unterschiede geben sollte.

Durch den mangelnden Anschluss der *Inneren Führung* an die militärische Basis grassieren in der Truppe sowieso unzählige informelle Kodizes. So stehen etwa die »Zehn Gebote der Fallschirmjäger« oder der 2014 im Deutschen Heer verbotene Sinnspruch »Treue um Treue« symbolisch für die Sehnsucht nach besonderen Tugenden, Vorbildern und soldatischer Identität.

Um hier von offizieller Seite ordnungsstiftend tätig werden zu können, ließe sich zunächst ganz grundsätzlich die Notwendigkeit einer Ausdifferenzierung der Führungskultur eingestehen. Es ist kaum denkbar, dass ein für die heimatlichen Unterkunftsbereiche verantwortlicher Verwaltungsbeamter dasselbe berufliche Selbstverständnis entwickeln kann wie ein im Auslandseinsatz kämpfender Soldat. Beide an den extremen Enden des Berufes stehende Betätigungsfelder haben zweifelsohne ihre Berechtigung, nur unterscheiden sie sich in einer so grundlegenden Art und Weise voneinander, dass sie womöglich nicht unter einem isolierten Leitbild vereint werden können.

---

[240] Vgl. Unger, 2014, S. 31; s.a. Stoltenow, 2017, S. 29; Wiegold, 2017, S. 11.

Nutzung des seit 2014 im Deutschen Heer verbotenen Sinnspruchs »Treue um Treue«

Die Verwendung des insbesondere im Bereich der Division Schnelle Kräfte (DSK) genutzten Mottos »Treue um Treue« wurde im Mai 2014 durch eine Weisung des damaligen Inspekteurs des Heeres, Generalleutnant Bruno Kasdorf, wegen seines Bezuges zur Wehrmacht im dienstlichen Umfeld verboten. Anfang November 2010 war der Spruch durch Kräfte des damaligen Fallschirmjägerbataillons 313 öffentlichkeitswirksam auf einem Banner genutzt worden: Nach der Bergung eines Wracks aus der afghanischen Ortschaft Isa Khel im Rahmen der »Operation Halmazag« gedachten sie so den während der Karfreitagsfechte 2010 gefallenen Bundeswehrsoldaten (Vgl. Janke, 2016, S. 99ff.; Blumröder, 2015, S. 233ff.; Blumröder, 2013, S. 99; Chiari, 2014, pp. 152f.; Clair, 2012, S. 404).

Der Argumentation für die mentale Ausrichtung deutscher Streitkräfte auf den Kampf mag entgegen gehalten werden, dass sich bislang nur ein äußerst geringer Teil der Bundeswehrangehörigen in Gefechtssituationen befunden hat. Der Kampf war auch in Afghanistan nicht die Regel, sondern die Ausnahme. Ausgehend von etwa 380.000 Entsendungen der Bundeswehr ins Ausland und knapp 5.800 verliehenen Gefechtsmedaillen ist der prozentuale Anteil gefechtserfahrener Soldatinnen und Soldaten äußerst gering. Insbesondere, wenn man annimmt, dass viele von ihnen inzwischen entlassen wurden.

Am Horizont zeichnet sich zudem kein großangelegter Kampfeinsatz für die Bundeswehr ab; zumindest wenn man davon ausgeht, dass die auf einer wirksamen Abschreckung fußende Militärstrategie gegenüber Russland erfolgreich bleibt. Ganz grundsätzlich mag die »Tooth to Tail Ratio« – die Relation von Front und Etappe – in der derzeitigen Streitkräftestruktur darüber hinaus so ausgeprägt sein, dass hinter jedem Kampftruppensoldaten vielleicht zehn Verwalter, Versorger und Unterstützer stehen.[241] Es ließe sich also fragen, warum angesichts dieser Verhältnisse überhaupt ein so großer Wert auf die Alleinstellungsmerkmale des Soldatenberufes gelegt werden sollte.

Zum einen kann diesem Einwand entgegnet werden, dass die Unvorhersehbarkeit von Krisen und Konflikten einen Kampfeinsatz auch im kleineren Rahmen jederzeit möglich macht. Knapp 3.600 Bundeswehrsoldatinnen und -soldaten befinden sich derzeit in 16 unterschiedlichen Auslandsmissionen – Tendenz steigend. Darunter fällt auch die Teilnahme an gefährlichen Einsätzen wie dem im westafrikanischen Mali.

---

[241] Die derzeitige Fokussierung der Bundeswehr auf Ausbildungs-, Ertüchtigungs- und Trainingsmissionen sowie die hochdifferenzierten Betätigungsfelder von Einsatzsoldatinnen und -soldaten machen eine klare Unterscheidung von »Kämpfern« und anderen Gruppen derzeit ausgesprochen schwierig.

Auch wenn aktuelle Mandate für Landoperationen den Fokus oft auf die Ausbildung und Ertüchtigung der lokalen Sicherheitskräfte legen, gilt es sich immer wieder zu vergegenwärtigen, dass nicht ausschließlich Politiker oder Einsatzsoldaten diejenigen sind, die darüber entscheiden, ob gekämpft wird oder nicht. Das Agieren feindlicher Kräfte kann der Bundeswehr auch Kampfhandlungen aufzwingen.

Darauf muss jeder Bundeswehrangehörige auch mental vorbereitet sein. Im Ernstfall müssen Entscheidungen in Sekundenbruchteilen getroffen werden – zögerliches oder unentschlossenes Reagieren können Gesundheit oder Leben kosten. Deshalb ist bereits im Heimatdienst alles dafür zu tun, um die Soldatinnen und Soldaten geistig und praktisch auf das Kampfgeschehen vorzubereiten.[242]

Zum anderen ist das allererste und wichtigste Merkmal des Soldatenberufes nun einmal die Befähigung zum Kampf und nicht das Beschaffen von Nachrichten, das Heranführen von Versorgungsgütern, die Versorgung von Verwundeten oder die Instandsetzung von Fahrzeugen.[243] Alle letztgenannten Tätigkeiten sind unverzichtbar; sie sind die Zahnräder, ohne die ein komplexe Maschinerie nicht am Laufen gehalten werden kann. In letzter Konsequenz dienen sie aber nur dem einen Zweck – eine Truppe aufzustellen, die kämpfen kann, wenn sie kämpfen muss.

Die im Felde operierenden Kräfte, zu denen bei Weitem nicht nur die klassischen Kampftruppen zählen, müssen deshalb Fokus eines jeden Einsatzkontingentes bleiben. Aus der Vorschrift zur Truppenführung von Landstreitkräften (C1-100/0-1001) ist eine solche Sichtweise eindeutig ableitbar. Soldatinnen und Soldaten sowie die zivilen Mitarbeiter der Bundeswehr sollten ihre spezifische Tätigkeit entsprechend ohne überzogene

---

[242] Vgl. Trull, 2007, S. 10.
[243] Vgl. Creveld, 2006, S. 199.

Befindlichkeiten an den Erfordernissen der Truppe im Felde ausrichten.

Unterschiedliche Perzeptionen der beruflichen Realität werden sich nie vollständig vermeiden lassen. Unabhängig davon muss ein ständiges Bewusstsein des gemeinsamen Auftrages gegeben sein und das wechselseitige Verständnis stärken. Insbesondere im Einsatz muss erwartet werden können, dass alle unterstützenden Akteure ihren Bedarfsträgern aus Überzeugung und mit allen zur Verfügung stehenden Kräften und Mitteln zuarbeiten.

Ein so gelagertes Grundverständnis hätte das Potenzial, auch auf der Arbeitsebene im umfassenden Sinne identitätsstiftend zu wirken und zu einem stimmigen Berufsverständnis beizutragen.

Voraussetzung dafür ist jedoch, dass die scharfen Konturen des Soldatenberufes nach innen und außen klar expliziert und immer wieder vergegenwärtigt werden: Soldatinnen und Soldaten sind Angehörige der Exekutive des Bundes und damit eines der gesellschaftlichen Instrumente zur Anwendung hoheitlicher Gewalt. Militärische Gewalt nimmt dabei eine Sonderstellung ein, weil spezifisch militärische Mittel im Zweifel tödliche Wirkung haben und im bewaffneten Konflikt bereits eingesetzt werden können, bevor sich das Gefahrenpotenzial des Feindes voll realisiert.

Im Falle eines internationalen bewaffneten Konfliktes werden Soldatinnen und Soldaten zu völkerrechtlich legitimierten Zielen und können somit von gegnerischen Streitkräften rechtmäßig und straflos verwundet oder getötet werden. Darüber hinaus ist die soldatische Pflicht zur Tapferkeit eine berufsbestimmende Tugend und verlangt die Überwindung der Furcht vor konkreten Gefahren. Das schließt die Möglichkeit der Preisgabe der körperlichen Unversehrtheit und des eigenen Lebens ein, auch im Beistand für Kameradinnen und Kameraden in Not und Gefahr.

An der Einzigartigkeit soldatischen Dienens sollte demnach keinerlei Zweifel bestehen. Die aus diesen Eigenschaften abgeleiteten *sui generis*-Ansprüche werden im Allgemeinen jedoch als unvereinbar mit den Grundsätzen der *Inneren Führung* betrachtet. Der Streit zwischen Traditionalisten und Reformern in den Gründungsjahren der Bundeswehr verlief routiniert entlang genau dieser Konfliktlinie. Das Selbstbild der Truppe irrt auch heute noch zwischen diesen Polen.

Vielleicht ließen sich der *sui generis*-Status und *Innere Führung* in einem neuen Sinne allerdings auch als zwei Seiten derselben Medaille betrachten. Dass der Soldatenberuf über einige Besonderheiten und Alleinstellungsmerkmale verfügt, kann nicht ernsthaft bestritten werden. Es gibt jedoch keine starke Begründung dafür, warum diese Merkmale nicht auch in eine demokratische Führungskonzeption eingebettet werden könnten.

Mit Ehrlichkeit und Realitätssinn ließe sich der Öffentlichkeit ein glaubhaftes Bild des soldatischen Tuns vermitteln. Das Ziel der Integrationsbemühungen wäre dann nicht mehr bedingungslose Kohärenz, sondern eine moderne und realistische Sicht der zivil-militärischen Beziehungen, die eine Anerkennung von offenkundigen Unterschieden zwischen Militärwesen und Zivilgesellschaft beinhaltet. Wie schon im Geleitwort dieses Buches beschrieben, scheint das Übereinkommen darin, dass Soldatinnen und Soldaten zwar gewissermaßen »Fremdkörper«, aber unerlässlich sind, die Lösung des Dilemmas zu sein.

In der Tat wäre das der Königsweg: Mit den eingangs skizzierten Denkfiguren ausgedrückt, ließe sich ein Modus der Verträglichkeit von *Athen* und *Sparta* anstreben. Der Kämpfer müsste im demokratischen

Umfeld anerkannt und dort innerhalb objektiver Grenzen eingebettet werden.

Dabei würde es sich unter Umständen empfehlen, die Nutzung des *sui generis*-Begriffes vollständig zu vermeiden. Er ist im Allgemeinen negativ konnotiert und wird mit der Forderung einer hermetischen Abschottung der Streitkräfte assoziiert. Stattdessen könnte er schlicht durch ein klares Bekenntnis zu militärischen Alleinstellungsmerkmalen in einer demokratisch orientierten Armee ersetzt werden.

Es ist andererseits auch denkbar, dass sich die Wirklichkeit inzwischen so weit von den einstigen Grundlagen der *Inneren Führung* entfernt hat, dass auf diesen nicht mehr ernsthaft aufgebaut werden kann. Dann sollte kein dogmatisches Klammern an ein überholtes Leitbild erfolgen, sondern die umfassende Neukonzipierung einer Führungsphilosophie für die deutschen Streitkräfte in den Vordergrund rücken.

Auch wenn über 60 Jahre nach Gründung der Bundeswehr wohl kaum noch an der politischen Loyalität der Soldatinnen und Soldaten gezweifelt werden dürfte, müssten dabei auch Stimmen, die vor einer weiteren gesellschaftlichen Abkapselung der Bundeswehr und eines daraus resultierenden »Staates im Staate« warnen, ernst genommen und argumentativ betrachtet werden. Historisch gesehen haben Einwände dieser Art ihre Berechtigung.

Umgekehrt müsste eine solche Offenheit allerdings auch von den glühenden Verteidigern der *Inneren Führung* in ihrer derzeitigen Form erwartet werden können. Jede noch so harmlose Kritik an der Konzeption mit einer „beängstigende[n] Unkenntnis des Entstehungszusammenhanges sowie der Inhalte"[244] auf Seite der Kritisierenden abzutun, wird den offenbarten Schwächen der *Inneren Führung* nicht gerecht und ist

---

[244] Schlaffer, 2015, S. 10; s.a. Zwicknagl, 2007, S. 12.

einem konstruktiven Austausch abträglich. Dieser Duktus moralischer Überheblichkeit und das faktische Unantastbarkeitsdogma der Konzeption sind überaus problematisch und selbst gute Belege für ein ungenügendes Verständnis ihres dynamischen Charakters.

Während der intensiven Phase des ISAF-Einsatzes verfasste persönliche Eindrücke, Beobachtungen und Forderungen von erfahrenen Truppenführern wie Wolfgang Otto, Christian Trull, Rainer Buske, Fritz Zwicknagl oder Rolf von Uslar dürfen nicht einfach ignoriert oder mit dem lapidaren Hinweis auf anachronistisches Gedankengut beiseite gewischt werden.[245] Man muss sicher nicht jeder ihrer Folgerungen zustimmen, aber die Beschreibungen des besonderen Truppengeistes in Afghanistan sind für eine mögliche Neugestaltung der Konzeption wertvoll und unverzichtbar zugleich.

Bei einer Novellierung müsste natürlich Rücksicht auf die zeitlosen und unveränderliche Fundamente der *Inneren Führung* genommen werden: Das Primat der Politik und der grundlegende Charakter der Bundeswehr als Parlamentsarmee dürfen nicht zur Disposition stehen. Ebenso ist die Bindung der Soldatinnen und Soldaten an Recht und Gesetz nicht verhandelbar.

Wenn aber etwa Einigkeit darüber besteht, dass eine Kampfgemeinschaft im Ernstfall nur effektiv funktionieren kann, wenn sie eine starke Bindung und Geschlossenheit entwickelt, ist doch beispielsweise fraglich, ob die uneingeschränkte Berücksichtigung gesellschaftlicher Werte wirklich nutzbringend ist oder ob ein auf Grundlage der *Kleinen Kampfgemeinschaft* basierendes Modell und ein klareres Bekenntnis zu soldatischen Tugenden in Teilbereichen nicht ein

---

[245] Vgl. Otto, 2011; Trull, 2007; Buske, 2015; Zwicknagl, 2007; Uslar & Walther, 2012; Zur Kritik an diesen und ähnlichen Einlassungen: Vgl. Wiesendahl, 2010, S. 43ff.; Rosen, 2011, S. 14, Böcker, 2014, S. 232f.

realitätsbezogeneres, emotional anziehendes und glaubhafteres Selbstverständnis formen kann.[246]

Ohnehin ist die deutsche Gesellschaft durch einen radikalen Moralwandel und das Fehlen eindeutiger Identifikationsmuster gekennzeichnet. Die Frage, wie Soldatinnen und Soldaten sich an das Leitbild des *Staatsbürgers in Uniform* gebunden fühlen sollen, wenn die Gesellschaft Individualisierungstendenzen fördert und selbst Zweifel am gemeinsamen Wertefundament hegt, lässt sich nicht ohne weiteres beantworten.[247]

Damit soll nicht angezweifelt werden, dass jeder qua Geburt zum Staatsbürger wird, auch ohne über ein bestimmtes Wertegerüst oder besondere Qualifikationen zu verfügen.[248] Es kann aber nicht abgestritten werden, dass sich die große Vielfalt an Lebensentwürfen, Interessenlagen und Weltsichten nur begrenzt zur uneingeschränkten Übertragung in alle Bereiche der Bundeswehr eignet.

Möglicherweise kann eine differenzierte Hervorhebung gesellschaftlicher Werte, die auch militärische Relevanz haben, einen Kompromiss zwischen diesen Positionen darstellen. Der Sinn einer umfänglichen gesellschaftlichen Einbettung der Bundeswehr ist angesichts räumlich und kulturell entkoppelter Einsätze in einer für die Bevölkerung kaum nachvollziehbaren Intensität aber so oder so nicht mehr unmittelbar einsichtig. Deshalb gilt es, die Figur des *Staatsbürgers in Uniform* auf den Prüfstand zu stellen. Mit der gebotenen Vorsicht und Umsicht, aber auch mit der erforderlichen Klarheit und Schärfe.

---

[246] Vgl. Birkhoff, 2014, 117ff.; Münch, 2015, S. 323; Böcker, 2015; Freudenberg, 2014, S. 24f.; Trull, 2007, S. 10; Hamann, 1972, S. 65ff.; s.a. Fleischhauer & Wiegrefe, 2017, S. 42ff.

[247] Vgl. Weigt, 2014, S. 246; Uslar & Walther, 2012, S. 80ff.; Wiesendahl, 2007, S. 158ff.; Hartmann, 2007, S. 119f.; Karst, 1964, S. 10ff.; s.a. Schultze-Rhonhof, 1997, S. 273ff.; Evans, 2011, pp. 32ff.

[248] Vgl. Beck, 2016, S. 33; Maizière, 1974, S. 141.

Die Erkenntnis, dass von gesellschaftlichen Werten vollkommen losgelöste Soldatinnen und Soldaten im ihnen derzeit zugemuteten Aufgabenspektrum überfordert wären, bleibt davon unbenommen.[249] Schon Baudissin ging davon aus, dass »Nur-Soldaten« in der »Dschungelsituation« entgrenzter Kriege auf Dauer nicht kriegstüchtig sein würden.[250] Stumpfe Befehlsempfänger und exklusive archaische Kämpfer sind geistig zu unbeweglich, um den komplexen Herausforderungen asymmetrischer Szenarien gerecht zu werden.

Die vielfältigen Aufgaben in diffusen und hochdynamischen Einsatzumfeldern lassen sich zudem nicht anders als mit dem Führungsprinzip der Auftragstaktik bewältigen, in dem Soldatinnen und Soldaten eine weitreichende Autonomie zugestanden wird. Baudissin definierte Gehorsam auch deshalb nicht als bedingungslose Autoritätshörigkeit, sondern als aktiven, kritischen und mitdenkenden Gehorsam sowie partnerschaftliche Kooperation.[251]

Dass es trotz zahlreicher Bekenntnisse zur Auftragstaktik in der Bundeswehr immer wieder Schwierigkeiten in ihrer praktischen Umsetzung gibt und Vorgesetzte über mehrere Führungsebenen hinweg befehlen, ist immer auch von der Persönlichkeit der Handelnden abhängig und wird sich nie gänzlich ausschließen lassen. Dem Konzept widersprechende Verhaltensweisen sind zudem Ergebnis der unzureichenden Fehlerkultur und des damit einhergehenden Absicherungsdenkens.

---

[249] Vgl. Naumann, 2017a, S. 16f.; Otto, 2011, S. 6; Staack, 2011, S. 39; Naumann, 2010, S. 83; Rosen, 2013, S. 95f.; Glatz, 2016, S. 51f.; Hartmann, 2007, S. 213.

[250] Vgl. Baudissin, 1969, S. 243; In der »Himmeroder Denkschrift« wird vor allem die zahlenmäßige Unterlegenheit gegenüber den sowjetischen Streitkräften als Begründung für die Notwendigkeit gut geschulter sowie selbständig denkender und handelnder Soldaten angeführt (Vgl. Baudissin et al., 1950, S. 49; s.a. Freudenberg, 2014, S. 34; Rosen, 2011, S. 13ff.).

[251] Vgl. Rosen, 2011, S. 19; Baudissin, 1969, S. 175ff.; Baudissin, 1962, S. 6.

Nach der Studie des Zentrums für Militärgeschichte und Sozialwissenschaften der Bundeswehr zur *Inneren Führung* haben immerhin noch knapp zwei Drittel der Untergebenen das Gefühl, dass ihre Vorgesetzten Vertrauen in ihre Fähigkeiten haben.[252] Verbesserte technische Möglichkeiten, die potenziellen Auswirkungen von Handlungen Einzelner auf der strategischen Ebene oder die Omnipräsenz von Medien dürfen nicht dazu verleiten, Führungsebenen zu ignorieren und dieses Vertrauen damit zu riskieren.[253]

Eine stärkere direkte Einflussnahme verändert das Führungsprinzip nicht nur in Richtung der Befehlstaktik, sie entmündigt militärische Führer auch zunehmend und entbindet sie von ihren moralischen Verpflichtungen als uniformierte Staatsbürger.[254]

Interessanterweise war es die ISAF-Mission, die den Soldatinnen und Soldaten der Bundeswehr ihre staatsbürgerliche Mündigkeit in Erinnerung gerufen hat. Über Jahrzehnte hinweg fanden sie sich in einer Rolle, in der öffentliche Meinungsäußerungen als nicht legitim angesehen wurden, obwohl sie eine wesentliche Eigenschaft des *Staatsbürgers in Uniform* darstellen. Das hatte einen erheblichen Raumverlust des Militärs im gesellschaftlichen Diskurs zur Folge.

Dass die hohe militärische Führung sich öffentlich stark zurückhält und sich regelmäßig erst nach der Pensionierung kritisch äußert, hat ihr den Ruf der »schweigenden Generalität« eingebracht.[255] Diese Zurückhaltung beruht neben der verfassungsgemäßen Selbstbeschränkung des Militärs und der wahr-

---

[252] Vgl. Dörfler-Dierken & Kramer, 2014, S. 48f.

[253] Vgl. Bohnert, 2014b, S. 28f.; Ruffa, Dandeker & Vennesson, 2013, pp. 322ff.; Sembritzki, 2016, S. 212; Otto, 2011, S. 7f.; Baudissin, 1964, S. 10f.

[254] Vgl. Franke, 2015, S. 120.

[255] Vgl. Seliger, 2014a, S. 3; Neitzel, 2017a, S. 63f.; Neitzel, 2017b; Bohnert, 2017, S. 8; Böcker, 2017; Tichy, 2017, S. 20; Thiels, 2016; Lünenborg, 2015, S. 254f.; Dawidzinski, 2012; Naumann, 2013, S. 145; Naumann, 2010, S. 67ff.; Hartmann, 2011, S. 51; Hellmann, 2011, S. 194.

genommenen Illegitimität politischer Einmischung wohl vor allem auf einer dem Karriereverlauf dienlichen Systemkonformität. Insbesondere das aufstrebende Spitzenpersonal der Bundeswehr sieht sich dem Anpassungsdruck der militärischen Hierarchie ausgesetzt und äußert sich im Zweifelsfalle lieber nicht.

Demgegenüber stellen sich die Forderung der *Inneren Führung* nach mündigen Staatsbürgern und das Ideal des eigenverantwortlichen, gebildeten Offiziers wie inhaltslose Worthülsen dar. Es ist kaum anzunehmen, dass hohe Militärs nicht substanzielle und auch für die breite Öffentlichkeit wertvolle Beiträge zu sicherheitspolitischen Fragestellungen leisten könnten. Ihre Stimme nicht zu hören und sie von der Gesellschaft abzuschotten, ist eine Vergeudung fachlicher Kompetenz.[256] Was die Bundeswehr hier braucht, ist keine technokratische Funktions-, sondern eine integre Verantwortungselite, die sich auch nach außen wahrnehmbar als solche präsentiert.

Als wirkungsvolles Disziplinierungsinstrument der Politik hat sich die Möglichkeit erwiesen, Generale und Admirale ohne Angabe von Gründen in den vorzeitigen Ruhestand zu versetzen. Unbequeme Meinungsäußerungen und zu laute Kritik haben so eine wirksame Eindämmung erfahren. Andererseits besitzen Generale und Admirale gegenüber der politischen Leitung das starke Mittel ihres eigenen Rücktritts. Ein solcher wird immer politisches Aufsehen erregen und Meinungsverschiedenheiten in die öffentliche Diskussion bringen. Wenn die Gründe für einen Rücktritt von der Öffentlichkeit verstanden und gewürdigt werden, kann er dazu führen, dass als unannehmbar empfundene Regelungen oder Zustände eine Anpassung erfahren und sich damit positive Auswirkungen für die Streitkräfte ergeben.[257]

---

[256] Vgl. Neitzel, 2017a, S. 64; Neitzel, 2017b; s.a. Beck, 2016, S. 39f.
[257] Vgl. Maizière, 1974, S. 123f.; Kielmansegg, 2017, S. 24.

Nun kann ein solcher Schritt von einer Person natürlich nur ein einziges Mal gegangen werden und bedeutet immer einen tiefen persönlichen und beruflichen Einschnitt. Er ist äußerstes Mittel und muss vor dem Gewissen eines jeden Einzelnen gegen den Wert eines Verbleibens im System und das Verbessern der Zustände von innen heraus abgewogen werden.

Dass Rücktritte der Generalität und Admiralität allerdings in den letzten Jahren – anders als in den Dekaden zuvor – mit wenigen Ausnahmen überhaupt nicht mehr eingereicht wurden, erscheint symptomatisch für das Verhalten an der Führungsspitze. Viele Soldatinnen und Soldaten wünschen sich von ihren militärischen Vorgesetzten einfach mehr Mut zu Verantwortungsübernahme und wahrnehmbarem Widerspruch[258] – insbesondere angesichts eines Zustandes der Bundeswehr, der sich als „historische[r] Tiefpunkt"[259] bezeichnen lässt.

Ein ausgeprägtes Sendungsbewusstsein von Soldatinnen und Soldaten ist zudem auch ein wichtiger Faktor dafür, die vielbeklagte Kluft zwischen Militär und Gesellschaft aktiv schließen zu können. Durch Einblicke in die Binnenperspektive kann die Bundeswehr für Außenstehende erfahrbar und erlebbar werden.[260]

Wo öffentliche Aufmerksamkeit eingefordert wird, muss auch die Bereitschaft zur umfangreichen Einbindung von Medienvertretern vorhanden sein. Der militärische Grundsatz »Wirkung geht vor Deckung« wurde gerade in den ersten Jahren der ISAF-Mission allzu oft ins Gegenteil verkehrt, gern mit Hinweis auf die militärische Geheimhaltung. Der Presseinformationsstab des Bundesministeriums der Verteidigung stand immer wieder

---

[258] Vgl. Jungholt, 2017b.

[259] Neitzel, 2017a; s.a. Kielmansegg, 2017, S. 23.

[260] Vgl. Naumann, 2017a, S, 16; Biehl, 2012, S. 65; Wiegold, 2011, S. 26f.; Hartmann, 2007, S. 147ff.

in der Kritik von Journalisten, die ihr Auskunftsrecht[261] durch technokratische Genehmigungsprozesse eher behindert als erleichtert sahen.

Nervöse Presseoffiziere, die aus Furcht vor dem rauen Sprachjargon einfacher Soldatinnen und Soldaten selbst mit seriösen Reportern nur »geführte Touren« unternahmen, anstatt ihnen einen direkten Zugang zur »Schlammzone« zu gewähren, und damit nichts als die ausgeprägte Bunkermentalität der Streitkräfte vermitteln konnten, waren in der Zeit des ISAF-Einsatzes des Öfteren Grund für verzerrte und auch peinliche Bericht-erstattungen.

Eine Generation von Presseoffizieren mit einem modernen Grundverständnis hatte zuletzt allerdings immer wieder Medienprojekte ermöglicht, die zur Zufriedenheit aller Beteiligten verlaufen sind. Erfahrungen zeigen, dass ein wertschätzender Umgang mit Journalistinnen und Journalisten in aller Regel auch zu fair formulierten Beiträgen führt. Und wenn das mal nicht der Fall ist, wird die Bundeswehr das wohl aushalten können und müssen.

Die Sichtbarkeit von Militärangehörigen und ihre Beteiligung an der öffentlichen Debatte werden zukünftig vermutlich einen größeren Stellenwert einnehmen. Junge und rasant wachsende Veteranenverbände wie der *Bund Deutscher EinsatzVeteranen* oder die *Combat Veterans Germany* fordern schon seit einigen Jahren ein Umdenken im Umgang mit Soldatinnen und Soldaten.[262] Sie haben sich dem Kampf gegen Bürokratie, Schönrederei und mangelnde Anerkennung verschrieben und stellen mutig Forderungen an Politik, Gesellschaft und die militärische Führung.

---

[261] In Deutschland ergibt sich dieser Anspruch auf Auskunft vor allem aus dem Informationsfreiheitsgesetz sowie den Landespressegesetzen. Grenzen der Auskunftspflicht ergeben sich u.a. aus Sicherheitsgründen.
[262] Vgl. Weigelt, 2016, S. 147ff.; Stoltenow, 2013, S. 103.

Soldatinnen und Soldaten selbst hatten maßgeblichen Anteil daran, dass die Berichte über die eskalierende Lage in Afghanistan nach und nach auch deutsche Wohnzimmer erreichten. Sie sprachen in den Medien teils offen über ihre Einsatzerfahrungen und ließen ihrem Ärger über die beschönigenden Darstellungen in der Heimat freien Lauf. Damit transportierten sie ein Bild nach Deutschland, das dem Narrativ der Bundesregierung lange widersprach. Dennoch konnten selbst Extremereignisse wie das Kunduz-Bombardement 2009 oder die Karfreitagsgefechte 2010 das Kriegsgeschehen in den afghanischen Unruhedistrikten immer nur für einen begrenzten Zeitraum in das öffentliche Bewusstsein rücken. Das Foto zeigt den ZDF-Reporter Hans-Ulrich „Uli" Gack an Weihnachten 2011 beim Führen eines Interviews im Außenposten DHQ Chahar Darreh in der Kunduz-Provinz.

Die neuen Veteranenverbände haben das Potenzial, schon bald zu einer festen Größe im militärpolitischen Diskurs heranzuwachsen und Einfluss auf die Einsatzrhetorik, die Gestaltung der Erinnerungskultur und die Debatte um das soldatische Selbstverständnis zu nehmen. Die Mitglieder dieser Vereine schöpfen ihre Identität aus den Auslandseinsätzen der Bundeswehr und füllen die Lücke der unzureichenden Aufarbeitung.

Eindrucksvolle Erlebnisberichte von Johannes Clair (»Vier Tage im November«), Robert Sedlatzek-Müller (»Soldatenglück«) oder Rainer Buske (»Kunduz«), kritische Sammelbände von Offizieren mit wissenschaftlichem (»Soldatentum«, »Jahrbuch Innere Führung«) oder praktischem Anspruch (»Armee im Aufbruch«), Diskussionen in Blogs wie Augengeradeaus.net oder Bendler-Blog.de sowie öffentliche soldatische Initiativen (»Tag der Veteranen der Bundeswehr«, »Forum Athene«, »Patenschaftsnetzwerk afghanische Ortskräfte«) sind Aushängeschilder für eine Generation mit neuem Selbstbewusstsein und dem Willen, sich öffentliches Gehör zu verschaffen und Missstände offensiver anzugehen.

Soldatinnen und Soldaten sollten weiter dazu animiert werden, sich am öffentlichen Diskurs zu beteiligen, Einsatzerfahrungen zu publizieren oder einfach nur ihre Uniform außerhalb der Kasernenanlagen zu tragen, um sich zu präsentieren und ins Gespräch mit der Bevölkerung zu kommen. Statt in der beruflichen Nische, bequemer Lethargie und Beschwerden über mangelndes Ansehen zu verharren, müssen sie ihre Stimme offensiv in die Debatte um den gesellschaftlichen Stellenwert der Armee einbringen. Sie können damit einen wichtigen Beitrag zur Austarierung des Beziehungsverhältnisses von Politik, Gesellschaft und Militär leisten.

Weltweit werden Soldaten und Veteranen mit öffentlichen Paraden, offiziellen Gedenktagen und Mahnwachen geehrt. Wie Angehörige von Polizei, Feuerwehr und Rettungsdiensten erhalten sie in vielen Ländern Rabatte auf Bahnfahrten, Einkäufe oder Eintrittsgelder. Die Gesellschaft drückt damit ihre Wertschätzung für diejenigen aus, die ihr Leben in den Dienst der Gemeinschaft stellen und zeigt, dass sie ihnen einen Platz in ihrer Mitte gewährt. Eine Anerkennung in dieser Form bleibt Angehörigen der Streitkräfte in Deutschland verwehrt. Die Entwicklung einer solchen Wertschätzungskultur ist ein gesamtgesellschaftlicher Prozess, der staatlicher Unterstützung und Organisation bedarf. Losgelöst davon etabliert sich in Deutschland allmählich eine eigene Veteranenkultur. Auf dem Bild sind Mitglieder des 2010 gegründeten Bundes Deutscher EinsatzVeteranen (BDV) zu sehen, die im Mai 2017 eine Mahnwache vorm Bundeskanzleramt in Berlin abhalten (Vgl. Lier, 2017; Bohnert & Schreiber, 2016).

Die teils pikierten Reaktionen auf ihre neuerliche Beteiligung am militärpolitischen Diskurs haben gezeigt, dass man sie gemeinhin noch als Einmischung Unzuständiger empfindet und sich auf höherer Ebene um die Deutungshoheit militärischer Sachverhalte sorgt. In Bezug auf die im aktuellen Weißbuch festgeschriebene „Offenheit in der Kommunikation" und „Bereitschaft zur Diskussion", durch die die Bundeswehr „für Bürgerinnen und Bürger authentisch und erlebbar"[263] werden soll, liegen offizieller Anspruch und gelebte Wirklichkeit jedenfalls noch ein ganzes Stück auseinander. Das dadurch ausgesandte Signal, doch eher bequeme und angepasste Meinungsäußerungen zu erwarten, hat wiederum Schwächen der *Inneren Führung* offenbart und die Zweifel am Verständnis und an der praktischen Bedeutung des Konzeptes weiter gestärkt.

Es ließen sich darüber hinaus oft zügige Gegenbewegungen aus linkspolitischen und -extremen Kreisen beobachten, die in gewohnter Weise Zusammenhänge zwischen soldatischen Äußerungen und rechtem Gedankengut herstellten. Hierbei ging es anscheinend vor allem darum, die Wortmeldungen und Initiativen möglichst umgehend zu diskreditieren und damit einem Raumgewinn im öffentlichen Diskurs vorzubeugen.[264]

Die positiven Wirkungen der neuen Beteiligung von Soldatinnen und Soldaten auf die Diskussionskultur in und mit den Streitkräften sowie auf die Verankerung der Bundeswehr in der Gesellschaft sollten allerdings keinesfalls unterschätzt werden.[265] Die Stärkung ihrer

---

[263] Bundesministerium der Verteidigung, 2016, S. 111.

[264] Vgl. u.a. Kronauer, 2017; Fleischhauer, 2017; s.a. Carlens, 2017; Kielmansegg, 2017, S. 22ff.; Bohnert, 2016, S. 241ff.

[265] Vgl. Wagner, 2017, S. 13; Schulz, 2017; Böcker, 2017; Böcker, 2014, S. 224f.; Seliger, 2017c, S. 4; Hoffmann, 2017, S. 39; Beck, 2016, S. 39; Amberger, 2015, S. 19; Naumann, 2013, S. 145; Naumann, 2010, S. 59f.; Bohnert, 2016, S. 240ff.; Stoltenow, 2013, S. 107; Biehl, 2012, S. 64f.; Uslar & Walther, 2012, S. 87; Hartmann, 2011, S. 49; Hamann, 2008, S. 38f.; Güthlein, 2016, S. 50; Haak, 2015,

öffentlichen Präsenz ist einer der wesentlichen Elemente zur Lösung von vielen weiteren in dieser Abhandlung aufgezeigten Problemen.

Wie sich die höhere Führung aus dem durch sie wahrgenommenen Dilemma befreien kann, dass ihre Überlegungen von mitunter kritischen Co-Kommentaren der militärischen Basis begleitet werden, ist eine noch zu diskutierende Frage. Durch den zunehmenden Austausch in sozialen Netzwerken wie Facebook, YouTube oder Twitter lassen sie sich jedoch ohnehin nicht mehr wirksam eindämmen – das Informationsmonopol ist längst verloren. Ein offener Umgang mit unterschiedlichen Meinungen und angemessener Kritik ist daher weitaus sinnvoller als mehr oder weniger hilflose Sanktionsmaßnahmen oder Versuche, unangenehmen Themen auszuweichen. Unvorteilhafte Berichterstattung ist unvermeidbar und sollte mit strategischer Gelassenheit begegnet werden. Im Grunde sollten viele wohldurchdachte und ausgewogene Entscheidungen ja auch offen vertreten und diskutiert werden können.

Zu empfehlen ist an dieser Stelle ein fundamentaler Paradigmenwechsel in der Öffentlichkeitsarbeit und der Kommunikationsstrategie

---

S. 65ff.; Dawidzinski, 2012; Strukturkommission der Bundeswehr, 2010, S. 28; Bald, 2005, S. 109; Neitzel, 2017b; Kritisch dazu: Maizière, 1974, S. 58f.; Anfang 2017 wurde bekannt, dass sog. Compliance-Regeln für die Angehörigen der Bundeswehr in Kraft treten sollten. Im ersten Entwurf dieses Verhaltenskodizes wurde Soldaten und Beamten der informelle Umgang mit Abgeordneten und Medienvertretern untersagt. Nach lautstarker Kritik sind zunächst einige Formulierungen entschärft und danach vollständig auf die Einführung der Regeln verzichtet worden. Das intern als »Maulkorberlass« und »Misstrauensvotum« verrufene Papier ließ sich in keiner Weise mit dem Leitbild des Staatsbürgers in Uniform vereinbaren und leistete einem Vertrauensverlust von Bundeswehrangehörigen in die Führung des Bundesministeriums der Verteidigung Vorschub (Vgl. u.a. Thiels, 2017; Neitzel, 2017a, S. 64; Naumann, 2017b, S. 4; Jungholt, 2017b). Anfang März 2017 ernannte die Bundesministerin der Verteidigung Brigadegeneral Friedhelm Tränapp zum ersten Compliance-Management-Beauftragten der Bundeswehr. Er soll mit einem fünfköpfigen Team Ansprechpartner für alle die Compliance in den Streitkräften betreffenden Fragen sein.

der Streitkräfte. Die Bundeswehr hinkt nicht nur dem Zeitgeist hinterher, sondern verletzt und untergräbt auch an dieser Stelle ihr amtliches Leitbild. Von außen wurde die Informationspolitik während der ISAF-Mission – zumindest vor Amtsantritt von Verteidigungsminister zu Guttenberg – als bizarre und hochbürokratische „Verschleierungsmaschine"[266] wahrgenommen. Die wachsende Kultur des »Durchstechens« von internen Informationen an die Medien ist eine direkte Folge der mangelnden Transparenz, Fehlertoleranz und Diskussionsbereitschaft in der Bundeswehr.

Die Stärkung der Autonomie der Presseinformationszentren der Teilstreitkräfte könnte die Stimme der Truppe auch auf offiziellem Wege unmittelbarer in die Öffentlichkeit transportieren und einen praktischen Ausgleich für den primär auf den Schutz der Verteidigungsministerin fokussierten Presse- und Informationsstab des Ministeriums schaffen. Dadurch würde ein authentischer Einblick in den soldatischen Alltag ermöglicht werden und ein realistischeres öffentliches Bild der Streitkräfte entstehen können.

Die mittel- und langfristigen positiven Folgen transparenzschaffender Maßnahmen würden die möglichen Nachteile deutlich aufwiegen. Das lässt sich auch mit Blick auf die Kommunikationsstrategien anderer westlicher Armeen bestätigen. In den US-Streitkräften bloggen und publizieren Soldatinnen und Soldaten beispielsweise mit großer Selbstverständlichkeit unter ihrem Klarnamen. Dabei erhalten sie nicht nur Rückendeckung durch ihre Armeeführung, sondern werden sogar offensiv zur Teilnahme an öffentlichen Debatten über die Streitkräfte aufgefordert.[267]

---

[266] Reichelt & Meyer, 2010, S. 76.

[267] „A few years ago, you could have said to yourself that you´re not going to participate… Well, I´m here to tell you that we´re at the stage now that we are participating. How much you participate is now the question. I strongly

Bemerkenswert daran ist, dass sie dafür keine zu einem offenen Umgang auffordernde Führungstheorie wie die *Innere Führung* benötigen.

Wenn verbündete Streitkräfte ohne vergleichbare Rahmenkonzeption einen echten Austausch zwischen Militär und Gesellschaft pflegen, wohingegen genau dieser normative Anspruch des deutschen Leitbildes nur eingeschränkt Anwendung findet, lässt sich der praktische Nutzen der *Inneren Führung* in diesem Bereich nicht mehr erschließen.

<table>
<tr><td align="center">Wesentliche Folgerungen für die Innere Führung</td></tr>
</table>

(1) offene und breite Diskussion über Stärken und Schwächen der Inneren Führung; Akzeptanz offenkundiger Unterschiede zwischen Militär und pluralistischer Gesellschaft; Entideologisierung der Debatte; Revitalisierung, Weiterentwicklung oder Neukonzipierung der Inneren Führung; Gewährleistung internationaler Kompatibilität

(2) ebenengerechte Operationalisierung der Vorschrift; inhaltliche Straffung; gesundes Maß von Abstraktion und Konkretisierung; emotional ansprechende Gestaltung; ehrlicher Umgang mit Besonderheiten und Alleinstellungsmerkmalen des Soldatenberufes

(3) Intensivierung der empirischen Forschung zur Inneren Führung; Schaffung militärwissenschaftlicher Fakultäten und Studiengänge an den Universitäten der Bundeswehr; Modernisierung und Aufwertung der Politischen Bildung; Etablierung von Publikationsmedien für Offiziere

(4) Etablierung einer Wahrheits-, Streit- und Fehlerkultur in der Bundeswehr; ehrlicher Umgang mit Herausforderungen und Problemen; Einfordern ungeschönter Berichte

(5) Paradigmenwechsel in der Kommunikationsstrategie der Bundeswehr; gleichberechtigtes Einbringen von Bundeswehrangehörigen in den sicherheitspolitischen Diskurs; authentische Außenkommunikation; transparente und wertschätzende Binnenkommunikation

Schluss

Im abschließenden Kapitel werden zunächst die Einschränkungen hinsichtlich der gewonnenen Erkenntnisse und Folgerungen benannt. Danach wird der Blick auf die Bundeswehrskandale des Jahres 2017 gerichtet und der Bezug zu den Ergebnissen der vorhergehenden Analyse hergestellt. Zum Abschluss wird auf mögliche zukünftige Einsätze für die deutschen Streitkräfte und damit verbundene Herausforderungen eingegangen.

Einschränkung der Studienergebnisse

Die in diesem Buch diskutierten Positionen zur *Inneren Führung* sind teilweise kontrastverschärft dargestellt, können aber dennoch nicht trennscharf voneinander abgegrenzt werden. Sie sind keine systematische Analyse der Gestaltungsfelder, Ziele oder Anforderungen der *Inneren Führung*, sondern bilden wiederkehrende Argumente in der Debatte um den Sinn, die Fehler und die Lehren des ISAF-Einsatzes ab. Sie können möglicherweise als Grundgefühl der »Generation Einsatz« interpretiert werden, wobei sie keinen Absolutheitsanspruch erheben, sondern als Impuls für einen konstruktiven wissenschaftlichen, militärischen und öffentlichen Diskurs verstanden werden sollen.

Auch sind die Befragungsergebnisse der Offiziere an der Führungsakademie der Bundeswehr nicht ohne weiteres verallgemeinerbar – sie sollen lediglich Tendenzen im Meinungsbild illustrieren.[268] Insbesondere die Ausführungen zur Geschichte der *Inneren Führung*, *Neuer Kriege* und des ISAF-Einsatzes sind zudem verkürzt dargestellt worden. Um ein vollständiges und ausgewogenes Bild zu zeichnen, gäbe es dazu noch einiges mehr zu sagen. Jedoch sollten hier lediglich grobe Linien aufgezeigt und der Umfang des Buches damit nicht unnötig vergrößert werden. Die zahlreichen Literaturhinweise bieten bei Bedarf vielfältige Anknüpfungspunkte für eine tiefergehende Befassung mit der Thematik.

Den Ausführungen könnte weiterhin entgegen gehalten werden, dass man im Nachhinein immer schlauer ist und viele der Entwicklungen des Afghanistan-Engagements aus der Perspektive des Jahres 2001 kaum

---

[268] Die befragten Offiziere nannten 106 Mal Argumente für die Bewährung (Anlage 2a) und 102 Mal Argumente für Defizite (Anlage 2b) der Inneren Führung im ISAF-Einsatz, was als Beleg für die Komplexität der Kontroverse und die Vielschichtigkeit der Betrachtungsebenen herangezogen werden kann. Erstrebenswert wäre eine günstigere Relation zu Gunsten ihrer Bewährung.

vorhersehbar waren. Das soll auch gar nicht bestritten werden. Weder Politik, noch Bundeswehr oder Gesellschaft waren auf das, was sie in Afghanistan erwartet hat, ausreichend vorbereitet. Es geht in dieser Ex-post-Betrachtung auch weniger um Schuldzuweisungen, als um die Schärfung des Bewusstseins und des Verantwortungsgefühls für zukünftiges Engagement.

Dass ISAF keine exakte Blaupause anderer Missionen sein kann und die Reduktion auf den Afghanistan-Einsatz eine Verkürzung der komplexen Realitäten im Ausland darstellt, ist unbestritten. Zumindest im Analyseteil blieben die Betrachtungen allerdings auch nicht ausschließlich auf den ISAF-Einsatz beschränkt. Viele der benannten Problemfelder wurden zwar in der Afghanistan-Mission virulent, sie sind allerdings oft grundsätzlicherer Natur und bieten viele Anknüpfungspunkte an aktuelle Debatten.

Die Fülle von Handlungsempfehlungen sind aus Erkenntnissen und Erfahrungen abgeleitete Ideen und Anregungen, für die sich in der Regel zwar zahlreiche Belege und Begründungen finden lassen, die im Falle ihrer Umsetzung nichtsdestotrotz noch weiterer Forschung und praktischer Bewährungsproben bedürften. Die dabei anfallenden finanziellen Aufwendungen für mögliche Anpassungen und Reformen wurden hier weitgehend außer Acht gelassen.

Einschränkend ist zudem anzumerken, dass sich auch in dieser Abhandlung nicht jede Paradoxie, Unstimmigkeit und Widersprüchlichkeit der *Inneren Führung* auflösen ließ. Im Gegenteil: Auch bei den hiesigen Betrachtungen blieben einzelne Aspekte undeutlich und ambivalent. Sie können letztlich nur ein Anstoß zur weiteren Debatte um die Klärung des Verständnisses von *Innerer Führung* sein.

Abschließend kann kaum angenommen werden, dass die *Innere Führung* allein für alles Genannte

»haftbar« gemacht werden kann. Allzu oft wird sie durch ihre scharfen Kritiker für jegliche negative Entwicklungen in Regress genommen, obwohl viele Problemfelder sehr komplex und oftmals von externen Rahmenbedingungen oder vom Berufsverständnis und dem Charakter einzelner Personen abhängig sind. Umgekehrt neigen ihre leidenschaftlichen Befürworter dazu, jedwede positive Entwicklung in den Streitkräften zumindest anteilig der *Inneren Führung* zuzuschreiben.

Manche in diesem Buch gewonnenen Erkenntnisse und Folgerungen gehen in jedem Falle deutlich über ausschließlich die *Innere Führung* betreffende Bereiche hinaus. Als Ausdruck von Selbstverständnis und Führungskultur der Bundeswehr hat sie aber sicherlich ihren Anteil an vielen der beschriebenen Entwicklungen. Wie gewichtig dieser ist, sollte Gegenstand einer umfassenden Debatte werden. Politik und Bundeswehr tun gut daran, der »Generation Einsatz« und ihrem Nachwuchs dabei eine hohe Aufmerksamkeit zu schenken.

Aktuelle Debatte um die Inneren Führung

Im Lichte mehrerer Bundeswehrskandale im Jahre 2017 ist die Debatte um die *Innere Führung* neu entbrannt. Die in Bezug auf ISAF beschriebenen Defizite finden sich dabei in Teilen wieder und bestätigen den Bedarf einer gründlichen Revision der Konzeption.

Zu Beginn des Jahres 2017 wurden fragliche Ausbildungspraktiken und martialische Aufnahmerituale am Ausbildungszentrum Spezielle Operationen im baden-württembergischen Pfullendorf öffentlich und weiteten sich zum Skandal aus. Der Generalinspekteur der Bundeswehr, Volker Wieker, bekannte sich daraufhin umgehend zu den Prinzipien der *Inneren Führung*. Jörg Vollmer, Inspekteur des Heeres, verband seinen daran anschließenden Appell mit dem nachdrücklichen Hinweis, dass Verstöße gegen die *Innere Führung* nicht geduldet und konsequent geahndet werden würden.

Im Deutschen Heer startete die Offensive »Gutes Führen«, mit der über alle Führungsebenen hinweg für einen respekt- und würdevollen Umgang sensibilisiert werden sollte. Die Inspekteure und Leiter der anderen militärischen und zivilen Organisationsbereiche wurden angewiesen, sinngemäße Initiativen zu entwickeln.

Die Bundesministerin der Verteidigung setzte den Kommandeur des Ausbildungszentrums sowie den Leiter des Referates *Innere Führung* im Bundesministerium der Verteidigung ab. Zudem engagierte den renommierten Kriminologen Christian Pfeiffer, um die Innere Lage der Bundeswehr im Rahmen einer unabhängigen »Dunkelfeldstudie« analysieren zu lassen.[269]

---

[269] Vgl. u.a. Gebauer, Hammerstein & Wiegrefe, 2017, S. 30ff.; Im Einzelnen wurden in Zusammenhang mit den unangemessenen Praktiken folgende Maßnahmen am Standort Pfullendorf getroffen: Der Kommandeur des Ausbildungszentrums Spezielle Operationen, der Inspektionschef, der Inspektionsfeldwebel, ein Sanitätsausbildungsoffizier und Truppenfachlehrer sowie ein weiterer Ausbildungsfeldwebel der betroffenen Inspektion wurden von ihrer Ausbildungsverantwortung entbunden und versetzt. Fünf von sieben der Misshandlung beschuldigten Soldaten wurden fristlos aus der Bundeswehr entlassen. Die Inspektion wurde in zwei Fachbereiche geteilt und unter die Führung jeweils eines Disziplinarvorgesetzten der Stufe 1 gestellt. Durch den Inspekteur des Heeres wurde eine umfassende Überprüfung aller Ausbildungsabschnitte angewiesen. Zudem wurden in der Ausbildung genutzte Untersuchungsmethoden wie die rektale Temperaturmessung, das teilweise Entkleiden und entwürdigende Unterrichtspräsentationen untersagt. Die auf die gesamte Bundeswehr bezogenen Maßnahmen sind noch weitaus umfangreicher: Unter anderem wurden neue Meldeverfahren zur »Inneren und Sozialen Lage der Bundeswehr (ISoLa)« und eine rechnergestützte Datenbank entwickelt sowie ein neues Referat im Bundesministerium der Verteidigung aufgebaut. In einem Brief an den Vorsitzenden des Verteidigungsausschusses des Deutschen Bundestages, Wolfang Hellmich, konstatierte der Generalinspekteur der Bundeswehr Ende März 2017: „Abschließend liegt es mir besonders am Herzen, sehr klar hervorzuheben, dass wir Verstöße gegen die Innere Führung in der Bundeswehr nicht dulden". Generalmajor Walter Spindler geriet in Zusammenhang mit den Missbrauchsfällen in Pfullendorf ebenfalls ins Visier der Verteidigungsministerin, wurde dann allerdings erst mit Bekanntwerden von Verfehlungen zweier Soldaten im thüringischen Sondershausen Ende April 2017 als Kommandeur des Ausbildungskommandos Heer abgelöst (Vgl. Gebauer, 2017b; Bohnert, 2017, S. 8; Seliger, 2017c, S. 4). Ende Mai 2017 unterstellte die

An diesen Reaktionen zeigt sich zweierlei: Zum einen nutzen politische und militärische Verantwortliche die *Innere Führung* gern als „Beruhigungspille"[270] und „Schutzschild"[271] gegenüber der alarmierten Öffentlichkeit. Der Eindruck einer vermenschlichten Organisation lässt sich durch den Hinweis auf die hohe Bedeutung der zivil orientierten Organisationskultur nach außen am besten aufrechterhalten. Dass *Innere Führung* allerdings weitaus mehr umfasst, als zeitgemäße Menschenführung und den menschenwürdigen Umgang mit unterstellten Soldatinnen und Soldaten, wird dabei oft ausgeblendet.

Zum anderen ist der Fall ein weiterer Beleg dafür, dass die Grundsätze der *Inneren Führung* offenbar insbesondere dort, wo es extrem wird, weniger bekannt oder weniger relevant sind. In Pfullendorf werden vor allem nationale und internationale Spezialkräfte unter hohen Forderungen an die körperliche und psychische Leistungsfähigkeit trainiert. Der Grat von Realitätsnähe zur Schikane kann gerade an diesem scharfen Ende des Berufes, dort, wo es ganz konkret um Leben und Tod geht, äußerst schmal sein.

Zudem finden sich in infanteristisch geprägten und nah am Kampfgeschehen ausgebildeten Einheiten und Ausbildungseinrichtungen naturgemäß ein besonders ausgeprägter Korpsgeist und ein Elitedenken, das tendenziell von den als lebensfern wahrgenommenen Grundsätzen der *Inneren Führung* entkoppelt ist. Im Mikrokosmos der *Kleinen Kampfgemeinschaft* erscheint die Konzeption häufig als bloße Makulatur.

Bundesministerin der Verteidigung das Zentrum Innere Führung zudem per Tagesbefehl direkt unter den Generalinspekteur der Bundeswehr. Damit soll die Bedeutung der Einrichtung als Kompetenzzentrum für alle Fragen und Handlungsfelder der Inneren Führung gestärkt werden (Vgl. Leyen, 2017a). Der jahrzehntelangen „strukturelle[n] Entwertung" (Döge, 2008, S. 45) der Konzeption wird mit dieser Maßnahme entgegen getreten.

[270] Hartmann, 2007, S. 24; Bohnert, 2017, S. 8.
[271] Hartmann, 2007, S. 65.

Bei der Suche nach den Ursachen für diese Dynamiken lohnt sich ein Blick in die sozialpsychologische Forschung: Dort wird das »In-Group/Out-Group«-Phänomen beschrieben, das eine starke Gruppenkohäsion mit hoher Identifikation und eigenen internen Regeln verbindet. Diese Kohäsion fördert zudem die Abgrenzung nach außen, und gerade aus dieser Grenzziehung erwächst eine eigene Identität.

Auch die in Kampftruppen und Extremsituationen eingesetzten Soldatinnen und Soldaten scheinen diesen klassischen Mechanismen zu unterliegen.[272] In der militärischen Praxis haben sie zugleich positive und negative Auswirkungen: Einerseits erzeugen gemeinsam durchgestandene Härten und enge Kooperation ein Zusammengehörigkeitsgefühl, das wiederum die Leistungsfähigkeit der Gruppe steigert.[273] Hieraus leitet sich die Notwendigkeit fordernder Ausbildung ab, in der *Kleine Kampfgemeinschaften* geformt und zusammen-geschweißt werden.

Andererseits neigen eng verbundene Gruppen zur verstärkten Homogenität und Deindividuation ihrer Mitglieder. Die Beachtung von expliziten oder impliziten Gruppennormen wird in erhöhtem Maße eingefordert und Abweichler werden sanktioniert.[274] Dadurch lässt sich beispielsweise auch der Gruppendruck erklären, der potenzielle Petenten dazu veranlasst, als unwürdig empfundenen Praktiken zunächst auch gegen ihren Willen geschehen zu lassen.

Es wird aber ebenso deutlich, dass etwa die durch ein Verwaltungsgericht im Juli 2017 pauschal genutzte Aussage »Durch Aufnahmerituale könnten einge-schworene Zirkel in der Truppe entstehen, die die

---

[272] Vgl. Hickmann, 2017; Gebauer, 2017b; Käppner, 2017b; Creveld, 2017, S. 95f.; s.a. Kirch, 2017; Kümmel, 2008, S. 79ff.

[273] Vgl. Aronson, Wilson & Akert, 2014, S. 317.

[274] Vgl. Aronson, Wilson & Akert, 2014, S. 312ff.; s.a. Dausend, 2017; Münkler, 2015, S. 177ff.; Gack, 2015, S. 279.

174

Einsatzbereitschaft der Truppe schwächten« nur die halbe Wahrheit ist: Initiationsrituale haben in vielen risikobehafteten Berufen eine besondere Bedeutung. Sie weisen Aufgenommenen eine Rolle als vertrauenswürdige Mitglieder der Gemeinschaft zu. Auch wenn das von vielen Außenstehenden nur schwer nachvollzogen werden kann, können sie die Kampfmoral und den Einsatzwert der Truppe erheblich steigern. Dass derartige Rituale in einem vertretbaren Rahmen stattzufinden haben und nicht gegen den Willen Einzelner durchgeführt werden dürfen, bleibt dabei unbestritten.

Die Anerkennung und militärspezifische Untersuchung dieser Dynamiken hat das Potenzial, wertvolle Erkenntnisse für die Etablierung eines in alle Richtungen anschlussfähigen Norm- und Wertegerüstes für Soldatinnen und Soldaten zu erbringen. Die Herangehensweise der Reformer um Baudissin war ohnehin holistisch und interdisziplinär angelegt. Neben historischen, politischen und ethisch-moralischen Betrachtungen nahmen sie regelmäßig auch auf Erkenntnisse der Psychologie und zum Wesen des Menschen Bezug und ließen sie in die Gestaltung der *Inneren Führung* einfließen.

Die vergangenen Forschungsjahrzehnte haben fundamentales Wissen über das Gefüge und die Dynamiken sozialer Gruppen zutage gefördert, auf das die Väter der Konzeption noch nicht vollumfänglich zurückgreifen konnten. Die umfassende Einbeziehung persönlichkeits- und sozialpsychologischer Erkenntnisse könnte zu einem wesentlichen Pfeiler für die Neukonstituierung der Führungsphilosophie werden. Generell empfiehlt sich sowieso eine stärkere Orientierung an empirischen Forschungsergebnissen, um in der ideologisch aufgeladenen Debatte eine fundierte Basis für die Entwicklung einer tragenden Führungskultur schaffen zu können.

In jedem Falle belegt die psychologische Forschung, dass fordernde und bis an die Leistungsgrenze führende Ausbildung absolut notwendig ist und nicht pauschal mit »altem Moder von falsch verstandenem Korpsgeist« oder »verrohten Sitten aus den alten Tagen der Bundeswehr« gleichgesetzt werden darf.[275] Ähnliche Kommentare der Bundesministerin der Verteidigung sowie von ihr diagnostizierte Haltungsprobleme und Führungsschwäche in der Bundeswehr hatten sie im Mai 2017 in die schwerste Krise ihrer Amtszeit geraten lassen.[276]

Verbale Entgleisungen wie jene, dass Unteroffizieranwärter „Körperschrott" und „genetischer Abfall" wären, der „endlich aussortiert"[277] werden müsse, sind ohne Zweifel aus der Zeit gefallen und haben in der Ausbildung nichts verloren. Soldatische Härte als Konsequenz aus den bekanntgewordenen Fällen von offenkundigem Fehlverhalten per se als unnötig abzutun, ist jedoch ein gravierender Fehler.

Daran ließ auch Baudissin keinerlei Zweifel: Realitätsnahe Ausbildung musste seiner Ansicht nach bis an die Grenzen der physischen und psychischen Belastbarkeit führen. Soldaten sollten auf das Bestehen unter „primitivsten Bedingungen" vorbereitet werden und die nötigen Automatismen zur „souveränen Beherrschung von Gelände und Material"[278] erlernen.

Baudissin war überzeugt davon, dass das, was im Krieg Bestand hatte, auch im heimatlichen Kasernendienst gelten müsse. Bei der Konzipierung der *Inneren Führung* war er deshalb von Beginn an bestrebt, so viel Kriegserfahrung wie möglich in die Friedenausbildung

---

[275] Vgl. Gebauer, 2017b; Kronauer, 2017; Dausend, 2017.

[276] Vgl. Jungholt, 2017a; Jungholt, 2017b; Gebauer, Hammerstein & Wiegrefe, 2017, S. 30ff.; Heißler, 2017; Seliger, 2017c, S. 4; Tichy, 2017, S. 14ff.; Schreiber, 2017; Kielmansegg, 2017, S. 22; Bohnert, 2017, S. 8; Wagner, 2017, S. 13; Reichardt, 2017, S. 24f.; Stoltenow, 2017, S. 29; Kronauer, 2017; Böcker, 2017; Fleischhauer, 2017; Fleischhauer & Wiegrefe, 2017, S. 42ff.

[277] Gebauer, 2017b.

[278] Baudissin, 1962, S. 9.

hinüber zu retten. Als Kommandeur der Panzerbrigade 4 zeigte sich, dass er den Grundsatz harter Ausbildung nicht nur postulierte, sondern auch rigoros in die Praxis umsetzte. Er grenzte sie allerdings ausdrücklich gegen Kommissmethoden und Schleiferei ab.[279]

Ein forderndes Training ist auch heute wesentliche Voraussetzung dafür, dass die Truppe unter den Härten der Einsatzrealität bestehen kann. Wenn es in den deutschen Streitkräften eine unbestrittene Lehre des Einsatzes in Afghanistan gibt, dann diese. Diejenigen, die das verkennen, haben offenbar vergessen, womit deutsche Einheiten während der ISAF-Mission in den nordafghanischen Unruheprovinzen konfrontiert wurden und welchen Preis sie dafür zahlen mussten.

Der Fall eines rechtsextremen Bundeswehroffiziers im französischen Illkirch, der sich als syrischer Flüchtling registrieren ließ und möglicherweise terroristische Anschläge in Deutschland plante, erweiterte die Debatte um Korpsgeist und Ausbildungspraktiken noch um die Frage der weltanschaulichen Gesinnung in den deutschen Streitkräften.[280]

Auf Befehl des Generalinspekteurs wurden im Mai 2017 alle Einrichtungen der Bundeswehr nach Wehrmachtsdevotionalien und anderen Reliquien durchsucht, die nicht den amtlichen Traditionsrichtlinien entsprechen. Bundesministerin von der Leyen unterzog die Bundeswehr nach eigener Aussage einem »Säuberungs- und Reinigungsprozess«, den sie auch gegen Widerstände aus der Truppe durchsetzen wollte.

In der Folge flammten medial begleitete Diskussionen um die Angemessenheit von

---

[279] Vgl. Baudissin, 1964, S. 14; Rosen, 2011, S. 18f.

[280] Vgl. Tichy, 2017, S. 14f.; Schreiber, 2017; Carlens, 2017; Eine an der französischen Militärakademie in Saint-Cyr bereits im Jahre 2013 verfasste Masterarbeit des Offiziers enthält eindeutig völkisches sowie rassistisches Gedankengut und hatte eher das Format einer Propagandaschrift als einer nach wissenschaftlichen Standards erstellten Arbeit (Vgl. Albrecht, 2013).

Kasernennamen, Wandzeichnungen und Erinnerungs-
stücken auf. In der ganzen Bundeswehr grassierten Fotos
von kahlen Kasernenfluren, eilig entfernten
Bildausschnitten und trotzig zerschnittenen
Kompanieflaggen.[281] Die Überarbeitungen des 35 Jahre
alten Traditionserlasses der Bundeswehr sowie der
Wehrdisziplinarordnung und des offiziellen Liederbuches
wurden angeordnet.

Um die Heldenverehrung von nicht als
traditionswürdig erachteten militärischen Führern und
Schlachten wirksam einzudämmen, bedürfte es mehr
Gespür für die Bedürfnisse der Truppe. Sie benötigt ein
greifbares ideelles Korsett und wird die seit der »Ent-
Devotionalisierung« klaffende emotionale Lücke
mittelfristig so oder so für sich schließen.

Dazu müsste der Bezug zur Geschichte der
Bundeswehr noch viel stärker in den Vordergrund gerückt
werden. Mehr als ein viertel Jahrhundert Auslandseinsätze
haben bei entsprechender Aufarbeitung das Potenzial, ein
echter Ausgangspunkt des eigenen Traditions- und
Selbstverständnisses für Soldatinnen und Soldaten zu
werden.

Informell ist dieser Bezug in einsatzerfahrenen
Verbänden und Einheiten sowieso schon hergestellt:
Fotos, Wandreliefs und Erinnerungsstücke aus
Auslandsmissionen schmücken Gemeinschaftsräume,
Unteroffizierkeller und Kasernenflure.

---

[281] Vgl. Tichy, 2017, S. 12ff.; s.a. Fleischhauer & Wiegrefe, 2017, S. 43.

Eine Auswahl von Aufnahmen, die den Frust der Soldatinnen und Soldaten bei der Umsetzung des durch Verteidigungsministerin Ursula von der Leyen im Mai 2017 initiierten »Säuberungs- und Reinigungsprozesses« dokumentieren.

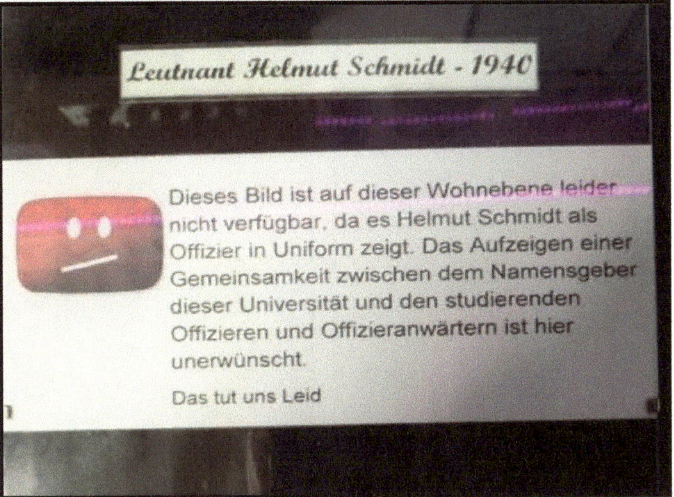

Umsetzung des »Säuberungs- und Reinigungsprozesses« in der Bundeswehr II

Wie die Praxis zeigt, reicht eine amtliche Verordnung gemäß Traditionserlass aber nicht dafür aus, der Bundeswehr auf breiter Basis eine vollständige Alternative zu den dunklen Kapiteln der deutschen Geschichte vor 1945 zu bieten. Tradition verschließt sich ohnehin einer binären Logik und muss in einem vertretbaren Rahmen auch Grautöne zulassen.

Es ist kaum anzunehmen, dass Soldatinnen und Soldaten in Extremsituationen beispielsweise aus den Preußischen Heeresreformen oder dem Widerstand gegen das NS-Regime irgendeinen konkreten Nutzen für ihr Handeln ableiten können. Aus dem Bezug zu mutig kämpfenden deutschen Soldaten oder militärisch vorbildhaften Einzelleistungen sicherlich schon eher.

Begleitmaßnahmen zur Fokussierung auf die bundeswehreigene Traditionslinie könnten moderne Social Media-Kampagnen, die Anfertigung von Ölgemälden mit eindrücklichen Szenen aus Hilfseinsätzen und Gefechten, die Benennung von Kasernen und Gebäuden nach Trägern der Tapferkeitsmedaille beziehungsweise gefallenen und verwundeten Einsatzsoldaten oder spannende Curricula und interaktive Lehrmaterialien für die Politische Bildung sein.

Auch die staatliche Unterstützung bei der Etablierung einer neuen Veteranenkultur könnte zur geistigen Ausrichtung auf die eigene Traditionslinie beitragen. Gerade junge Soldatinnen und Soldaten werden damit sicher besser angesprochen, als durch trockene Frontalunterrichtungen oder dicke Buchbände.

Im Zuge der Bundeswehrskandale und der sie begleitenden Auseinandersetzungen setzte sich auch auf der Leitungsebene die Einsicht durch, dass die noch wenige Wochen zuvor hoch angepriesene *Innere Führung* einer Revision bedurfte: Per Tagesbefehl wurde das umfassende Programm »Innere Führung Heute« mit dem Ziel aufgesetzt, die Führungsphilosophie „lebendiger und zeitgemäßer"[282] zu gestalten. Das sind allerdings nicht die ersten Ankündigungen und Impulse dieser Art. Es wird abzuwarten sein, was davon bleibt.

Ausblick

Ziel dieser Studie war es, herauszufinden, wie sich die *Innere Führung* im Einsatz der Bundeswehr in Afghanistan bewähren konnte. Die vielen Befunde und Empfehlungen sind dabei vor allem aus militärischer Perspektive verfasst – Betrachtungen zur kulturellen und zivilgesellschaftlichen Entwicklung des geschundenen Landes am Hindukusch blieben bewusst im Hintergrund. Ein tiefergehender Blick auf die derzeitige Lage macht jedoch deutlich, dass substanzielle wirtschaftliche, entwicklungspolitische und militärische Hilfe für Afghanistan auch in Zukunft existentiell notwendig bleiben wird.

Das unpopuläre Engagement am Hindukusch droht derzeit neben der Flüchtlingskrise, dem Kampf gegen den Islamischen Staat, dem Russland-Ukraine-Konflikt und der weltweiten Terrorgefahr gänzlich im sicherheitspolitischen Themensumpf zu versinken. Noch immer dienen allerdings knapp 930 deutsche Soldatinnen und Soldaten in der Ausbildungs- und Unterstützungsmission RS und machen sie damit zur umfangreichsten der Bundeswehr im Ausland.

Angesichts des zu beobachtenden Vormarsches von Aufständischen in großen Teilen Afghanistans wird inzwischen sogar wieder über eine Erhöhung der Truppenstärke diskutiert.[283] Viele Rückkehrer sehen sich

---

[282] Leyen, 2017b, S. 2; Im Tagesbefehl Ursula von der Leyens vom 10. Mai 2017 heißt es unter anderem: „Angesichts der Vorfälle müssen und wollen wir die Innere Führung stärken. Wir müssen dafür sorgen, dass sie im alltäglichen Dienst bis in die kleinste Verästelung wirklich gelebt und erlebt wird."

[283] Im August 2017 kündigten die USA bereits an, ihre Militärpräsenz in Afghanistan wieder zu erhöhen. Der Deutsche Bundestag hatte im Januar 2017 allerdings schon die Aufstockung des Bundeswehrkontingents der MINUSMA (United Nations Multidimensional Integrated Stabilization Mission in Mali) im westafrikanischen Mali auf 1.000 Soldatinnen und Soldaten beschlossen. Damit

durch die ausbleibenden Stabilisierungserfolge mit einem nachträglichen Sinnverlust ihres Einsatzes konfrontiert. Was der Bundestag der deutschen Öffentlichkeit und den Streitkräften gerade deshalb noch immer schuldig bleibt, ist eine ungeschminkte und transparente Bilanzdebatte.[284]

Für die Bundeswehr und ihre Verbündeten wiegen die moralischen, politischen und finanziellen Folgen des Afghanistan-Engagements sehr schwer. Die zögerlichen Debatten um Einsätze von Bodentruppen in Krisenherden wie Syrien zeugen von einer nachhaltigen Desillusionierung und einer generellen Interventionsmüdigkeit der internationalen Staatengemeinschaft. Konfliktherde, die auch den Wohlstand der deutschen Gesellschaft bedrohen und potenzielle Szenarien für Einsätze der Bundeswehr darstellen, zeichnen sich derzeit vom nordafrikanischen Bogen bis hin zur türkischen Grenze ab.

Das 2016 erschienene Weißbuch liefert jedoch keine konkrete Antwort auf die Frage, für welche

---

war erwartet worden, dass der Afghanistan-Einsatz schon bald als größter Bundeswehreinsatz im Ausland abgelöst wird. In Mali hatte sich die Sicherheitslage zuletzt dramatisch verschlechtert; es scheint sich wie während des ISAF-Einsatzes ein »Mission Creep« zu vollziehen (Vgl. Neitzel, 2017b; Kürbel, 2017; Seliger, 2016b, S. 30f.). Neben zusätzlichem Personal hat die Bundeswehr auch Transporthubschrauber des Typs NH-90 und Kampfhubschrauber des Typs Tiger nach Nordmali verlegt, um die medizinische Rettungskette der Blauhelmmission sicherzustellen und Aufklärungsfliege durchführen zu können. Bereits einen Tag nach der Verantwortungsübernahme im März 2017 wurden zwei Rettungshubschrauber zum Verwundetentransport nach einem Sprengstoffanschlag eingesetzt. Am 26. Juli 2017 verloren zwei deutsche Soldaten beim Absturz eines Tigers in Mali ihr Leben. MINUSMA gilt ohnehin als gefährlichster Einsatz der Vereinten Nationen. Der Auslandsverwendungszuschlag für deutsche Soldatinnen und Soldaten wurde 2017 auf die höchste Stufe (Stufe 6, 110 Euro pro Tag) angehoben. Deutschland engagiert sich derzeit mit etwa 900 Soldatinnen und Soldaten bei MINUSMA (Stand: August 2017). Darüber hinaus beteiligen sich knapp 150 deutsche Soldatinnen und Soldaten an der Mission EUTM Mali (European Union Training Mission in Mali) sowie bis zu 10 deutsche Polizeibeamtinnen und -beamte an der zivilen Unterstützungsmission EUCAP Sahel Mali (European Union Capacity Building Mission in Mali).
[284] Vgl. Stützle, 2014, S. 8; Naumann, 2014, S. 16.

sicherheitspolitischen Interessen Deutschland zukünftig eigentlich bereit ist, seine Streitkräfte einzusetzen.[285] Als Grundsatzpapier der Bundesregierung gelingt ihm zwar eine gute sicherheitspolitische Standortbestimmung, es bleibt in Bezug auf Folgerungen für zukünftige Strategien jedoch unkonkret genug, um in den kommenden Jahren nicht von der Realität abgehängt zu werden.

Was bleibt sind selektive Beteiligungen an Kriseneinsätzen – interessenpolitische »Wars of Choice«, für deren Unterstützung sich die Bundesregierung zuletzt vor allem aus Gründen der Bündnissolidarität entschieden hat. Sie zeigt damit ein inkohärentes „Muddling Through"[286] zwischen internationalen Ansprüchen und nationalen Vorbehalten.

Die aktuelle Beteiligung der Bundeswehr an den Einsätzen in Mali, im Irak oder in Somalia ist vermutlich dennoch nur ein Vorbote dessen, was deutsche Soldatinnen und Soldaten in den kommenden Jahren in den Krisenregionen dieser Welt erwarten wird. Schon während der Münchner Sicherheitskonferenz 2014 machte

---

[285] Das Weißbuch 2016 erkennt allerdings zumindest den Weiterentwicklungsbedarf der Inneren Führung an (Vgl. Bundesministerium der Verteidigung, 2016b, S. 114), liefert hier aber ebenso keine Antworten auf die „schwelende Misere der Organisationskultur" (Naumann, 2016, S. 24). Dass der Begriff »kämpfen« im Weißbuch 2016 nicht vorkommt und »Kampf« nur in Zusammenhang mit dem Kampf gegen Hunger und Armut (S. 32), gegen Ölverschmutzungen (S. 47), der Bekämpfung von Unglücksfällen (S. 56) oder dem Kampf um Nachwuchs (S. 62) verwendet wird, ist sicher kein Zufall und zeugt vom noch immer ausgeprägten Hang zur Beschönigungsrhetorik. Einzig die allgemeine Bemerkung, dass die Befähigung zum Kampf in den Dimensionen Land, Luft und See Wesensmerkmal der Bundeswehr bleibt (S. 52), deutet auf den ureigenen Kernauftrag der Streitkräfte hin. Von 74 Fotos im Weißbuch (Portraits ausgenommen) gibt es nur sieben, auf denen deutsche Soldatinnen oder Soldaten mit Waffen zu sehen sind. Auf fünf dieser Bilder lassen sich die Waffen nur sehr schwer erkennen oder vermuten (S. 67, 84, 89, 100 & 115), auf einem Bild trägt eine Marschformation des Wachbataillons ausschließlich für Repräsentationszwecke genutzte Karabiner K98k (S. 106). Lediglich ein Bild lässt den Zusammenhang zwischen Soldaten und ihrer Bewaffnung natürlich erscheinen (S. 88).
[286] Biehl, 2007, S. 114; s.a. Hamann, 2008, S. 43; Naumann, 2010, S. 23ff.; Bald, 2005, S. 181f.

die politische Führungsspitze unmissverständlich klar, dass die Zeit der Zurückhaltung vorbei sei und sich Deutschland zukünftig verstärkt in die Lösung weltweiter Konflikte einbringen würde. Dabei wurde auch der Einsatz des Militärs als äußerstes Mittel nicht ausgeschlossen.

In aktuellen und zukünftigen Krisengebieten sind erneut langwierige und komplizierte Stabilisierungsprozesse unter Einbeziehung politischer, militärischer und kultureller Fragen zu erwarten. Deutschlands Bündnispartner erwarten dabei neben einem »Burden Sharing« zunehmend auch ein »Risk Sharing«. Auch unsere Soldatinnen und Soldaten werden daher über kurz oder lang wieder direkt mit irregulär kämpfenden Gegnern konfrontiert sein und in diesen Regionen ihr Leben lassen müssen.

Die seit 2014 andauernde Krise zwischen der Russischen Föderation und der Ukraine hat das weltweite Sicherheitsgefüge verschoben und inzwischen einen erneuten Paradigmenwechsel in der Sicherheits- und Verteidigungspolitik westlicher Staaten eingeleitet: Erstmals in ihrer Geschichte steht die NATO zeitgleich den Herausforderungen von Krisenbewältigung und kollektiver Bündnisverteidigung gegenüber.[287]

Das Phänomen *Hybrider Kriegführung* verbindet den ohnehin schon diffusen Charakter *Neuer Kriege* mit der konventionellen Bedrohung durch reguläre Streitkräfte und lässt die Grenzen von staatlichem und nichtstaatlichem Handeln noch weiter verschwimmen. In dieser mehrdeutigen und zusätzlich verkomplizierten Lage eine legitime Basis für militärische oder anders geartete

---

[287] „Today, we don´t have the luxury to choose between collective defence and crisis management. For the first time in NATO´s history we have to do both at the same time" (Stoltenberg, 2015). Das Weißbuch 2016 erklärt entsprechend die Gleichrangigkeit von kollektiver Verteidigung und internationalem Krisenmanagement für das zukünftige sicherheitspolitische Engagement Deutschlands (Vgl. Bundesministerium der Verteidigung, 2016b, S. 138).

Interventionen zu finden, gestaltet sich noch schwieriger als bisher.

Als Reaktion auf die russische Annexion der Krim wurden Anfang 2017 erstmalig Kampftruppen der Bundeswehr längerfristig an der östlichen Peripherie Europas stationiert. Im Rahmen der auf den NATO-Gipfeltreffen von Wales 2014 und Warschau 2016 beschlossenen Maßnahmen beteiligten sie sich mit etwa 450 Soldatinnen und Soldaten an der multinationalen Enhanced Forward Presence Battle Group in Litauen (eFP BG LTU).

Deutschland übernimmt ab 2019 zudem die Verantwortung für die schnelle NATO-Eingreifbrigade, die Very High Readiness Joint Task Force (VJTF). Sie ist Teil der NATO-Response Force (NRF) und soll innerhalb kürzester Zeit an die Außengrenzen des Bündnisses verlegen können, wenn sich eine Bedrohung der Mitgliedsstaaten abzeichnet. Der Aufwuchs, die Ausbildung und die Einhaltung von Bereitschaftszeiten als VJTF-Leitbrigade erfordern schon jetzt enorme Kraftanstrengungen. Personelle und materielle Lücken wurden durch eine regelrechte »Kannibalisierung« anderer Verbände geschlossen und lassen weiterhin erhebliche zeitliche Mehrbelastungen für die Soldatinnen und Soldaten erwarten.

Die baltischen Staaten werden angesichts ihres massiven Bedrohungsgefühls auf absehbare Zeit nicht auf die internationale Militärpräsenz auf ihrem Boden verzichten wollen. Im Gegenteil: Sie rufen schon jetzt nach weiteren Kräften. Gegenüber Russland wird die NATO zudem auch weiterhin auf eine Mischung aus Abschreckung und Dialog setzen. Damit werden sich auch für das Bundesministerium der Verteidigung und andere Regierungsressorts langanhaltende Verpflichtungen ergeben.

Welche konkrete Rolle die Streitkräfte unter diesen Rahmenbedingungen im *Vernetzten Ansatz* einnehmen werden und was das langfristig für die *Innere Führung*, das soldatische Selbstverständnis und die Profession an sich bedeutet, ist in der derzeitigen Umbruchsituation nur schwierig vorhersehbar.

Langfristige Trends zur Automatisierung, Autonomisierung, Digitalisierung und weiteren Multinationalisierung wirken zusätzlich auf das Wesen der Kriegführung und die Ausgestaltung des zukünftigen soldatischen Berufsbildes.

Eine strategische Klärung zur Rolle und zum Stellenwert des Militärs erscheint dringend notwendig. Angesichts der beschriebenen Entwicklungen lässt sich wohl zumindest folgern, dass es in unseren Streitkräften einer Führungsphilosophie bedarf, deren Wirksamkeit sich weitgehend unabhängig vom konkreten Kriegsbild entfaltet.

Der aktuelle Entwurf für die Einsatzstruktur des Deutschen Heeres zur Landes- und Bündnisverteidigung im Jahre 2032 sieht drei Divisionsstäbe zur Führung von acht umfassend befähigten aktiven Brigaden mit insgesamt 27 Kampftruppenbataillonen sowie zwei Fallschirmjägerregimentern vor. Das wäre aus heutiger Sicht eine massive Vergrößerung der Streitkräfte.

Nach 2032 sollen Einsatzstrukturen mit bis zu zehn Brigaden eingenommen werden können. Schon bis 2024 ist ein Aufwuchs auf von derzeit rund 179.000 auf 198.000 Soldatinnen und Soldaten vorgesehen. Damit steht die Bundeswehr erneut vor einer tiefgreifenden Strukturreform und nochmals gesteigerten Herausforderungen für die Personalgewinnung und Ausbildungsorganisation.

Um diese Mammutaufgabe zu bewältigen und der angespannten Personallage in den Streitkräften entgegen treten zu können, ist zu erwarten, dass die Frage der

Wehrpflicht oder eines anders gearteten gesellschaftlichen Pflichtdienstes früher oder später wieder auf die politische Agenda gerät. Das Finden einer breiten Mehrheit für ein solches Vorhaben bedürfte allerdings schon einer erheblichen Bedrohungsperzeption der deutschen Bevölkerung. Es stellt sich zudem Frage, ob eine Wiederaufnahme der Wehrpflicht nicht konsequenterweise beide Geschlechter betreffen müsste. Dem Prinzip der Wehrgerechtigkeit könnte wohl schon in Bezug auf die Rekrutierung von tauglichen Männern in den vorhandenen Bundeswehrstrukturen kaum entsprochen werden.[288]

Alternativ dazu würden wohl nur die Umwandlung in eine Söldnertruppe oder Miliz, eine umfassende Novellierung der Reservistenkonzeption, die Zulassung ausländischer Bürgerinnen und Bürger für die Bundeswehr oder der Rückgriff auf private Sicherheitsdienstleister den quantitativen und qualitativen Herausforderungen einer solchen Reform gerecht werden.

Eine »Strategie der Reserve« befindet sich derzeit in Erstellung und wird viele Antworten zur Erfassung, Beorderung, Aufnahme und Ausbildung von Reservisten liefern müssen. Auch die bereits anvisierte Erhöhung des Verteidigungsetats von derzeit 1,2 auf 2 Prozent des Bruttoinlandsproduktes erscheint zur Erfüllung der neuen Zielvorgaben unumgänglich. Auf Grund seiner starken Wirtschaft würde Deutschland damit knapp 70 Milliarden Euro jährlich in die Bundeswehr investieren und könnte so zur größten Militärmacht Europas werden.[289] Dass diese massiven Veränderungen nicht ohne Anpassung des

---

[288] Vgl. Sebaldt, 2017, S. 55ff.; s.a. Creveld, 2017, S. 79f.; Für die Einführung eines allgemeinen Gesellschaftsdienstes bedürfte es einer Verfassungsänderung oder zumindest der Anpassung des dem Grundgesetz nachgeordneten Wehrpflichtgesetztes.
[289] Vgl. u.a. Seliger, 2017a, S. 30f.; Für die Modernisierung der Bundeswehr und die Rückkehr zur Vollausstattung wurden bis zum Jahre 2030 Rüstungsinvestitionen in Höhe von 130 Milliarden Euro ausgemacht.

geistigen Überbaus vonstattengehen dürfen, sollte bei der Lektüre dieses Buches deutlich geworden sein.

Die Diskussionen um die *Innere Führung* haben sich durch die Ausbildungsskandale in Pfullendorf und Sondershausen sowie den Rechtsextremismus-Fall in Illkirch seit Anfang 2017 wieder intensiviert. Durch die vorläufige Entschärfung der deutschen Einsatzrealität waren sie in den Monaten und Jahren zuvor verhaltener geworden.[290]

Es ist zu hoffen, dass die derzeitige Kontroverse nun endlich die schon lange geforderte Neugestaltung des Konzeptes auslöst und die hochgesteckten Ziele nicht nur Rhetorik im Vorfeld der Bundestagswahl bleiben. Die Debatte wird ansonsten spätestens mit erneuten kämpferischen Auseinandersetzungen deutscher Soldatinnen und Soldaten wieder entflammen und sich womöglich nicht mehr mit der Behauptung uneingeschränkter Bewährung eindämmen lassen. Angesichts dieser Prognosen wäre es ein schweres Versäumnis, die Lehren von ISAF versiegen zu lassen. Dass sie bewahrt und niemals vergessen werden, bleiben Politik und Bundeswehrführung nicht zuletzt ihren Gefallenen, Verwundeten und Hinterbliebenen schuldig.

---

[290] Mit Abschluss der ISAF-Mission wurde das Kapitel der Kampfeinsätze für die Bundeswehr vorerst wieder geschlossen. Bei den derzeitig knapp 3.500 deutschen Soldatinnen und Soldaten in den mandatierten Einsatzgebieten (Stand: August 2017) kommen Gefechtshandlungen faktisch nicht vor. Ausgenommen sind hierbei die Einsätze des Kommandos Spezialkräfte (KSK) und der Kampfretter. Im westafrikanischen Mali gerieten patrouillierende Kräfte der Bundeswehr am 6. Juli 2016 erstmals unter Beschuss.

Anhang

Buchautor

Dipl.-Päd. Major i.G. Marcel Bohnert, M.A.

 Marcel Bohnert ist Panzergrenadieroffizier und Absolvent der zweijährigen Generalstabsausbildung an der Führungsakademie der Bundeswehr in Hamburg. Er trat nach seinem Abitur 1997 als Unteroffizieranwärter in die Bundeswehr ein und absolvierte von November 1999 bis Mai 2000 einen Einsatz als Gruppenführer der *Task Force Zur* im Kosovo. Nach dem Wechsel in die Offizierlaufbahn studierte er Pädagogik und Psychologie an der Helmut-Schmidt-Universität/Universität der Bundeswehr Hamburg sowie der Central Connecticut State University in den USA. Seit 2008 durchlief er verschiedene Führungsverwendungen im Panzergrenadierlehrbataillon 92 und war von Juni 2011 bis Januar 2012 Chef einer Kampfeinheit der *Task Force Kunduz* in Afghanistan. Darauf folgten eine Verwendung als Leiter Studentenfachbereichsgruppe an der Hamburger Bundeswehruniversität und die Ausbildung für den Generalstabsdienst nebst postgraduiertem Masterstudium in militärischer Führung und internationaler Sicherheit. Bohnert hat zahlreiche Bücher und Aufsätze über militärische Führungskultur und den Afghanistan-Einsatz der Bundeswehr veröffentlicht.

Autor des Geleitwortes

Generalmajor a.D. Gerhard Brugmann, Mag.

Gerhard Brugmann studierte Rechtswissenschaften an den Universitäten in Mainz und Freiburg i. Br. Im Jahre 1956 trat er in die Bundeswehr ein und wurde zum Pionieroffizier ausgebildet. Nach zwei Verwendungen als Kompaniechef wurde er Adjutant des Kommandierenden Generals des III. Korps und nahm ab 1965 am Generalstabslehrgang der Führungsakademie der Bundeswehr teil. Brugmann diente anschließend in einem steten Wechsel von Truppen- und Stabsverwendungen; unter anderem war er Referent im Führungsstab des Heeres, Adjutant des Generalinspekteurs der Bundeswehr und Kommandeur einer Panzergrenadierbrigade. In seiner letzten Verwendung war er als Befehlshaber des Territorialkommandos Süd für die Koordinierung militärischer Vorhaben in den südlichen Wehrbereichen verantwortlich. Nach seiner Pensionierung 1990 hat Brugmann Landesregierungen und Kommunen in den neuen Bundesländern beraten. Heute befasst er sich vor allem mit Fragen des Kulturgutschutzes und der Humanitären Hilfe. Brugmann ist Träger des Großen Bundesverdienstkreuzes und des nationalen Verdienstordens Frankreichs (Ordre national du Mérite).

Literaturverzeichnis

Zur besseren Übersicht über die genutzte Literatur wird im Folgenden zwischen (a) wissenschaftlichen Abhandlungen/Beiträgen in Sammelbänden, (b) journalistischen Beiträgen/Meinungsartikeln/ Erfahrungsberichten und (c) offiziellen Dokumenten unterschieden. Dabei wurde jeweils die inhaltlich am besten passende Zuordnung gewählt. Unbenommen davon liegen einige Beiträge an der Schnittstelle verschiedener Kategorien und ließen sich entsprechend auch anders einordnen.

Wissenschaftliche Abhandlungen/Beiträge in Sammelbänden

Albrecht, Franco (2013): Politischer Wandel und Subversionsstrategie. Masterarbeit. Saint-Cyr.

Bald, Detlef (2005): Die Bundeswehr. Eine kritische Geschichte 1995-2005. Beck: München.

Bauer, Christian (2017): Akzeptanz oder Ablehnung? Zum Meinungsbild von Gewerkschaften und Kirchen zur Sicherheitspolitik und Bundeswehr. Lehrgangsarbeit. Führungsakademie der Bundeswehr: Hamburg.

Baudissin, Wolf Graf von (1969): Soldat für den Frieden. Entwürfe für eine zeitgemäße Bundeswehr. Piper: München.

Baudissin, Wolf Graf von (1964): Gedanken zum Kriegsbild. Presse- und Informationsamt der Bundesregierung: Bonn.

Baudissin, Wolf Graf von (1962): Das Kriegsbild. Beilage zu »Information für die Truppe«, 9/62.

Beck, Hans-Christian (2016): Warum benötigt die Bundeswehr eine Führungskultur und ein soldatisches Leitbild?, in: A. Bach & W. Sauer (Hrsg.): Schützen, Kämpfen, Retten – Dienen für Deutschland. Miles: Berlin, S. 31-41.

Beckmann, Klaus (2015): Treue. Bürgermut. Ungehorsam. Anstöße zur Führungskultur und zum beruflichen Selbstverständnis in der Bundeswehr. Miles: Berlin.

Beerenkämper Florian, Bohnert, Marcel, Buresch, Anja & Matuszewski, Sandra (2016): Der innerafghanische Friedens- und Aussöhnungsprozess. Folgerungen für die künftige deutsche Beteiligung an internationalen Operationen zur Krisenbewältigung in fragilen Staaten. Miles: Berlin.

Biehl, Heiko (2016): Bundeswehr im Urteil der Bürger – Das Integrationsgebot der Inneren Führung auf dem Prüfstand, in: A. Bach &

W. Sauer (Hrsg.): Schützen, Kämpfen, Retten – Dienen für Deutschland. Miles: Berlin, S. 237-248.

Biehl, Heiko (2012): Aus den Augen, aus dem Sinn? Überlegungen zur gesellschaftlichen Integration der Bundeswehr nach Aussetzung der Wehrpflicht, in: U. Hartmann, C.v. Rosen & C. Walther (Hrsg.): Jahrbuch Innere Führung 2012. Der Soldatenberuf im Spagat zwischen gesellschaftlicher Integration und sui generis-Ansprüchen. Gedanken zur Weiterentwicklung der Inneren Führung. Miles: Berlin, S. 53-72.

Biehl, Heiko (2007): Zustimmung unter Vorbehalt. Die deutsche Gesellschaft und ihre Streitkräfte, in: E. Wiesendahl (Hrsg.): Innere Führung für das 21. Jahrhundert. Die Bundeswehr und das Erbe Baudissins. Ferdinand Schöningh: Paderborn, S. 103-116.

Birkhoff, Jan-Philipp (2014): Führen trotz Auftrag. Zur Rolle des militärischen Führers in der postheroischen Gesellschaft, in: M. Bohnert & L.J. Reitstetter (Hrsg.): Armee im Aufbruch. Zur Gedankenwelt junger Offiziere in den Kampftruppen der Bundeswehr. Miles: Berlin, S. 107-131.

Böcker, Martin (2014): Elmar Wiesendahls Athen und Sparta. Eine Kritik mit persönlichen Anmerkungen, in: M. Bohnert & L.J. Reitstetter (Hrsg.): Armee im Aufbruch. Zur Gedankenwelt junger Offiziere in den Kampftruppen der Bundeswehr. Miles: Berlin, S. 223-236.

Bohnert, Marcel (2016): Armee im Aufbruch: Zum anhaltenden Diskurs um das Buch der »Leutnante 2014«, in: U. Hartmann & C.v. Rosen (Hrsg.): Jahrbuch Innere Führung 2016. Innere Führung als kritische Instanz. Miles: Berlin, S. 238-260.

Bohnert, Marcel (2014b): Wächter aus der Luft. Drohnen als Schutzpatrone deutscher Bodentruppen in Afghanistan, in: U. Hartmann & C.v. Rosen (Hrsg.): Jahrbuch Innere Führung 2014. Drohnen, Roboter und Cyborgs. Der Soldat im Angesicht neuer Militärtechnologien. Miles: Berlin, S. 19-34.

Bohnert, Marcel (2014c): Zur Notwendigkeit lagebezogener Einsatzregeln für Soldatinnen und Soldaten in Auslandsmissionen, in: F. Forster, S. Vugrin & L. Wessendorff (Hrsg.): Das Zeitalter der Einsatzarmee. Herausforderungen für Recht und Ethik. Berliner Wissenschafts-Verlag: Berlin, S. 131-140.

Bohnert, Marcel (2013b): Extremerfahrungen als Zerreißprobe. Zum Wandel der Streitkräftekultur durch den Einsatz in Afghanistan, in: U. Hartmann & C.v. Rosen (Hrsg.): Jahrbuch Innere Führung 2013. Wissenschaften und ihre Relevanz für die Bundeswehr als Armee im Einsatz. Miles: Berlin, S. 334-351.

Bollmann, Axel (2016): Wir. Dienen. Deutschland. – Was Soldaten antreibt, in: M. Bohnert & B. Schreiber (Hrsg.): Die unsichtbaren Veteranen. Kriegsheimkehrer in der deutschen Gesellschaft. Miles: Berlin, S. 173-194.

Brzoska, Michael (2004): New Wars Discourse in Germany. Journal of Peace Research, 41, pp. 107-117.

Buchner, Peter (2016): Kritik: amtlich verordnet! Politische Bildung als kritische Instanz der Inneren Führung und ein Geburtstagsständchen für den Beutelsbacher Konsens, in: U. Hartmann & C.v. Rosen (Hrsg.): Jahrbuch Innere Führung 2016. Innere Führung als kritische Instanz. Miles: Berlin, S. 110-123.

Bulmahn, Thomas (2012): Attraktivitätsindex Bundeswehr. Ein Instrument zur zielgruppenspezifischen Messung der Attraktivität des Arbeitgebers Bundeswehr. Sozialwissenschaftliches Institut der Bundeswehr: Strausberg.

Chauvistré, Eric (2009): Wir Gutkrieger. Warum die Bundeswehr im Ausland scheitern wird. Campus: Frankfurt a.M.

Chiari, Bernhard (2015): Der Afghanistan-Einsatz der Bundeswehr aus militärhistorischer Sicht, in: R.L. Glatz & R. Tophoven (Hrsg.): Am Hindukusch – Und weiter? Die Bundeswehr im Auslandseinsatz: Erfahrungen, Bilanzen, Ausblicke. Bundeszentrale für politische Bildung: Bonn, S. 139-155.

Chiari, Bernhard (2014): A New Model Army: The Bundeswehr in Kunduz, 2003-2012, in: B. Chiari (Ed.): From Venus to Mars? Provincial Reconstruction Teams and the European Military Experience in Afghanistan, 2001-2014. Rombach: Freiburg i.Br., pp. 135-156.

Clausewitz, Carl von (1832/34): Vom Kriege (Textfassung von O. Corff, 2010).

Creveld, Martin van (2017): Wir Weicheier. Warum wir uns nicht mehr wehren können und was dagegen zu tun ist. Ares: Graz.

Creveld, Martin van (2006): Kampfkraft. Militärische Organisation und Leistung 1939-1945 (2. Auflage). Ares: Graz.

Creveld, Martin van (1998): Die Zukunft des Krieges. Gerling Akademie: München.

Daxner, Michael (2016): Afghanistan hat Veteranen produziert – was nun?, in: M. Bohnert & B. Schreiber (Hrsg.): Die unsichtbaren Veteranen. Kriegsheimkehrer in der deutschen Gesellschaft. Miles: Berlin, S. 107-117.

Dickow, Marcel & Linnenkamp, Hilmar (2016): Breite vor Tiefe. Eine Fessel deutscher Verteidigungs- und Kooperationsplanung? SWP-Aktuell, 38, S. 1-4.

Döge, Alexander (2008): Weiterentwicklung eines soldatischen Berufsethos. Berufsethische Leitlinien im Konzept der Inneren Führung. Diplomarbeit. Universität der Bundeswehr München: Neubiberg.

Dörfler-Dierken, Angelika & Kramer, Robert (2014): Innere Führung in Zahlen. Streitkräftebefragung 2013. Miles: Berlin.

Dörfler, Dierken, Angelika (2016): Innere Führung am Anfang der 1990er Jahre. Der sicherheitspolitische Umbruch im Spiegel der ZDv 10/1 Innere Führung von 1993, in: H.C. Beck & C. Singer (Hrsg.): Entscheiden – Führen – Verantworten. Soldatsein im 21. Jahrhundert. Miles: Berlin, S. 37-54.

Evans, Michael (2011): Captains of the Soul. Stoic Philosophy and the Western Profession of Arms in the Twenty-first Century. Naval War College Review, 1, pp. 32-58.

Farwick, Dieter (2016): Kleinkriege, die unterschätzte Kriegsform. Warum die Zukunft von Kriegen den Guerillas, Partisanen und Hackern gehört. Gerhard Hess: Bad Schussenried.

Fölsing, Andreas & Scherm, Ewald (2012): Das Arbeitgeberimage der Bundeswehr: Bedeutung und Handlungsbedarf aufgrund der Strukturreform. FernUniversität Hagen: Hagen.

Franke, Jürgen (2015): Demokratische Kontrolle von Streitkräften und Sicherheitspolitik in Deutschland, in: N. Leonhard & J. Franke (Hrsg.): Militär und Gewalt. Sozialwissenschaftliche Perspektiven. Duncker & Humblot: Berlin, S. 115-135.

Franke, Jürgen (2012): Wie integriert ist die Bundeswehr? Eine Untersuchung zur Integrationssituation der Bundeswehr als Verteidigungs- und Einsatzarmee. Nomos: Baden-Baden.

Freudenberg, Dirk (2014): Auftragstaktik und Innere Führung. Feststellungen und Anmerkungen zur Frage nach Bedeutung und Verhältnis des inneren Gefüges und der Auftragstaktik unter den Bedingungen des Einsatzes der Deutschen Bundeswehr. Miles: Berlin.

Glatz, Rainer (2016): Innere Führung – Bewährung im Einsatz?, in: A. Bach & W. Sauer (Hrsg.): Schützen, Kämpfen, Retten – Dienen für Deutschland. Miles: Berlin, S. 42-53.

Glatz, Rainer (2015): International Security Assistance Force (ISAF) – Erfahrungen im Afghanistan-Einsatz, in: R.L. Glatz & R. Tophoven (Hrsg.): Am Hindukusch – Und weiter? Die Bundeswehr im Auslandseinsatz: Erfahrungen, Bilanzen, Ausblicke. Bundeszentrale für politische Bildung: Bonn, S. 60-77.

Hartmann, Uwe (2017): Hybride Kriegführung und die Relevanz der Inneren Führung. If – Zeitschrift für Innere Führung, 2, S. 12-21.

Hartmann, Uwe (2015): Krieg ohne Kampf? Zur Reintegration von Aufständischen in Afghanistan, in: U. Hartmann (Hrsg.): Lernen von Afghanistan. Innovative Mittel und Wege für Auslandseinsätze. Miles: Berlin, S. 76-95.

Hartmann, Uwe (2011): Baudissin und die Weiterentwicklung der Inneren Führung, in: M. Staack (Hrsg.): Zur Aktualität des Denkens von Wolf Graf von Baudissin. Buderich: Opladen, S. 43-57.

Hartmann, Uwe (2007): Innere Führung. Erfolge und Defizite der Führungsphilosophie für die Bundeswehr. Miles: Berlin.

Hamann, Rudolf (2008): Abschied vom Staatsbürger in Uniform. Fünf Thesen zum Verfall der Inneren Führung, in: D. Bald, H.G. Fröhling, J. Groß & C.v. Rosen (Hrsg.): Zurückgestutzt, sinnentleert, unverstanden: Die Innere Führung der Bundeswehr. Nomos: Baden-Baden, S. 27-47.

Hamann, Rudolf (2002): Vom virtuellen Krieg zum realen Einsatz: Die Zukunft der Inneren Führung unter neuen Rahmenbedingungen, in: W. Gerhard (Hrsg.): Innere Führung – Dekonstruktion und Rekonstruktion. Edition Temmen: Bremen, S. 39-48.

Hamann, Rudolf (1972): Armee im Abseits? Hoffmann und Campe: Hamburg.

Hamann, Rudolf (1970): Streit um eine verkannte Reform. Ein Beitrag zur Inneren Führung. Decker's Verlag: Hamburg.

Hellmann, Kai-Uwe (2011): Bewährungsprobe. Die Innere Führung im Einsatz, in: U. Hartmann, C.v. Rosen & C. Walther (Hrsg.): Jahrbuch Innere Führung 2011. Ethik als geistige Rüstung für Soldaten. Miles: Berlin, S. 178-200.

Hinners, Klaas (2016): Eine kritische Betrachtung der Parlamentsarmee, in: M. Bohnert & B. Schreiber (Hrsg.): Die unsichtbaren Veteranen. Kriegsheimkehrer in der deutschen Gesellschaft. Miles: Berlin, S. 139-146.

Janke, Reinhold (2016): Innere Führung und Tradition. Mit einem Exkurs zu ‚Treue um Treue', in: U. Hartmann & C.v. Rosen (Hrsg.): Jahrbuch Innere Führung 2016. Innere Führung als kritische Instanz. Miles: Berlin, S. 84-109.

Karst, Heinz (1964): Das Bild des Soldaten. Versuch eines Umrisses. Boldt: Boppard a.R.

Kleinschmidt, Harald (2014): Wie neu sind die „Neuen Kriege"? Kriegsdenken im langen 20. Jahrhundert, in: V. Gerhardt, C. Kauffmann, H.-C. Kraus, R. Mehring, P. Nitschke, H. Ottmann, M.P. Thompson & B. Zehnpfennig (Hrsg.): Politisches Denken Jahrbuch 2014. Duncker & Humblot: Berlin, S. 155-182.

Kroll, Angelika Magdalena (2015): Iron Lady. Die Frau des Offiziers. Unveröffentlichtes Manuskript. DeutscherVeteranenVerlag: Neuss.

Küenzlen, Gottfried (2013): Kämpfer in postheroischer Zeit?, in: M. Böcker, L. Kempf & F. Springer (Hrsg.): Soldatentum. Auf der Suche nach Identität und Berufung der Bundeswehr heute. Olzog: München, S. 109-125.

Kümmel, Gerhard (2016): Halb zog man sie, halb sank sie dahin... Die Bundeswehr und ihre Öffnung für Frauen, in: A. Dörfler-Dierken & G. Kümmel (Hrsg.): Am Puls der Bundeswehr. Militärsoziologie in Deutschland zwischen Wissenschaft, Politik, Bundeswehr und Gesellschaft. Springer: Wiesbaden, S. 277-301.

Kümmel, Gerhard (2014): Truppenbild ohne Dame? Eine sozialwissenschaftliche Begleituntersuchung zum aktuellen Stand der Integration von Frauen in die Bundeswehr. Zentrum für Militärgeschichte und Sozialwissenschaften: Berlin.

Kümmel, Gerhard (2008): Truppenbild mit Dame. Eine sozialwissenschaftliche Begleituntersuchung zum aktuellen Stand der Integration von Frauen in die Bundeswehr. Sozialwissenschaftliches Institut der Bundeswehr: Strausberg.

Kutz, Martin (1994): Reform als Weg aus der Katastrophe. Über den Vorbildcharakter der Preußischen Reformen 1808-1818 und die Vergleichbarkeit der Situationen von 1806 und 1945 für Arbeit und Denken Baudissins (Beiträge zur Lehre und Forschung, 6/94). Führungsakademie der Bundeswehr/Fachbereich Sozialwissenschaften: Hamburg.

Lange, Werner (2009): Vom Konzept zum Prinzip. Die Umstrukturierung der Schule für Innere Führung der Bundeswehr 1978. Gründe – Absicht – Auftrag – erste Ergebnisse, in: 6. Generalstabslehrgang Heer (Hrsg.): Korrespondenz. Dezember 2009, S. 103-120.

Lather, Dietger (2015): Für Deutschland in den Krieg. Auslandseinsätze der Bundeswehr und was Soldaten, ihre Angehörigen und die deutsche Gesellschaft darüber wissen müssen. Tectum: Marburg.

Machiavelli, Niccolò (1995/1521): The Art of War. Penguin: London.

Maizière, Ulrich de (1974): Führen – im Frieden. 20 Jahre Dienst für Bundeswehr und Staat. Bernard & Graefe: München.

Mann, Robert Clifford (2014): German Warriors, in: M. Daxner (Hrsg.): Deutschland in Afghanistan. BIS: Oldenburg, S. 139-153.

Masala, Carlo (2013): Soldat und Söldner. Demokratie und Schlagkraft, in: M. Böcker, L. Kempf & F. Springer (Hrsg.): Soldatentum. Auf der Suche nach Identität und Berufung der Bundeswehr heute. Olzog: München, S. 63-74.

Meißner, Burkhard (2015): Athen und Sparta. Kritik spiegelt Krisenerfahrung. If – Zeitschrift für Innere Führung, 2, S. 5-10.

Münch, Philipp (2015): Die Bundeswehr in Afghanistan. Militärische Handlungslogik in internationalen Interventionen. Rombach: Freiburg i.Br.

Münkler, Herfried (2015): Kriegssplitter. Die Evolution der Gewalt im 21. Jahrhundert. Rowohlt: Berlin.

Münkler, Herfried (2006): Was ist neu an den neuen Kriegen? – Eine Erwiderung auf die Kritiker, in: A. Geis (Hrsg.): Den Krieg überdenken. Kriegsbegriffe und Kriegstheorien in der Kontroverse. Nomos: Baden-Baden, S. 133-150.

Münkler, Herfried (2002): Die neuen Kriege (2. Auflage). Rowohlt: Hamburg.

Naumann, Klaus (2013): Der blinde Spiegel. Hamburger Edition HIS: Hamburg.

Naumann, Klaus (2010): Einsatz ohne Ziel? Die Politikbedürftigkeit des Militärischen. Bundeszentrale für politische Bildung: Bonn.

Neitzel, Sönke & Welzer, Harald (2011): Soldaten. Protokolle vom Kämpfen, Töten und Sterben (3. Auflage). S. Fischer: Frankfurt a.M.

Noetzel, Timo & Rid, Thomas (2009): Germany´s options in Afghanistan. Survival, 5, pp. 71-90.

Noetzel, Timo (2011): The German politics of war: Kunduz and the war in Afghanistan. International Affairs, 2, pp. 397-417.

Noetzel, Timo (2008): Weniger Taschenkarten, mehr Wirkmittel. Afghanistan als Testfall für Deutschland und die NATO. Internationale Politik, 3, S. 25-32.

Pahl, Jan (2017): Führungskultur in der Bundeswehr? Eine Arbeit unter besonderer Berücksichtigung der Inneren Führung und ihrer Wirkung auf Attraktivität und Berufszufriedenheit. Lehrgangsarbeit: Führungsakademie der Bundeswehr: Hamburg.

Perthes, Volker (2017): Einleitung: Navigieren durch Krisenlandschaften, in: V. Perthes (Hrsg.): »Krisenlandschaften«. Konfliktkonstellationen und Problemkomplexe internationaler Politik. Ausblick 2017. Stiftung Wissenschaft und Politik: Berlin, S. 5-9.

Portugall, Gerd (2011): Der Weg zur Konzeption der Inneren Führung und die wesentlichen Akteure bei der Ausgestaltung, in: H.C. Beck & C. Singer (Hrsg.): Entscheiden – Führen – Verantworten. Soldatsein im 21. Jahrhundert. Miles: Berlin, S. 23-36.

Reeb, Hans-Joachim (2010): Den Menschen mitnehmen. Change Communication in den Streitkräften. If – Zeitschrift für Innere Führung, 4, S. 5-9.

Richter, Christian (2016): Preemptive Self-Defense. Die Vereinbarkeit des Konzepts der Preemptive Self-Defense mit dem Völkerrecht. Duncker & Humblot: Berlin.

Richter, Christian (2014): Töten im Krieg – das Verhältnis zwischen allgemeinem Strafrecht und den Kriegsverbrechenstatbeständen des Völkerstrafgesetzbuches, in: F. Forster, S. Vugrin & L. Wessendorff (Hrsg.): Das Zeitalter der Einsatzarmee. Herausforderungen für Recht und Ethik. Berliner Wissenschafts-Verlag: Berlin, S. 220-240.

Richter, Christian (2012): Tödliche militärische Gewalt und strafrechtliche Verantwortung. Höchstrichterliche Rechtsprechung. Anmerkungen zum Einstellungsbeschluss der Generalbundesanwaltschaft. Höchstrichterliche Rechtsprechung zum Strafrecht, S. 28-38.

Robbe, Reinhold (2016): Die Zeit ist reif!, in: M. Bohnert & B. Schreiber (Hrsg.): Die unsichtbaren Veteranen. Kriegsheimkehrer in der deutschen Gesellschaft. Miles: Berlin, S. 291-297.

Rosen, Claus von (2013): Wissenschaft und militärische Führung in Baudissins Konzeption Innere Führung, in: U. Hartmann & C.v. Rosen (Hrsg.): Jahrbuch Innere Führung 2013. Wissenschaften und ihre Relevanz für die Bundeswehr als Armee im Einsatz. Miles: Berlin, S. 81-104.

Rosen, Claus von (2011): Die Bedeutung des kriegstüchtigen Soldaten in Baudissins Überlegungen, in: M. Staack (Hrsg.): Zur Aktualität des Denkens von Wolf Graf von Baudissin. Buderich: Opladen, S. 9-26.

Ruffa, Chiara, Dandeker, Christopher & Vennesson, Pascal (2013): Soldiers drawn into politics? The influence of tactics in civil-military relations. Small Wars & Insurgencies, 2, pp. 322-334.

Sangar, Eric (2015): The Weight of the Past(s): The Impact of the Bundeswehr's Use of Historical Experience on Strategy-Making in Afghanistan. Journal of Strategic Studies, 4, pp. 411-444.

Sauer, Walter (2011): Der stille Wandel. Anforderungen an militärische Führungskräfte heute, in: H.C. Beck & C. Singer (Hrsg.): Entscheiden – Führen – Verantworten. Soldatsein im 21. Jahrhundert. Miles: Berlin, S. 63-71.

Schlaffer, Rudolf J. (2015): Die Innere Führung im Spiegel von 60 Jahren. Militärgeschichte – Zeitschrift für historische Bildung, 3, S. 10-13.

Schroeder, Robin & Zapfe, Martin (2015): "War-like circumstances": Germany´s unforeseen combat mission in Afghanistan and its strategic narratives, in: B. de Graaf, G. Dimitriue & J. Ringmose (Eds.): Strategic Narratives, Public Opinion, and War. Winning domestic support for the Afghan War. Routledge: London, pp. 177-198.

Schroeder, Robin (2014): Not too little, but too late: ISAF´s restart of 2010 in light of the coalition´s previous mistakes, in: J. Krause & C. King (Eds.): Afghanistan, Pakistan, and Strategic Change. Adjusting western regional policy. Routledge: New York, pp. 19-69.

Schubert, Hartwig von (2015): Integrative Militärethik. Ethische Urteilsbildung in der militärischen Führung. Miles: Berlin.

Schultze-Rhonhof, Gerd (1997): Wozu noch tapfer sein? Resch: Gräfelfing.

Sebaldt, Martin (2017): Nicht abwehrbereit. Die Kardinalprobleme der deutschen Streitkräfte, der Offenbarungseid des Weißbuchs und die Wege aus der Gefahr. Miles: Berlin.

Seiffert, Anja & Heß, Julius (2012): Afghanistan: Ein Einsatz verändert die Bundeswehr. Erkenntnisse des 22. deutschen ISAF-Kontingents. If – Zeitschrift für Innere Führung, 2, S. 20-24.

Seiffert, Anja (2016a): Aus der empirischen Feldforschung – Wofür riskieren Soldaten ihr Leben?, in: A. Bach & W. Sauer (Hrsg.): Schützen, Kämpfen, Retten – Dienen für Deutschland. Miles: Berlin, S. 213-225.

Seiffert, Anja (2016b): „Das Problem, wieder hier anzukommen" – Einsatzrückkehrer und Gesellschaft, in: M. Bohnert & B. Schreiber (Hrsg.): Die unsichtbaren Veteranen. Kriegsheimkehrer in der deutschen Gesellschaft. Miles: Berlin, S. 125-138.

Seiffert, Anja (2015): »Willkommen in meiner Welt« – Einsatzsoldaten und Heimatgesellschaft, in: R.L. Glatz & R. Tophoven (Hrsg.): Am Hindukusch – Und weiter? Die Bundeswehr im Auslandseinsatz: Erfahrungen, Bilanzen, Ausblicke. Bundeszentrale für politische Bildung: Bonn, S. 235-247.

Seiffert, Anja (2014): Holidays at »Kunduz Spa«? Experiences of German soldiers in Afghanistan, in: B. Chiari (Ed.): From Venus to Mars? Provincial Reconstruction Teams and the European Military Experience in Afghanistan, 2001-2014. Rombach: Freiburg i.Br., pp. 317-332.

Singer, Peter W. (2009): Wired for War. The Robotics Revolution and Conflict in the 21st Century. Penguin: New York.

Skwara, Kai (2014): Soldent oder Studat? Der Offizier in der Gesellschaft und der Einfluss des Studiums, in: M. Bohnert & L.J. Reitstetter (Hrsg.): Armee im Aufbruch. Zur Gedankenwelt junger

Offiziere in den Kampftruppen der Bundeswehr. Miles: Berlin, S. 139-152.

Souchon, Lennart (2012): Carl von Clausewitz. Strategie im 21. Jahrhundert. Mittler: Hamburg.

Spreen, Dierk (2014): Digitalisierung und Innere Führung, in: U. Hartmann & C.v. Rosen (Hrsg.): Jahrbuch Innere Führung 2014. Drohnen, Roboter und Cyborgs. Der Soldat im Angesicht neuer Militärtechnologien. Miles: Berlin, S. 46-59.

Staack, Michael (2011): Baudissin: Frieden, Krieg, Strategie – Pfeiler der Inneren Führung, in: M. Staack (Hrsg.): Zur Aktualität des Denkens von Wolf Graf von Baudissin. Buderich: Opladen, S. 27-41.

Trautvetter, Karl, Wolf, Ingo & Hertel, Sven Oliver (2011): Multinationalität und Innere Führung – Möglichkeiten und Grenzen, in: H.C. Beck & C. Singer (Hrsg.): Entscheiden – Führen – Verantworten. Soldatsein im 21. Jahrhundert. Miles: Berlin, S. 174-180.

Unger, Richard (2014): Offizier sein. Anforderungen an die Ausbildung, Erziehung und das Berufsverständnis künftiger militärischer Führer in der Bundeswehr, in: M. Bohnert & L.J. Reitstetter (Hrsg.): Armee im Aufbruch. Zur Gedankenwelt junger Offiziere in den Kampftruppen der Bundeswehr. Miles: Berlin, S. 29-39.

Uslar, Rolf von & Walther, Marc A. (2012): Kampfmoral: Voraussetzung für das Bestehen im Einsatz, in: U. Hartmann, C.v. Rosen & C. Walther (Hrsg.): Jahrbuch Innere Führung 2012. Der Soldatenberuf im Spagat zwischen gesellschaftlicher Integration und sui generis-Ansprüchen. Gedanken zur Weiterentwicklung der Inneren Führung. Miles: Berlin, S. 73-89.

Vogt, Wolfgang R. (1972): Militär und Demokratie. Funktionen und Konflikte der Institution des Wehrbeauftragten. Decker's Verlag: Hamburg.

Warburg, Jens (2014): Robots on the battlefield – Zur fortschreitenden Technisierung des Kampfgeschehens und seine Folgen für das soldatische Selbstverständnis, in: U. Hartmann & C.v. Rosen (Hrsg.): Jahrbuch Innere Führung 2014. Drohnen, Roboter und Cyborgs. Der Soldat im Angesicht neuer Militärtechnologien. Miles: Berlin, S. 35-45.

Weigt, Jürgen (2016): Anforderungen an militärische Führungskräfte, in: A. Bach & W. Sauer (Hrsg.): Schützen, Kämpfen, Retten – Dienen für Deutschland. Miles: Berlin, S. 152-164.

Weigt, Jürgen (2014): Führungskultur und soldatisches Ethos der Bundeswehr im Einsatz, in: T. Bohrmann, K.H. Lather & F. Lohmann (Hrsg.): Handbuch Militärische Berufsethik, Band 2: Anwendungsfelder. Springer: Wiesbaden, S. 243-261.

Wiesendahl, Elmar (2016): Bundeswehr ohne Halt. Zu Fehlentwicklungen der Inneren Führung. Ethik und Militär, 1, S. 43-47.

Wiesendahl, Elmar (2010): Athen oder Sparta – Bundeswehr quo vadis? Edition Temmen: Bremen.

Wiesendahl, Elmar (2007): Was bleibt und was sich ändern muss an einer Inneren Führung für das 21. Jahrhundert, in: E. Wiesendahl (Hrsg.): Innere Führung für das 21. Jahrhundert. Die Bundeswehr und das Erbe Baudissins. Ferdinand Schöningh: Paderborn, S. 155-166.

Wiesendahl, Elmar (2005a): Die Innere Führung auf dem Prüfstand – Zum Anpassungsbedarf eines Leitbildes, in: E. Wiesendahl (Hrsg.): Neue Bundeswehr – neue Innere Führung? Perspektiven und Rahmenbedingungen für die Weiterentwicklung eines Leitbildes. Nomos: Baden-Baden, S. 17-34.

Wiesendahl, Elmar (2005b): Neue Bundeswehr und die Weiterentwicklung der Inneren Führung, in: E. Wiesendahl (Hrsg.): Neue Bundeswehr – neue Innere Führung? Perspektiven und Rahmenbedingungen für die Weiterentwicklung eines Leitbildes. Nomos: Baden-Baden, S. 9-16.

Wiesendahl, Elmar (2002): Neue Bundeswehr und überholte Innere Führung. Ein Anstoß zur Fortentwicklung eines abgestandenen Leitbilds, in: W. Gerhard (Hrsg.): Innere Führung – Dekonstruktion und Rekonstruktion. Edition Temmen: Bremen, S. 19-38.

Wittchen, Hans-Ulrich, Schönfeld, Sabine, Kirschbaum, Clemens, Thurau, Christin, Trautmann, Sebastian, Steudte, Susann, Klotsche, Jens, Höfler, Michael, Hauffa, Robin & Zimmermann, Peter (2012): Traumatische Ereignisse und posttraumatische Belastungsstörungen bei im Auslandseinsatz eingesetzten Soldaten. Wie hoch ist die Dunkelziffer? Deutsches Ärzteblatt, 35/36, S. 559-568.

Journalistische Beiträge/Meinungsartikel/Erfahrungsberichte

Amberger, Julia Maria (2015): Die Ministerin und ihr Soldat. taz am Wochenende, 28./29. November 2015, S. 17-19.

Bartels, Hans-Peter, Wittmann, Klaus & Wüstner, André (2016): Aus Afghanistan lernen. Die Bundeswehr, 10, S. 22-23.

Bartels, Hans-Peter (2017a): Richtig oder Falsch. GVPA-Info, III, S. 17.

Bächler, Maja (2017): An einem Freitag im April. Bundeswehr aktuell, 13, S. 7.

Bensch, Fabrizio (2010): Einsatz in Afghanistan: Fotografien und Briefe von Fabrizio Bensch. Landeszentrale für politische Bildung: Brandenburg.

Blumröder, Christian von (2015): Shape, Clear, Hold, Build – Die Operation Halmazag des Ausbildungs- und Schutzbataillons Kunduz, in: R. Schroeder & S. Hansen (Hrsg.): Stabilisierungseinsätze als gesamtstaatliche Aufgabe. Erfahrungen und Lehren aus dem deutschen Afghanistaneinsatz zwischen Staatsaufbau und Aufstandsbewältigung (COIN). Nomos: Baden-Baden, S. 233-244.

Böcker, Martin (2017): Ursula von der Leyen und die Bundeswehr. The European, 17. Mai 2017.

Böcker, Martin (2015): Selbstverständlich Soldat. Junge Freiheit, 14/15, 27. März 2015.

Böhm, David (2010): Folgen einer Einsatzverwundung, in: S. Brinkmann & J. Hoppe (Hrsg.): Generation Einsatz. Fallschirmjäger berichten ihre Erfahrungen aus Afghanistan. Miles: Berlin, S. 195-206.

Borchardt, Alexandra & Hickmann, Christoph (2017): Bundesverteidigungsministerin von der Leyen: Bundeswehr hat ein „gigantisches Personalproblem". Die Organisation müsse zudem 100 Jahre gesellschaftliche Entwicklung nachholen, sagt die Verteidigungsministerin im SZ-Interview. Süddeutsche Zeitung, 14. April 2017.

Börner, Sylvia (2017): Ein zeitloses Pfund. Die Innere Führung ist heute relevanter denn je. If – Zeitschrift für Innere Führung, 1, S. 4.

Bohnert, Marcel & Neumann, Andy (2016): Panzergrenadiere im Kampfeinsatz in Afghanistan, in: Freundeskreis der Panzergrenadiertruppe (Hrsg.): Panzergrenadiere. Eine Truppengattung im Wandel der Zeiten. Mundschenk: Munster, S. 41-59.

Bohnert, Marcel & Schreiber, Björn (2014): 200 Tage Kunduz. Erfahrungen einer Kampfkompanie in Afghanistan. Vortrag, Fotopräsentation, Diskussion (3. Auflage). Video-Doppel-DVD. Helmut-Schmidt-Universität/Universität der Bundeswehr Hamburg: Hamburg.

Bohnert, Marcel (2017): Über Korpsgeist und Kampftruppen. Frankfurter Allgemeine Zeitung, 28. April 2017, S. 8.

Bohnert, Marcel (2015): COIN an der Basis. Zur Umsetzung des Konzeptes in einer Kampfkompanie der Task Force Kunduz, in: R. Schroeder & S. Hansen (Hrsg.): Stabilisierungseinsätze als gesamtstaatliche Aufgabe. Erfahrungen und Lehren aus dem deutschen Afghanistaneinsatz zwischen Staatsaufbau und Aufstandsbewältigung (COIN). Nomos: Baden-Baden, S. 245-258.

Bohnert, Marcel (2014a): Feinde in den eigenen Reihen. Zur Problematik von Innentätern in Afghanistan. If – Zeitschrift für Innere Führung, 2, S. 5-12.

Bohnert, Marcel (2013a): Die Multiformträger. Anmerkungen zur Anzugordnung in Afghanistan. Der Panzergrenadier – Zeitschrift des Freundeskreises der Panzergrenadiertruppe, 2, S. 35-37.

Blumröder, Christian von (2013): Operation »Halmazag«, in: S. Brinkmann, J. Hoppe & W. Schröder (Hrsg.): Feindkontakt. Gefechtsberichte aus Afghanistan. Mittler: Hamburg, S. 75-103.

Brugmann, Gerhard (2017): Innere Führung ist Teil der Führung. Treue Kameraden – Zeitschrift des Bayerischen Soldatenbundes, 3, S. 14-15.

Bumiller, Elisabeth (2010): We have met the enemy and he is PowerPoint. New York Times, 26 April 2010.

Buske, Rainer (2015): Kunduz. Ein Erlebnisbericht über einen militärischen Einsatz der Bundeswehr in Afghanistan im Jahre 2008. Miles: Berlin.

Busse, Caspar & Hagelüken, Alexander (2015): Nie mehr rumschreien. Süddeutsche Zeitung, 16. Oktober 2015, S. 18.

Carlens, Sebastian (2017): Braune-Armee-Fraktion. Neonazis bei der Bundeswehr? Verteidigunsgministerin sagt vor Überraschung USA-Reise ab. Junge Welt, 3. Mai 2017, S. 1.

Chauvistré, Eric & Bangert, Christoph (2012): Auf Montage. NEON, 1, S. 20-30.

Clair, Johannes (2012): Vier Tage im November. Mein Kampfeinsatz in Afghanistan. Econ: Berlin.

Dausend, Peter (2017): Auf die ganz harte Tour. Die Bundeswehr-Skandale werden nicht von der Ministerin aufgebauscht, sondern von Teilen der Truppe beschwichtigt. Die Zeit, 26. Juni 2017.

Dawidzinski, Andreas (2012): Mehr Soldat, weniger Staatsbürger? Kritik nach außen in der Bundeswehr unerwünscht. NDR Info, 20. Oktober 2012.

Demmer, Ulrike, Feldenkirchen, Markus, Fichtner, Ulrich, Gebauer, Matthias, Goetz, John, Goos, Hauke, Gutsch, Jochen-Martin, Koelbl, Susanne, Najafizada, Shoib, Schwennicke, Christoph & Stark, Holger (2010): Ein deutsches Verbrechen. Der Spiegel, 5, S. 2-19.

Demmer, Ulrike, Gebauer, Matthias & Goetz, John (2010): Faustgroße Löcher. Der Spiegel, 22, S. 43.

Demmer, Ulrike (2010a): Ein ewiger Krieg. Der Spiegel, 28, S. 48-56.

Demmer, Ulrike (2010b): Trotziger Korpsgeist. Der Spiegel, 34, S. 32-33.

Dorn, Thea (2014): Nennen wir sie Helden. Die Zeit, 23. November 2014.

Ebersoll, Björn (2017): Vitalis Innere Führung. Ein Appell an die Führungskräfte von heute und morgen. Unveröffentlichtes Manuskript. Führungsakademie der Bundeswehr: Hamburg.

Eckhold, Robert (2010): Fallschirmjäger in Kunduz. Wir kamen, um zu helfen, und erlebten den perfiden Terror! Command: Limbach-Oberfrohna.

Fleischhauer, Jan & Wiegrefe, Klaus (2017): „Die sollen töten können". Der Militärhistoriker Sönke Neitzel kritisiert die Traditionspflege der Bundeswehr, lobt die Wehrmacht und wirft Ministerin Ursula von der Leyen Unkenntnis vor. Der Spiegel, 29, S. 42-44.

Fleischhauer, Jan (2017): Perverse Sex-Nazis endlich verboten. Der Spiegel, 22. Mai 2017.

Focken, Tim (2013): Verwundung – Ein Kampf, auf den ich nicht vorbereitet war, in: S. Brinkmann, J. Hoppe & W. Schröder (Hrsg.): Feindkontakt. Gefechtsberichte aus Afghanistan. Mittler: Hamburg, S. 61-74.

Friederichs, Hauke (2011a): Das Ende der alten Bundeswehr. Die Zeit, 11. September 2011.

Friederichs, Hauke (2011b): Die Kämpfer schimpfen auf die Lager-bürokraten. Die Zeit, 11. Februar 2011.

Gack, Uli (2015): »Nach Kunduz kommt man nur zum Sterben.« Nachruf auf ein deutsches Experiment, in: R.L. Glatz & R. Tophoven (Hrsg.): Am Hindukusch – Und weiter? Die Bundeswehr im Auslandseinsatz: Erfahrungen, Bilanzen, Ausblicke. Bundeszentrale für politische Bildung: Bonn, S. 266-283.

Gebauer, Matthias, Goetz, John, Hoyng, Hans, Koelbl, Susanne, Rosenbach, Marcel & Schmitz, Gregor Peter (2010): Protokoll eines Krieges. Der Spiegel, 30, S. 70-81.

Gebauer, Matthias, Hammerstein, Konstantin von & Wiegrefe, Klaus (2017): „Wehrmacht Kaffee?" Der Spiegel, 25, S. 30-33.

Gebauer, Matthias (2017a): Ärger in der Elite-Einheit. Frauenfeindliche Sprüche – Bundeswehr setzt KSK-Kommandeur ab. Spiegel Online, 18. August 2017.

Gebauer, Matthias (2017b): Bundeswehr-Skandal. Von der Leyen setzt Chefausbilder des Heeres ab. Spiegel Online, 26. April 2017.

Gebauer, Matthias (2009): Drei Bundeswehrsoldaten während Gefecht bei Kunduz getötet. Spiegel Online, 23. Juni 2009.

Grohmann, Hans-Christoph (2015): Führen im Einsatz und im Gefecht – Erfahrungen als Kommandeur der Quick Reaction Force (QRF) in Nordafghanistan, in: R.L. Glatz & R. Tophoven (Hrsg.): Am Hindukusch –

Und weiter? Die Bundeswehr im Auslandseinsatz: Erfahrungen, Bilanzen, Ausblicke. Bundeszentrale für politische Bildung: Bonn, S. 93-106.

Güthlein, Michael (2016): Denn sie wissen nicht, was wir tun. Zur Sache Bw, 2, S. 46-50.

Haak, Karen (2015): Plädoyer für ein Konzept. Die Diskussion um „Armee im Aufbruch" geht weiter. If – Zeitschrift für Innere Führung, 4, S. 65-68.

Hagelüken, Alexander (2015): „Die Sowjetunion hat auch lange funktioniert". Süddeutsche Zeitung, 16. Oktober 2015, S. 18.

Hammerstein, Konstantin von (2017): Kalter Blick. Der Spiegel, 33, S. 16-19.

Hartmann, Uwe (2016): Was ist los mit der Inneren Führung? Ethik und Militär, 1, S. 23-27.

Hecht, Jan (2013): Das Wertvollste an der Front. Loyal – Magazin für Sicherheitspolitik, 3, S. 12-15.

Heißler, Julian (2017): Bundeswehr in der Krise. Wie ist das mit der Inneren Führung? tagesschau.de, 3. Mai 2017.

Hempelmann, Ute (2013): Den Tod studieren. Warum der Tod ein Thema im militärischen Führungsprozess sein sollte. If – Zeitschrift für Innere Führung, 2/3, S. 11-16.

Hoffmann, Jan (2017): Deutscher Soldat für Recht und Freiheit. Die Bundeswehr – Das Magazin des Deutschen BundeswehrVerbands, 7, S. 38-39.

Hickmann, Christoph (2017): Missbrauch bei der Bundeswehr. Abseits der Hochglanztruppe. Süddeutsche Zeitung, 29. März 2017.

Hujer, Marc (2010): Jagd nach Drehbuch. Der Spiegel, 17, S. 99-100.

Jörges, Hans-Ulrich (2009): Die Lügen des Krieges. Stern, 52, S. 42.

Jungholt, Thorsten (2017a): Das Problem ist von der Leyen. Die Welt, 2. Mai 2017.

Jungholt, Thorsten (2017b): Bundeswehr vs. von der Leyen – Operation Zapfenstreich. Die Welt, 16. Juli 2017.

Käppner, Joachim (2017a): Mit Innerer Führung gegen brutale Rituale. Süddeutsche Zeitung, 29. März 2017.

Käppner, Joachim (2017b): Innere Führung – jetzt erst recht. Süddeutsche Zeitung, 14. Februar 2017.

Kielmansegg, Hanno Graf von (2017): Ist diese Bundeswehr-Führung noch vertrauenswürdig? Der Gelbe Kreis – Beitrag zur persönlichen Meinungsbildung und zur Förderung des Zusammenhalts, 759, S. 22-27.

Kirch, Daniel (2017): „Fallschirmjäger wollen kämpfen" Der Militärhistoriker Sönke Neitzel sieht in der Traditionsdebatte auch einzelne Wehrmachtssoldaten als Vorbilder. Saarbrücker Zeitung, 13. August 2017.

Knobbe, Martin (2012): Ein unheimlich guter Schütze. Stern, 12, S. 96-98.

Kroll, Elaina Sophie (2016): Von den Herausforderungen als Offiziertochter. DeutscherVeteranenVerlag: Hamburg.

Kronauer, Jörg (2017): Rechte Rebellion. Junge Welt, 12. Mai 2017.

Kürbel, Christoph (2017): Kreative Mangelverwaltung. Die Zeit, 30. Juli 2017.

Leyen, Ursula von der (2014): Die Fortschritte sind greifbar. Frankfurter Rundschau, 18. November 2014.

Liebetanz, Klaus (2015): Der vernetzte Ansatz wirkt. Lehren aus dem deutschen Afghanistaneinsatz. If – Zeitschrift für Innere Führung, 1, S. 5-9.

Lier, Axel (2017): Ex-Soldat schreibt Wut-Brief. Veteranen gedenken ihrer gefallenen Kameraden – kein Politiker weit und breit. Berliner Zeitung, 29. Mai 2017.

Lindemann, Marc (2015): Rückblick auf einen Krieg. Y – Das Magazin der Bundeswehr, 2, S. 26-33.

Lohse, Eckart & Wehner, Markus (2013): „Giert nicht nach Anerkennung!" Thomas de Maizière über das Ansehen der Truppe, Liebe in der Ehe und Langeweile im Job. Frankfurter Allgemeine Sonntagszeitung, 24. Februar 2013, S. 3.

Lünenborg, Gustav (2015): Bürger und Soldat. Innere Führung hautnah. 1956-1993, 1993-2015. Miles: Berlin.

Marberg, Jan (2016): 020410. Y – Das Magazin der Bundeswehr, 11, S. 8-14.

Mogelson, Luke (2011): A Beast in the Heart of Every Fighting Man. New York Times, 1 May 2011.

Nachtwei, Winfried (2017): Soldatisches Selbstverständnis. Welche Erwartungen haben Politik und Zivilgesellschaft? Die Bundeswehr – Das Magazin des Deutschen BundeswehrVerbands, 7, S. 30-31.

Nachtwei, Winfried (2016): Verweigerte Verantwortung. Bevor die Bundesregierung neue Auslandseinsätze beginnt, sollte sie die vergangenen aufarbeiten. Loyal – Magazin für Sicherheitspolitik, 12, S. 26-27.

Nachtwei, Winfried (2014): Jenseits der üblichen Selbstbestätigung. 20 Jahre deutsche Beteiligung an Interventionen verweisen auf eine einzige Lehre. Kompass – Soldat in Welt und Kirche, 10, S. 9-10.

Narula, Svati Kirsten (2015): The US Marines tested all-male squads against mixed-gender ones, and the results were pretty bleak. Quartz, 10 September 2015.

Naumann, Klaus (2017a): Innere Führung 4.0. Gedanken zum Konzept des Staatsbürgers in Uniform. If – Zeitschrift für Innere Führung, 1, S. 14-21.

Naumann, Klaus (2017b): Was man tut, und was man lässt – Compliance oder Innere Führung? Kompass – Soldat in Welt und Kirche, 6, S. 4-6.

Naumann, Klaus (2016): Wenig Schwarz auf Weiß. Das neue Weißbuch nimmt sich viel vor und lässt noch mehr offen. Loyal – Magazin für Sicherheitspolitik, 9, S. 20-25.

Naumann, Klaus (2015): Es mangelt an politischem Willen. Die Bundeswehr – Das Magazin des Deutschen BundeswehrVerbands, 9, S. 22.

Naumann, Klaus (2014): Afghanistan – kein Nachruf. Kompass – Soldat in Welt und Kirche, 10, S. 16.

Neitzel, Sönke (2017a): Bedingt mitsprachebereit. Der Primat der Politik ist kein Schweigegelübde für Generäle. Zur Sache Bw, 2, S. 63-64.

Neitzel, Sönke (2017b): Staatsbürger in Uniform. Süddeutsche Zeitung, 11. April 2017.

o.V. (1970): Schnez-Studie. Viel Tinnef. Der Spiegel, 4, S. 24-27.

Otto, Wolfgang (2011): Das Selbstverständnis des Soldaten. Entwicklungen und Risiken. Der Panzergrenadier – Zeitschrift des Freundeskreises der Panzergrenadiertruppe, 2, S. 5-11.

Pommerin, Reiner (2010): Adieu Wehrpflicht – Adieu Innere Führung? Die „Unternehmensphilosophie" der Bundeswehr behält ihre Gültigkeit. If – Zeitschrift für Innere Führung, 4, S. 4.

Rauss, Uli, Reuter, Christoph, Schröm, Oliver & Streck, Michael (2009): Die Akte Kunduz. Stern, 52, S. 26-41.

Reichardt, Jürgen (2017): Grundpflichten und Korpsgeist. Die Bundeswehr – Das Magazin des Deutschen BundeswehrVerbands, 7, S. 24-25.

Reichelt, Julian & Meyer, Jan (2010): Ruhet in Frieden, Soldaten! Wie Politik und Bundeswehr die Wahrheit über Afghanistan vertuschen (3. Auflage). Fackelträger: Köln.

Reuter, Christoph & Vornbäumen, Axel (2009a): Unser Krieg. Stern, 38, S. 28-38.

Reuter, Christoph & Vornbäumen, Axel (2009b): Ausweg gesucht. Stern, 39, S. 26-39.

S. & Trenzinger, Andreas (2013): Isa Khel, Karfreitag 2010, in: S. Brinkmann, J. Hoppe & W. Schröder (Hrsg.): Feindkontakt. Gefechtsberichte aus Afghanistan. Mittler: Hamburg, S. 19-37.

Schmidt, Michael (2011): Das Unaussprechliche. Der Tagesspiegel, 7. Oktober 2011, S. 5.

Schmidt, Michael (2010): Leben am Limit. Der Tagesspiegel, 19. Dezember 2010.

Schmitt, Uwe (2010): Feldberichte aus einem vergessenen Krieg. Die Welt, 25. Oktober 2010, S. 3.

Schreiber, Björn & Bohnert, Marcel (2015): Interkulturelle Kompetenz im Kontext Afghanistans. Video-DVD. Helmut-Schmidt-Universität/Universität der Bundeswehr Hamburg: Hamburg.

Schreiber, Björn (2017): Die Bundeswehr wird umgekrempelt: Und die Soldaten sind nur noch schöne Staffage. The Germanz, 18. Mai 2017.

Schreiber, Björn (2015): Zivil-militärische Zusammenarbeit aus Sicht eines CIMIC-Truppführers, in: R. Schroeder & S. Hansen (Hrsg.): Stabilisierungseinsätze als gesamtstaatliche Aufgabe. Erfahrungen und Lehren aus dem deutschen Afghanistaneinsatz zwischen Staatsaufbau und Aufstandsbewältigung (COIN). Nomos: Baden-Baden, S. 323-334.

Schröder, Wolfgang (2010): Nacht über dem Hindukusch, in: S. Brinkmann & J. Hoppe (Hrsg.): Generation Einsatz. Fallschirmjäger berichten ihre Erfahrungen aus Afghanistan. Miles: Berlin, S. 99-108.

Schulz, Mario (2017): Ohne Helden geht es nicht. Tagesspiegel Causa, 19. Juli 2017.

Schwitalla, Artur (2010): Afghanistan, jetzt weiß ich erst… Gedanken aus meiner Zeit als Kommandeur des Provincial Reconstruction Teams Feyzabad. Miles: Berlin.

Sedlatzek-Müller, Robert (2012): Soldatenglück. Mein Leben nach dem Überleben. Edel: Hamburg.

Sedlatzek-Müller, Robert (2010): Kabul, 6. März 2002, in: S. Brinkmann & J. Hoppe (Hrsg.): Generation Einsatz. Fallschirmjäger berichten ihre Erfahrungen aus Afghanistan. Miles: Berlin, S. 184-194.

Seliger, Marco (2017a): Der Kalte Krieg lässt grüßen. Frankfurter Allgemeine Woche, 15, S. 30-31.

Seliger, Marco (2017b): Ein „nassforscher Leutnant". Loyal – Magazin für Sicherheitspolitik, 6, S. 22-27.

Seliger, Marco (2017c): Vernehmbar verstimmt. Frankfurter Allgemeine Zeitung, 5. Mai 2017, S. 4.

Seliger, Marco (2016a): Ein zermürbender Krieg. Loyal – Magazin für Sicherheitspolitik, 10, S. 10-20.

Seliger, Marco (2016b): „Unsere Soldaten sollen nicht kämpfen". Interview mit Sönke Neitzel. Loyal – Magazin für Sicherheitspolitik, 5, S. 30-31.

Seliger, Marco (2014a): Das Schweigen der Generale. Loyal – Magazin für Sicherheitspolitik, 11, S. 3.

Seliger, Marco (2014b): Kein Frieden in Sicht. Loyal – Magazin für Sicherheitspolitik, 11, S. 6-17.

Seliger, Marco (2013): Lektionen des Krieges. Loyal – Magazin für Sicherheitspolitik, 5, S. 14-21.

Seliger, Marco (2011): Sterben für Kabul. Aufzeichnungen über einen verdrängten Krieg. Mittler: Hamburg.

Seliger, Marco (2007): Dixiklo statt Klappspaten. Alltagsschwierigkeiten einer friedensgewohnten Truppe, die Deutschland plötzlich am Hindukusch verteidigen muss. Internationale Politik, 5, S. 36-42.

Sembritzki, Jared (2016): Kampfmoral und Führen mit Auftrag – Entscheidende Voraussetzungen für das Bestehen im Gefecht?, in: A. Bach & W. Sauer (Hrsg.): Schützen, Kämpfen, Retten – Dienen für Deutschland. Miles: Berlin, S. 207-212.

Shea, Neil (2012): Ready for a fight. German soldiers´ Afghan Mission shifts from Reconstrucion and Training to Engaging Enemy. Stars and Stripes, 9 January 2012, pp. 16-17.

Steinmeier, Frank-Walther (2014): Meine Lehren aus Afghanistan. Die Bundeswehr – Das Magazin des Deutschen BundeswehrVerbands, 11, S. 21.

Stoltenow, Sascha (2017): Inszenierung und Wirklichkeit. Die (zu) vielen Bundeswehren und das Kommunikationsproblem der Ursula von der Leyen. Loyal – Magazin für Sicherheitspolitik, 6, S. 28-29.

Stoltenow, Sascha (2013): Heldenlos – soldatische Identität in der Mediengesellschaft, in: M. Böcker, L. Kempf & F. Springer (Hrsg.): Soldatentum. Auf der Suche nach Identität und Berufung der Bundeswehr heute. Olzog: München, S. 93-107.

Stützle, Walther (2014): Dreizehn Jahre Sturmfahrt. Der Afghanistan-Einsatz: Eine erste Bilanz. Kompass – Soldat in Welt und Kirche, 10, S. 6-8.

Supp, Barbara (2010): Die schmutzige Wahrheit. Der Spiegel, 17, S. 25.

Thiels, Christian (2017): Bundeswehr-Verhaltenskodex. Soldaten unter Generalverdacht. Tagesschau.de, 14. Januar 2017.

Thiels, Christian (2016): „Zentrum Innere Führung" der Bundeswehr wird 60. Ja-Sager machen Karriere. Tagesschau.de, 30. Juni 2016.

Tichy, Roland (2017): Zerstörer Ursula. Was bleibt von der Bundeswehr nach Ursula von der Leyen? Tichys Einblick, 7, S. 12-20.

Tiedke, Markus (2016): Er oder wir. Y – Das Magazin der Bundeswehr, 11, S. 48-55.

Tophoven, Rolf (2015): Von Mazar-E-Sharif bis zum OP North – Impressionen, in: R.L. Glatz & R. Tophoven (Hrsg.): Am Hindukusch – Und weiter? Die Bundeswehr im Auslandseinsatz: Erfahrungen, Bilanzen, Ausblicke. Bundeszentrale für politische Bildung: Bonn, S. 251-265.

Trull, Christian (2007): Bildet die Bundeswehr zur Kriegstüchtigkeit aus? Das Schwarze Barett, 37, S. 7-10.

Volkery, Carsten (2006): Totenkopf-Affäre. Mitwisser bringen Regierung in Erklärungsnot. Spiegel Online, 13. November 2006.

Wagner, Gerald (2017): Das Land kennt seine Soldaten nicht. Frankfurter Allgemeine Zeitung, 16. Mai 2017, S. 13.

Wagner, Gerald (2016): Großartige Erregung. Der Krieg als Glücksfall für den Soldaten: In Deutschland entsteht eine neue Kultur des Heldentums. Frankfurter Allgemeine Zeitung, 7. Oktober 2016, S. 13.

Weigelt, Julia (2016): Vom Warten auf das Veteranenkonzept, in: M. Bohnert & B. Schreiber (Hrsg.): Die unsichtbaren Veteranen. Kriegsheimkehrer in der deutschen Gesellschaft. Miles: Berlin, S. 147-150.

Weigelt, Julia (2013): Der einsame Kämpfer. Loyal – Magazin für Sicherheitspolitik, 3, S. 6-11.

Wiegold, Thomas (2017): Suche nach Vorbildern. Was das Selbstverständnis ausmacht, muss auch in der Schlammzone diskutiert und verstanden werden. Die Bundeswehr – Das Magazin des Deutschen BundeswehrVerbands, 7, S. 10-11.

Wiegold, Thomas (2011): Journalisten an der Front. Deutsche und US-Kriegsberichterstattung im Wandel der Zeit. If – Zeitschrift für Innere Führung, 4, S. 20-27.

Wittmann, Klaus (2017): Lehren aus dem Afghanistan-Einsatz. Die Bundeswehr – Das Magazin des Deutschen BundeswehrVerbands, 2, S. 14-16.

Zudrop, Reinhardt (2017): Meine Innere Führung... If – Zeitschrift für Innere Führung, 2, S. 4.

Zwicknagl, Fritz (2007): Die Bundeswehr an der Schwelle zum „Ernstfall". Innere Führung, soldatisches Selbstverständnis und Tradition. Dringender Anstoß zur Diskussion. Das Schwarze Barett, 37, S. 11-13.

Offizielle Dokumente

Bartels, Hans-Peter (2017b): Vorstellung des 58. Jahresberichts des Wehrbeauftragten. Bundestag.de, 24. Januar 2017.

Baudissin, Wolf Graf von, Foertsch, Hermann, Gladisch, Walter, Heusinger, Adolf, Kielmansegg, Johann Adolf Graf von, Knauss, Robert, Krüger, Horst, Meister, Rudolf, Nostitz, Eberhard Graf von, Röttiger, Hans, Ruge, Friedrich, Schulze-Hinrichs, Alfred, Senger und Etterlin, Fridolin von, Speidel, Hans & Vietinghoff-Scheel, Heinrich (1950): Denkschrift des militärischen Expertenausschusses über die Aufstellung eines deutschen Kontingents im Rahmen einerübernationalen (sic!) Streitmacht zur Verteidigung Westeuropas am 9.10.1950, in: H. Timmermann: Die Himmeroder Denkschrift vom 9. Oktober 1950. Grundlage für deutsche demokratische Streitkräfte. Text und Erläuterungen. Dewies: Nonnweiler, S. 27-64.

Bildungskommission beim Bundesminister der Verteidigung (1971): Neuordnung der Ausbildung und Bildung in der Bundeswehr. Gutachten der Bildungskommission an den Bundesminister der Verteidigung. Bildungskommission beim Bundesminister der Verteidigung: Bonn.

Bundesminister der Verteidigung (Hrsg.)(1970): Weißbuch 1970 Zur Sicherheit der Bundesrepublik Deutschland und zur Lage der Bundeswehr. Presse- und Informationsamt der Bundesregierung: Bonn.

Bundesministerium der Verteidigung (2017): Stellungnahme des Bundesministeriums der Verteidigung zum Jahresbericht 2016 des Wehrbeauftragten des Deutschen Bundestages. Bundesministerium der Verteidigung: Berlin.

Bundesministerium der Verteidigung (Hrsg.)(2016a): Personalstrategie der Bundeswehr. Bundesministerium der Verteidigung: Berlin.

Bundesministerium der Verteidigung (Hrsg.)(2016b): Weissbuch 2016. Zur Sicherheitspolitik und zur Zukunft der Bundeswehr. Die Bundesregierung: Berlin.

Bundesministerium der Verteidigung (Hrsg.)(2008): Zentrale Dienstvorschrift A-2600/1: Innere Führung. Selbstverständnis und Führungskultur. Bundesministerium der Verteidigung: Berlin.

Bundesministerium der Verteidigung (Hrsg.)(2006): Weißbuch 2006. Zur Sicherheitspolitik Deutschlands und zur Zukunft der Bundeswehr. Bundesministerium der Verteidigung: Berlin.

Bundesministerium der Verteidigung (1982): Richtlinien zum Traditionsverständnis und zur Traditionspflege in der Bundeswehr, in: A. Prüfert (Hrsg.)(2000): Bundeswehr und Tradition. Zur Debatte um das künftige Geschichts- und Traditionsverständnis in den Streitkräften. Nomos: Baden-Baden, S. 135-140.

Department of the Navy (Ed.)(2012): Navy Command Leadership Social Media Handbook. United States of America: Washington D.C.

Der Bundesminister der Verteidigung (1965): Bundeswehr und Tradition, in: A. Prüfert (Hrsg.)(2000): Bundeswehr und Tradition. Zur Debatte um das künftige Geschichts- und Traditionsverständnis in den Streitkräften. Nomos: Baden-Baden, S. 129-134.

Deutscher Bundestag (2017): Unterrichtung durch den Wehrbeauftragten. Jahresbericht 2016 (58. Bericht). Drucksache 18/10900.

Deutscher Bundestag (2012): Unterrichtung durch den Wehrbeauftragten. Jahresbericht 2011 (53. Bericht). Drucksache 17/8400.

Deutscher Bundestag (2011): Beschlussempfehlung und Bericht des Verteidigungsausschusses als 1. Untersuchungsausschuss gemäß Artikel 45a Absatz 2 des Grundgesetzes. Drucksache 17/7400.

Deutscher Bundestag (2001): Antrag der Bundesregierung. Beteiligung bewaffneter deutscher Streitkräfte an dem Einsatz einer Internationalen Sicherheitsunterstützungstruppe in Afghanistan auf Grundlage der Resolutionen 1386 (2001), 1383 (2001) und 1378 (2001) des Sicherheitsrats der Vereinten Nationen. Drucksache 14/7930.

Die Bundesregierung (2017): Krisen verhindern, Konflikte bewältigen, Frieden fördern. Leitlinien der Bundesregierung. Die Bundesregierung: Berlin.

Die Bundesregierung (2010): Fortschrittsbericht Afghanistan zur Unterrichtung des Deutschen Bundestages. Dezember 2010.

Jäger, Uli (2010): Afghanistan kontrovers. Themenblätter im Unterricht/Nr. 84. Bundeszentrale für politische Bildung: Berlin.

Koch, Michael (2014): Zwischenbilanz des Afghanistan-Engagements, in: Presse- und Informationsamt der Bundesregierung (Hrsg.): Fortschrittsbericht Afghanistan 2014 zur Unterrichtung des Deutschen Bundestages, auch über den Abschluss der Beteiligung deutscher Streitkräfte am Einsatz der Internationalen Sicherheitsunterstützungstruppe in Afghanistan („ISAF-Abschlussbericht"). Die Bundesregierung: Berlin, S. 36-66.

Kommission Gemeinsame Sicherheit und Zukunft der Bundeswehr (Hrsg.)(2000): Gemeinsame Sicherheit und Zukunft der Bundeswehr.

Bericht der Kommission an die Bundesregierung. Bundesministerium der Verteidigung: Berlin.

Leyen, Ursula von der (2017a): Tagesbefehl. 30. Mai 2017.

Leyen, Ursula von der (2017b): Tagesbefehl. 10. Mai 2017.

o.V. (1969): Gedanken zur Verbesserung der Inneren Ordnung des Heeres (sog. „Schnez-Studie"), in: K. Heßler (Hrsg.)(1971): Militär – Gehorsam – Meinung: Dokumente zur Diskussion in der Bundeswehr. De Gruyter: Berlin, S. 50-91.

Office for the Coordination of Humanitarian Affairs (2007): Oslo Guidelines. Guidelines on the Use of Foreign Military and Defence Assets in Disaster Relief. United Nations: Geneva.

Stoltenberg, Jens (2015): Keynote speech by the NATO Secretary General Jens Stoltenberg at the opening of the NATO Transformation Seminar, 25 March 2015.

Strukturkommission der Bundeswehr (2010): Bericht der Strukturkommission der Bundeswehr. Vom Einsatz her denken. Konzentration, Flexibilität, Effizienz. Oktober 2010.

Abkürzungsverzeichnis

a.D.	außer Dienst
a.R.	am Rhein
ABC	atomar, biologisch, chemisch
AFG	Afghanistan
ANSF	Afghan National Security Forces
BDV	Bund Deutscher EinsatzVeteranen
BG	Battle Group
BIS	Bibliotheks- und Informationssystem
BMVg	Bundesministerium der Verteidigung
bspw.	beispielsweise
Bw	Bundeswehr
bzw.	beziehungsweise
CIMIC	Civil-Military Cooperation
COIN	Counterinsurgency
COM	Kommandeur
CV	Combat Veterans
D.C.	District of Columbia
d.R.	der Reserve
DBwV	Deutscher BundeswehrVerband
DDR	Deutsche Demokratische Republik
DEU	Deutschland, deutsch
DHQ	Distrikthauptquartier
DSK	Division Schnelle Kräfte
DVD	Digital Video Disc; Digital Versatile Disc
Dipl.	Diplom
Dipl.-Päd.	Diplom-Pädagoge
E-Mail	Electronic Mail
Ed.	Editor
Eds.	Editors
eFP	enhanced Forward Presence
EU	Europäische Union
EUCAP	European Union Capacity Buidling Mission
EUTM	European Union Training Mission

et al.	et alii
etc.	et cetera
f.	folgende
ff.	folgend; fortfolgend; fortfolgende
FAZ	Frankfurter Allgemeine Zeitung
FIAS	Force internationale d' assistance à la sécurité
FOB	Forward Operating Base
FüAkBwH	Führungsakademie der Bundeswehr Hamburg
ggf.	gegebenenfalls
GVPA	Gesamtvertrauenspersonenausschuss
Gov't	Government
HIS	Hamburger Institut für Sozialforschung
Hrsg.	Herausgeber
HS	Hörsaal
i.Br.	im Breisgau
i.G.	im Generalstab
InFü	Innere Führung
Ins	Insurgents
ISAF	International Security Assistance Force
ISoLa	Innere und Soziale Lage
ISR	Intelligence, Surveillance, Reconnaissance
K-Wort	Krieg(-Wort)
KFOR	Kosovo Forces
KSK	Kommando Spezialkräfte
LDRSHIP	Loyalty, Duty, Respect, Selfless Service, Honor, Integrity, Personal Courage
LGAN	Lehrgang Generalstabs-/ Admiralstabsdienst National
LTU	Litauen; Lithuania
M.A.	Master of Arts
MFIS	Militärische Führung und Internationale Sicherheit

MINUSMA	United Nations Multidimensional Integrated Stabilization Mission in Mali
N	Number
NATO	North Atlantic Treaty Organization
NDR	Norddeutscher Rundfunk
NRF	NATO Response Force
NS	Nationalsozialismus
NVA	Nationale Volksarmee
o.V.	ohne Verfasser
OEF	Operation Enduring Freedom
OP	Observation Post; Outpost
Ops	Operations
p.	page
pp.	pages; perge, perge
PR	Public Relations
PRT	Provincial Reconstruction Team
PTBS	Posttraumatische Belastungsstörung
QRF	Quick Reaction Force
RC	Regional Command
RS	Resolute Support
S.	Seite; Seiten
S-Bahn	Straßenbahn
s.a.	siehe auch
SF	Security Forces
sic	sic erat scriptum
sog.	sogenannt; sogenannte
SWP	Stiftung Wissenschaft und Politik
SZ	Süddeutsche Zeitung
Tab.	Tabelle
TÜV	Technischer Überwachungsverein
u.a.	unter anderem; und andere
U-Boot	Unterseeboot
UNAMA	United Nations Assistance Mission in Afghanistan

UNAMIC	United Nations Advance Mission in Cambodia
UNTAC	United Nations Transitional Authority in Cambodia
US	United States
USA	United States of America
usw.	und so weiter
Vgl.	Vergleiche
VJTF	Very High Readiness Joint Task Force
vs.	versus
z.B.	zum Beispiel
ZDF	Zweites Deutsches Fernsehen
ZDv	Zentrale Dienstvorschrift

Anglizismen/Englischsprachige Termini Technici

Burden Sharing	Lastenteilung; Lastenausgleich
Casualty Shyness	Scheu vor Verlusten; fehlende Opferbereitschaft
Compliance	Regeltreue; Regelkonformität
Counterinsurgency	Aufstandsbewältigung
Desired End State	Erwünschter Endzustand
Groupthink	Gruppendenken
Hit and Run	Angreifen und Davonlaufen; Nadelstiche
In-Group/Out-Group	Innengruppe/Außengruppe
Mission Creep	schleichende Missionsausweitung
Muddling Through	Durchwurschteln
Risk Sharing	Risikoteilung
Social Media	Soziale Medien
Strategic Inertia	Strategische Trägheit
Think Tank	Denkfabrik
Tooth to Tail Ratio	Verhältnis von Kampf- zu Unterstützungskräften
War for Talents	Kampf um Talente
Wars of Choice	Kriege der Wahl

Zusammenfassung

Mit Ende des *Kalten Krieges* wurde eine Zeitenwende in der deutschen Sicherheits- und Verteidigungspolitik ausgelöst, die auch die Rahmenbedingungen soldatischen Dienens fundamental verändert hat. Dennoch blieben die in den 1950er Jahren konzipierte Innere Führung und das ihr innewohnende Leitbild des *Staatsbürgers in Uniform* für die Soldatinnen und Soldaten der Bundeswehr auch angesichts der nun neuen Herausforderungen einer weltweit agierenden Einsatzarmee verbindlich. In der vorliegenden Abhandlung wird danach gefragt, in welchem Umfang sich die Konzeption während des Einsatzes der *International Security Assistance Force* (ISAF) in Afghanistan bewähren konnte. Die Analyse führt zu einem uneindeutigen Ergebnis: Während die Verdienste der *Inneren Führung* beispielsweise in Bezug auf den Umgang mit Menschen fremder Kulturen oder die Verhinderung von Kriegsgräuel augenscheinlich waren, zeichneten sich in Politik, Öffentlichkeit und Bundeswehr große Schwierigkeiten im Umgang mit der zunehmenden Gewalteskalation im deutschen Verantwortungsbereich ab. Daraus wird gefolgert, dass es zumindest einer Intensivierung der Debatte um die »Unternehmensphilosophie« und den inneren Zustand der Bundeswehr bedarf. Diese sollte ergebnisoffen erfolgen und ohne den kategorischen Ausschluss alternativer Modelle geführt werden.

Schlagworte
Innere Führung, Afghanistan, ISAF, Kampfeinsatz, Führungskultur, Unternehmensphilosophie

Summary

The end of the *Cold War* opened up a new era in Germany's security and defense policy and essentially changed the fundamentals of soldierly service as well. Nevertheless, the concept of civic education and leadership (*Innere Führung*), which had been developed in the 1950s, and its guiding principle of the *citizen in uniform* remained binding for all Bundeswehr personnel even under the new conditions of a globally active army on operations. The present study endeavors to explore to what extent this concept proved viable during the mission of the *International Security Assistance Force (ISAF)* in Afghanistan. The analysis produced ambiguous results: As far as the interaction with people of foreign cultures and the prevention of atrocities of war are concerned, the concept of *Innere Führung* proved to be of substantial value. Politicians, the public and the Bundeswehr however, seemed to have great problems in dealing with the escalation of violence in the German area of responsibility. The author concludes that it is necessary to at least step up the debate about the Bundeswehr's corporate philosophy and its internal situation. This debate should be conducted without any preconceived views as to its outcome and without categorically excluding alternative models.

Key Words
Innere Führung (civic education and leadership), Afghanistan, ISAF, combat operation, leadership culture, corporate philosophy

Synthèse de l'étude

La fin de la *Guerre froide* a déclenché un tournant dans la politique de sécurité et de défense allemande qui a aussi radicalement changé les fondamentaux du métier militaire. Pourtant, l'« *Innere Führung* » (la formation morale et civique) et le concept inhérent du *citoyen en uniforme* conçus dans les années 1950 sont restés en vigueur pour les militaires de la Bundeswehr, même si les conditions ont changé pour une armée de projection intervenant aujourd'hui dans le monde entier. La présente étude se propose d'examiner dans quelle mesure ces concepts ont su s'affirmer pendant l'engagement de l'*International Security Assistance Force (ISAF)* en Afghanistan. L'analyse arrive à un résultat ambigu : Alors que les éléments positifs de l'*Innere Führung* (la formation morale et civique), par exemple sur le plan des relations avec des personnes d'autres cultures ou pour empêcher des atrocités de guerre, étaient évidents, d'énormes difficultés en relation avec l'escalade de la violence dans le domaine de responsabilité allemand sont apparues en politique, dans l'opinion publique et au sein de la Bundeswehr. L'auteur arrive à la conclusion qu'il faut au moins intensifier les débats quant à la philosophie d'entreprise et la situation interne de la Bundeswehr. Ceux-ci devraient se tenir sans préjuger des résultats et sans exclure de façon catégorique tout modèle alternatif.

Mots clés
« Innere Führung » (formation morale et civique), Afghanistan, FIAS, mission de combat, culture du commandement, philosophie d'entreprise

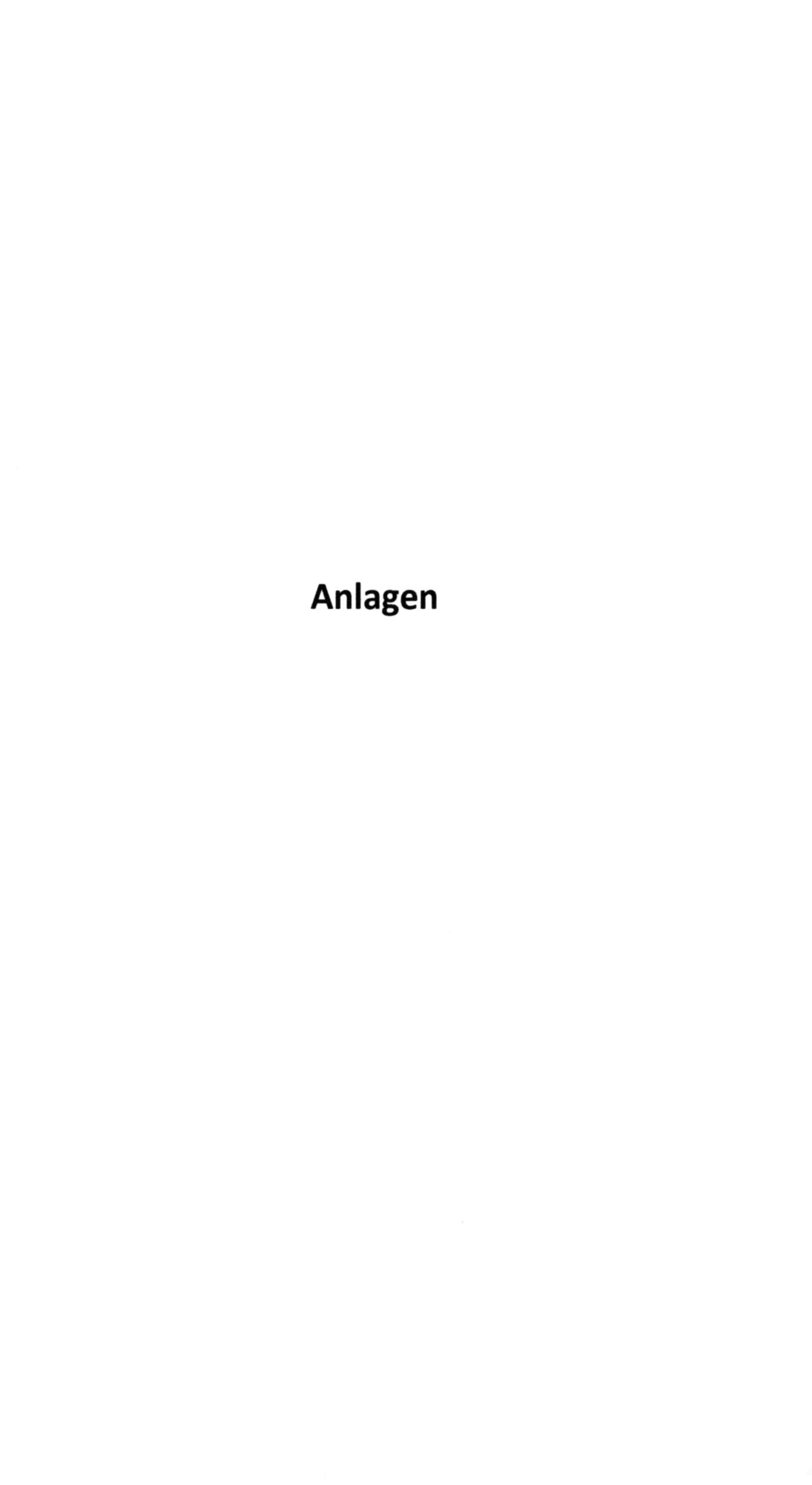

Anlagen

Anlage 1a Fragebogen (Vorderseite): Bewährung und Defizite der Inneren Führung im ISAF-Einsatz der Bundeswehr

Angaben zur Person	In einer Lehrgangsarbeit für den »Lehrgang Generalstabs-/Admiralstabsdienst 2015« soll die Bewährung der Inneren Führung (InFü) im Afghanistan(ISAF)-Einsatz der Bundeswehr untersucht werden. Durch die <u>kurze</u> Beantwortung zweier Fragen helfen Sie in der Argumentationsführung.	Major Marcel Bohnert FüAkBwH/LGAN2015/HS3 MarcelBohnert@Bundeswehr.org
☐ Wissenschafler/in ☐ Soldat/in ☐ selbst im Afghanistan-Einsatz gewesen (ISAF/RS)		

Wo hat sich die Innere Führung Ihrer Ansicht nach im ISAF-Einsatz der Bundeswehr am Besten bewährt?	Wo haben sich Ihrer Ansicht nach Defizite der Inneren Führung im ISAF-Einsatz der Bundeswehr am Stärksten gezeigt?

Bei Bedarf finden Sie auf der Rückseite dieses Fragebogens die Gestaltungsfelder und Ziele/Anforderungen der Inneren Führung sowie einige Schlagworte, die in der Kontroverse um ihre Bewährung im Afghanistan-Einsatz häufig genutzt werden und unterschiedliche Assoziationsmöglichkeiten zulassen.

Anlage 1b Fragebogen (Rückseite): Bewährung und Defizite der Inneren Führung im ISAF-Einsatz der Bundeswehr

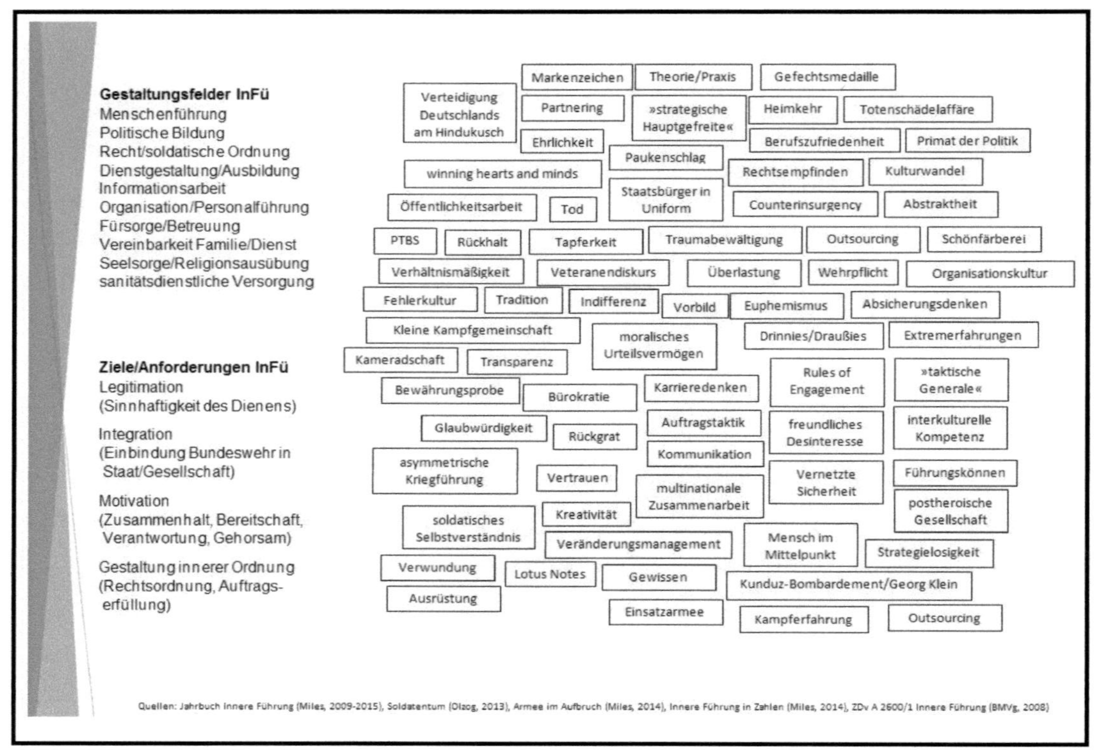

Anlage 2a Antwortkategorien der Befragung (Bewährung)

Bewährung der Inneren Führung im ISAF-Einsatz		
Argument	Anzahl Äußerg.	Kategorie Innere Führung: Gestaltungsfelder (10), Ziele (4)
Kameradschaft, interne Zusammenarbeit, Zusammenhalt, Miteinander/Füreinander, dienstgradübergreifende Zusammenarbeit, Kleine Kampfgemeinschaft	13	Menschenführung
Einsatzmotivation, Motivation auf taktischer Ebene	10	Motivation
Betreuung, Fürsorge	9	Fürsorge/Betreuung
Mensch im Mittelpunkt, Menschenführung	8	Menschenführung
Sanitätsdienstliche Versorgung, Rettungskette	6	sanitätsdienstliche Versorgung
Seelsorge, Militärseelsorge	5	Seelsorge, Religionsausübung
Auftragstaktik, Führen mit Auftrag	4	Menschenführung
PTBS-Prävention, Nachsorge, Traumabewältigung	4	Fürsorge/Betreuung, sanitätsdienstliche Versorgung
Verantwortung militärischer Führer	4	Motivation
Kampf auf taktischer Ebene, direkte Vorgesetzte	3	Menschenführung, Motivation
Reduzierung von Kollateralschäden, vs. Rachemodus für Gefallene	3	Politische Bildung, Recht/soldatische Ordnung, Gestaltung innerer Ordnung
Bewährung auf unterer Ebene: Team, Gruppe, Zug, Einheit, Kompanie	3	Motivation
Vernetzte Sicherheit, Vernetzter Ansatz	3	Politische Bildung, Integration
Moralisches Urteilsvermögen	3	Politische Bildung
grundsätzliche Bewährung der InFü, vollständige Bewährung des Konzeptes	2	--
Dienstfreude im Einsatz, Sinn im Einsatz	2	Legitimation
Verbindung nach Hause	2	Vereinbarkeit von Familie und Dienst, Fürsorge/Betreuung

	Argumente	Äußerg.	Kategorien
wichtiger Werteanhalt, Erinnerung an Werte und Normen		2	Politische Bildung, Recht/soldatische Ordnung, Gestaltung innerer Ordnung
Führen unter Druck und Risiken, Führen unter Gefahr auf taktischer Ebene		2	Menschenführung, Motivation
Gestaltung innerer Ordnung		2	Gestaltung innerer Ordnung, Recht/ soldatische Ordnung
Vereinbarkeit Familie und Dienst (Internet, Telefonie)		2	Vereinbarkeit von Familie und Dienst, Fürsorge/Betreuung
Zivil-militärische Zusammenarbeit		2	Politische Bildung, Integration
Psychosoziales Netzwerk		1	Fürsorge/Betreuung, sanitätsdienstliche Versorgung
Umgang mit belastenden Ereignissen		1	Fürsorge/Betreuung, sanitätsdienstliche Versorgung, Menschenführung
Gestaltungsfelder Innerer Führung zur erfolgreichen Auftragserfüllung geeignet		1	--
Bezahlung		1	--
weit und unkonkret, „irrelevant" genug um nicht an ISAF zu zerbrechen		1	--
Zusammenarbeit mit lokalen Kräften		1	Politische Bildung, Integration
niemand wurde vom Dienstherrn Bundeswehr vernachlässigt (Sport, Feldpost, Verpflegung…)		1	Fürsorge/Betreuung
Vertrauen		1	Menschenführung, Motivation
Tapferkeit		1	Menschenführung, Motivation
Integration in der Heimat gestiegen		1	Integration
Improvisationstalent		1	Menschenführung
keine		1	--
Σ		Σ	Σ
34 Argumente		**106** Äußerg.	**10** Kategorien

Abkürzungen: Äußerg. = Äußerungen; InFü = Innere Führung, ISAF = International Security Assistance Force, PTBS = Posttraumatische Belastungsstörung; N = 34.

Anlage 2b Antwortkategorien der Befragung (Defizite)

Defizite der Inneren Führung im ISAF-Einsatz		
Argument	Zahl Äußerg.	Kategorie Innere Führung: Gestaltungsfelder (10), Ziele (4)
Sinnhaftigkeit eigenen Tuns/Dienens unklar, fehlende politische Begründung, politischer Zweck unklar, keine Sinnvermittlung	11	Legitimation
Politiker nicht umfassend über Lage informiert, Ehrlichkeit der politischen Führung, kein Rückhalt in der Politik, Wahrhaftigkeit	7	Politische Bildung, Legitimation, Integration
schlechte Fehlerkultur, Absicherungsdenken, Erfolgsstreben statt Fürsorge, Karrieredenken	7	Menschenführung, Motivation, Fürsorge/Betreuung
Militärische Vorgesetzte/BMVg nicht umfassend über Lage informiert, BMVg war Ruhe in Berlin wichtiger als Truppe im Gefecht, Ehrlichkeit der militärischen Führung, unten vs. oben, extrem verschobene Wahrnehmung Einsatzrealität, Schönfärberei	6	Politische Bildung, Legitimation, Integration
Abgeschlossenheit der Drinnies, Drinnies vs. Draußies, Gremien-Mentalität im Feldlager, Party vs. Krieg	6	Motivation
Worthülse Staatsbürger in Uniform, postheroische Gesellschaft, Trennung Streitkräfte/Gesellschaft, schlechte Integration	6	Integration
fehlende Strategie, Strategielosigkeit, vage Zielsetzung, abstrakte politische Zielsetzung	5	Politische Bildung, Legitimation
Mikromanagement, Degradierung von Offizieren zu Erfüllungsgehilfen	4	Menschenführung, Motivation
schlechte Implementierung des Konzeptes in die Truppe, geringe Bindung ans Wertekonzept, Innere Führung wird nicht verstanden, schlecht vermittelt, gefühlte Irrelevanz, nicht präsent, niemand hat Positives auf InFü	4	Politische Bildung

zurückgeführt		
im multinationalen Umfeld eingeschränkt, nicht international anwendbar	3	Politische Bildung
fehlende Fachkompetenz übergeordneter Führung, schwache Führung, Überforderung, Beratungsresistenz von Vorgesetzten	3	Menschenführung
Einschränkungen Auftragstaktik	3	Menschenführung
schlechte Informationsarbeit, Informationsarbeit nach innen und außen	3	Informationsarbeit
zu abstrakt, unverständlich, zu kompliziert	2	Politische Bildung
Unplanbarkeit Einsatz, Einsatzdauer	2	Vereinbarkeit Familie/Dienst
geringe Relevanz für Kampftruppen	2	Legitimation, Motivation
Reduzierung militärischer Wirkung, Vermeidung von Risiken, Weichspüler-Konnotation	2	Politische Bildung, Legitimation, Motivation
fehlendes Vertrauen übergeordneter Führung	2	Menschenführung
konnte volle Wirksamkeit nicht entfalten	1	Politische Bildung, Legitimation
mangelhafte Ausrüstung	1	Fürsorge/Betreuung
fehlende Fürsorge von Vorgesetzten	1	Menschenführung, Fürsorge/Betreuung
Kontakte zu Afghanen nicht ausreichend genutzt	1	Politische Bildung
zu später Besuch von Merkel in AFG	1	Integration
von Führerpersönlichkeit abhängig	1	Menschenführung
passt zur Wehrpflicht im Frieden – in Einsätzen anderes gefragt	1	Motivation
schlechte Betreuung heimkehrender „Einzelgänger"	1	Fürsorge/Betreuung
mangelnde Koordination militärischer und ziviler Mittel	1	Politische Bildung, Integration
lange unklarer rechtlicher Status, innere Ordnung	1	Recht/soldatische Ordnung, Gestaltung innerer Ordnung
Bürokratisierung wie im Heimatbetrieb	1	Motivation, Legitimation, Dienstgestaltung/Ausbildung
Zeitverschwendung für nicht-	1	Legitimation

einsatzrelevante Themen		
Fehlentscheidungen übergeordneter Führung	1	Menschenführung
PTBS-Nachsorge	1	Fürsorge/Betreuung, sanitätsdienstliche Versorgung
Innere Führung konnte Soldaten nicht auf AFG vorbereiten	1	Politische Bildung, Legitimation
Organisation/Personalführung	1	Organisation/Personalführung
mangelnde Möglichkeit der Kommunikation mit Familie	1	Vereinbarkeit Familie/Dienst
Meldewesen, Auftragsflut, E-Mail-Flut	1	Menschenführung
Oberst Klein (Kunduz-Bombardement 4.9.2009) im Regen stehengelassen	1	Menschenführung
zu späte Verlegung der Panzerhaubitze 2000 nach AFG	1	Motivation, Fürsorge/Betreuung, Integration
Alkoholmissbrauch im Feldlager	1	Menschenführung, Fürsorge/Betreuung
Rachegedanken für gefallene Kameraden	1	Politische Bildung
Vertrauensverlust in das System Bundeswehr	1	Politische Bildung, Legitimation
nicht beobachtet	1	--
Σ	Σ	Σ
42 Argumente	**102** Äußerg.	**13** Kategorien

Abkürzungen: Äußerg. = Äußerungen; AFG = Afghanistan, BMVg = Bundesministerium der Verteidigung, InFü = Innere Führung, ISAF = International Security Assistance Force, PTBS = Posttraumatische Belastungsstörung; N = 34.

Anlage 3 Auswertung der Befragungsergebnisse nach betroffenen Gestaltungsfeldern und Zielen der Inneren Führung

	Gestaltungsfelder/Ziele der Inneren Führung	Anzahl der die jeweiligen Ziele/Gestaltungsfelder betreffenden Äußerungen		
		Bewährung	Defizite	Σ
1	Menschenführung	34	25	59
2	Politische Bildung	14	35	49
3	Recht/soldatische Ordnung	7	1	8
4	Dienstgestaltung/Ausbildung	0	1	1
5	Informationsarbeit	0	3	3
6	Organisation/Personalführung	0	1	1
7	Fürsorge/Betreuung	20	13	33
8	Vereinbarkeit Familie/Dienst	0	3	3
9	Seelsorge/Religionsausübung	5	0	5
10	sanitätsdienstliche Versorgung	12	1	13
11	Legitimation	2	38	40
12	Integration	7	22	29
13	Motivation	24	24	48
14	innere Ordnung	7	1	8

Nummerierung: 1 bis 10 = Gestaltungsfelder der Inneren Führung; 11 bis 14 = Ziele der Inneren Führung (Vgl. Bundesministerium der Verteidigung, 2008, S. 16ff.); Σ = Summe der die jeweiligen Ziele/Gestaltungsfelder berührenden Äußerungen (Mehrfachnennungen/Mehrfachzuordnungen möglich); N = 34.

Anlage 4 Ziele, Gestaltungsfelder, Anforderungen und soldatischer Wertekanon der Inneren Führung gemäß der aktuell gültigen Vorschrift

<table>
<tr><td colspan="2" align="center">Ziele der Inneren Führung</td></tr>
<tr>
<td>

Legitimation

Sinnhaftigkeit des Dienens;

Begründungen soldatischen Handelns;

Einsicht in und Verständnis für Auftrag

</td>
<td>

Integration

Einbindung in Staat und Gesellschaft;

Gewinnen von gesellschaftlichem

Verständnis für Bundeswehr; aktive

Einbeziehung

</td>
</tr>
<tr>
<td>

Motivation

Bereitschaft zur Pflichterfüllung;

gewissensgeleiteter Gehorsam; Disziplin;

Verantwortung; Zusammenhalt

</td>
<td>

Gestaltung innerer Ordnung

Ausrichtung an Rechtsordnung;

wirkungsvolle Gestaltung in

Auftragserfüllung

</td>
</tr>
<tr><td colspan="2">Vgl. Bundesministerium der Verteidigung, 2008, S. 16</td></tr>
</table>

<table>
<tr><td colspan="2" align="center">Gestaltungsfelder der Inneren Führung</td></tr>
<tr>
<td>

Menschenführung

Recht/soldatische Ordnung

Informationsarbeit

Fürsorge/Betreuung

Seelsorge/Religionsausübung

</td>
<td>

Politische Bildung

Dienstgestaltung/Ausbildung

Organisation/Personalführung

Vereinbarkeit Familie & Dienst

sanitätsdienstliche Versorgung

</td>
</tr>
<tr><td colspan="2">Vgl. Bundesministerium der Verteidigung, 2008, S. 22ff.</td></tr>
</table>

<table>
<tr><td colspan="2" align="center">Anforderungen der Inneren Führung</td></tr>
<tr><td>Staatsbürger in Uniform</td><td>Primat der Politik</td></tr>
<tr><td>gegenseitiges Treueverhältnis</td><td>Verantwortungsbewusstsein/Mitarbeit</td></tr>
<tr><td>Einsatzorientierung</td><td>Führen mit Auftrag</td></tr>
<tr><td>Förderung</td><td>Rücksichtnahme auf Untergebene</td></tr>
<tr><td>Offenheit für Wandel</td><td>Sinnvermittlung</td></tr>
<tr><td colspan="2">Vgl. Bundesministerium der Verteidigung, 2008, S. 17</td></tr>
</table>

<table>
<tr><td colspan="2" align="center">Soldatischer Wertekanon der Inneren Führung</td></tr>
<tr><td>Tapferkeit</td><td>Treue/Gewissenhaftigkeit</td></tr>
<tr><td>Diszipliniertheit</td><td>Kameradschaftlichkeit/Fürsorglichkeit</td></tr>
<tr><td>Wahrhaftigkeit</td><td>Fachliche Befähigung/Lernwilligkeit</td></tr>
<tr><td>Moralische Urteilsfähigkeit</td><td>Gerechtigkeit/Toleranz/Aufgeschlossenheit</td></tr>
<tr><td colspan="2">Vgl. Bundesministerium der Verteidigung, 2008, S. 19</td></tr>
</table>

Anlage 5 Übersicht über deutsches militärpolitisches und -strategisches Spitzenpersonal während des ISAF-Einsatzes der Bundeswehr (Januar 2002 bis 31. Dezember 2014)

Militärpolitisches/-strategisches Spitzenpersonal (DEU)			
Amt	Name	Zeitraum	
		von	bis
Bundespräsident	Johannes Rau	Juli 1999	Juni 2004
	Horst Köhler	Juli 2004	Mai 2010
	Christian Wulff	Juni 2010	Februar 2012
	Joachim Gauck	März 2012	März 2017
Bundeskanzler/in	Gerhard Schröder	Oktober 1998	November 2005
	Angela Merkel	November 2005	amtierend
Verteidigungsminister/in	Rudolf Scharping	Oktober 1998	Juli 2002
	Peter Struck	Juli 2002	November 2005
	Franz Josef Jung	November 2005	Oktober 2009
	Karl-Theodor zu Guttenberg	Oktober 2009	März 2011
	Thomas de Maizière	März 2011	Dezember 2013
	Ursula von der Leyen	Dezember 2013	amtierend

Wehrbeauftragter	Willfried Penner	Mai 2000	April 2005
	Reinhold Robbe	April 2005	Mai 2010
	Hellmut Königshaus	Mai 2010	Mai 2015
Generalinspekteur	Harald Kujat	Juli 2000	Juni 2002
	Wolfgang Schneiderhahn	Juli 2002	November 2009
	Volker Wieker	Januar 2010	amtierend
Heeresinspekteur	Gert Gudera	März 2001	März 2004
	Hans-Otto Budde	März 2004	März 2010
	Werner Freers	März 2010	September 2012
	Bruno Kasdorf	September 2012	Juli 2015
COM ISAF (DEU)	Norbert van Heyst	Februar 2003	August 2003
	Götz Gliemeroth	August 2003	Februar 2004

COM Regional Command (RC) North (DEU)		
Bernd Kiesheyer	August 2005	April 2006
Markus Kneip	April 2006	Oktober 2006
Volker Barth	Oktober 2006	Februar 2007
Josef Blotz	Februar 2007	August 2007
Dieter Warnecke	August 2007	Januar 2008
Dieter Dammjacob	Januar 2008	Juli 2008
Jürgen Weigt	Juli 2008	Januar 2009
Jörg Vollmer	Januar 2009	Oktober 2009
Jürgen Setzer	Oktober 2009	November 2009
Frank Leidenberger	November 2009	Juni 2010
Hans-Werner Fritz	Juni 2010	Februar 2011
Markus Kneip	Februar 2011	Februar 2012
Erich Pfeffer	Februar 2012	Februar 2013
Jörg Vollmer	Februar 2013	Februar 2014
Bernd Schütt	Februar 2014	August 2014

Abkürzungen: DEU = Deutschland, deutsch; COM = Kommandeur; RC = Regional Command (Regionalkommando)

GermanVeteransPublishing

Ergänzende Informationen

Marcel Bohnert & Lukas J. Reitstetter

Armee im Aufbruch
Zur Gedankenwelt junger Offiziere in den Kampftruppen der Bundeswehr

Miles-Verlag: Berlin, 2014, 280 Seiten, ISBN Paperback: 978-3-937885-98-8, ISBN Hardcover: 978-3-937885-99-5, Facebook.com/Armeeia

„Die Reaktionen auf dieses Buch verdeutlichen, dass Neues nicht immer gewünscht ist und dass Soldaten mit innovativen Ideen Mut und Durchhaltevermögen benötigen."
Jahrbuch Innere Führung

"Man kann den Band schon jetzt als das wichtigste soldatische Selbstbekenntnis der vergangenen Jahrzehnte betrachten."
Frankfurter Allgemeine Zeitung

Marcel Bohnert & Andy Neumann
German Mechanized Infantry on Combat Operations in Afghanistan

Marcel Bohnert & Andy Neumann
L'infanterie mécanisée allemande au combat en Afghanistan

Marcel Bohnert & Björn Schreiber

Die unsichtbaren Veteranen

Kriegsheimkehrer in der deutschen Gesellschaft

Miles-Verlag: Berlin, 2016, 324 Seiten,
ISBN-13: 978-3-945861-27-1, Facebook.com/DerUnsichtbareVeteran,
www.Die-Neuen-Veteranen.wg.vu

"Alle Aufsätze schildern Erlebnisse aus persönlicher Sicht. Das macht den besonderen Reiz dieses Buches aus."
Deutsche Militärzeitschrift

„Einzelne Beiträge daraus gehören eigentlich zur Standardlektüre für militärische Führungskräfte vor oder während ihres Auslandseinsatzes."
Military Power Revue der Schweizer Armee

Florian Beerenkämper, Marcel Bohnert,
Anja Buresch & Sandra Matuszewski

Der innerafghanische Friedens- und Aussöhnungsprozess

Miles-Verlag: Berlin, 2016, 72 Seiten, ISBN-13: 978-3-945861-40-0,
www.miles-verlag.jimdo.com

„Ein lesenswertes Buch, das dem Leser viele Details über die Entwicklung in Afghanistan liefert und in seiner Analyse der Erfordernisse [...] wertvolle Hinweise gibt.“
Der Panzergrenadier

„Ein knappes und mutiges Buch!“
Zur Sache Bw

Marcel Bohnert & Björn Schreiber

200 Tage Kunduz
Erfahrungen einer Kampfkompanie in Afghanistan

Helmut-Schmidt-Universität/Universität der Bundeswehr Hamburg, 2013, 2x DVD, Spielzeit: 2:20 h, www.200-Tage-Kunduz.wg.vu

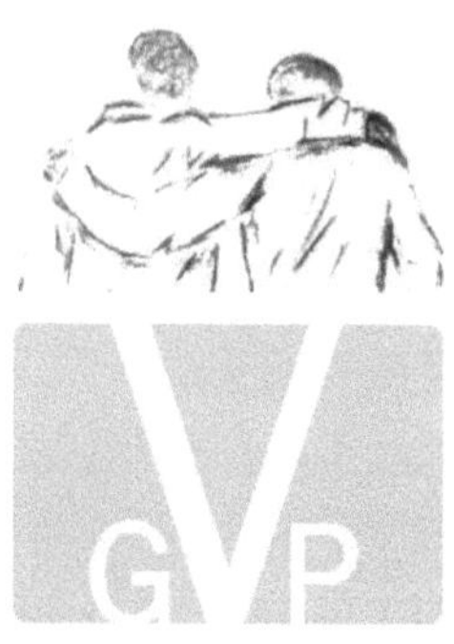

GVP
Lest we forget